歷史視野下的中華民族精神　下冊

——鄭師渠　史革新　主編

目錄

總論

第四章 | 中華民族精神研究概述

第四編　晚清民國：近代中國社會的劇變與中華民族精神的「重鑄」

第五編　新中國：中國的崛起與中華民族精神的新發展

第二十章 | 新中國的建立與中華民族的復興

第五編——

新中國：中國的崛起與中華民族精神的新發展

─ 第二十章 ─
新中國的建立與中華民族的復興

第一節 ▶ 「中國人民從此站起來了」

一九四九年十月一日中華人民共和國的成立，標誌著中國歷史從此翻開了新的篇章。

同年九月二十一日，毛澤東在中國人民政治協商會議第一屆全體會議上的開幕式上鄭重宣佈：「諸位代表先生們，我們有一個共同的感覺，這就是我們的工作將寫在人類的歷史上，它將表明：占人類總數四分之一的中國人從此站立起來了。」[1]十月一日，在中華人民共和國開國大典上，他再次用洪亮的聲音向全中國、全世界莊嚴宣告：「中華人民共和國中央人民政府已於本日成立了。」

這是個莊嚴的歷史時刻，它標誌著從此中國人民掌握了自己的命運。中國是有著五千多年歷史的文明古國，但人民當家作主，真正成為國家、社會和自己命運的主人，只是在新中國成立以後才成為事實。這是中國人民社會政治地位的根本變化。一九五四年九月二十日，經第一屆全國人民代表大會第一次會議通

---

1 《中國人從此站立起來了》，《人民日報》1949 年 9 月 22 日。

過，中華人民共和國的第一部憲法誕生，這也是中國歷史上第一部社會主義類型的憲法。一九五四年憲法第一次以根本法的形式，記錄了全國人民在共產黨的領導下，經過長期革命鬥爭而取得的勝利成果，確認了千百年來受壓迫的人民群眾成為國家主人翁的事實。

新中國的建立，澈底結束了舊中國一盤散沙的局面，實現了國家的高度統一和各民族的空前團結；廢除了西方列強強加給中國的不平等條約和帝國主義在中國的一切特權。一九五四年憲法規定：中華人民共和國是統一的多民族國家；各民族一律平等；少數民族聚集地實行區域自治，各民族自治地方都是中華人民共和國不可分割的部分。從此，五十六個民族同呼吸、共命運、心連心，形成了平等、團結、互助的社會主義民族關係。各政黨、各人民團體團結一心、同舟共濟。全體社會主義勞動者，擁護社會主義的愛國者和擁護祖國統一的愛國者，為了祖國的統一和繁榮結成最廣泛的愛國統一戰線。

新中國成立後，中國共產黨作為執政黨，開始把實現由新民主主義向社會主義的轉變作為首要任務，領導人民為實現國家繁榮富強和人民共同富裕進行了不懈的探索，創造了前所未有的輝煌業績。在舊中國的廢墟上，新中國迅速完成了恢復國民經濟的任務，進行了土地制度改革和各項民主改革，取得了抗美援朝戰爭的勝利，全面推進了新民主主義的各項建設。在此基礎上，中國共產黨正確地提出過渡時期的總路線，順利實現了由新民主主義到社會主義的轉變，實現了中國歷史上最廣泛最深刻的社會變革，使占世界人口四分之一的東方大國邁進了社會主義社會。這

是中國社會變革和歷史進步的巨大飛躍，中國人民的生活品質在各項社會指標上，也因之獲得了顯著提升。

新中國成立以前，中國的醫療衛生事業非常落後，而且大部分集中在城市和沿海地區。新中國成立後，中國的醫療保健事業取得了史無前例的發展，到一九六三年，根據北京等十八個城市的重點區調查，嬰兒死亡率由新中國成立前的千分之二百左右下降為千分之二十二點三。[2]與此同時，全國的人均期待壽命也逐步增加，到一九七五年，全國二十六個省市的地區調查結果，男女人均期待壽命已經達到六十八點二歲。中華全國婦女聯合會婦女研究所等編：《中國婦女統計資料 1949—1989》，第 548 頁。這些發展和成就充分地體現了社會主義的優越性。

教育的普及與發展，直接關係到國民整體素質的提高。為了培養出對社會主義革命和建設事業有用的新型人才，新中國成立後，各地教育部門認真貫徹執行了中央制定的「民族的、科學的、大眾的、新民主主義的」教育方針，堅持了「教育為工農開門」「普及與提高相結合」的原則，恢復增建中小學校，擴大招生數量，為生活貧困的學生減免學費和發放獎學金。這期間，在全國大部分地區已經完全實現了男女合校，女子教育已經和男子教育合為一體，成為全民教育體系的有機組成部分，走上了正常發展的軌道。解放前，中國初等學校總數不足二十九萬所，到一

---

2 中華全國婦女聯合會婦女研究所等編：《中國婦女統計資料 1949—1989》，中國統計出版社 1991 年版，第 530 頁。

九六五年，已經增加到 168 萬多所[3]。解放前，女子入學率僅有百分之二十，解放後，在正規的學校教育中，女子入學率大大提高。一九四九年，中國普通高校的女大學生有二點三二萬人，到一九六〇年，中國普通高校的女大學生已經達到二十三點五六萬人[4]。她們中的許多人，後來都成為中國科學技術領域的骨幹。

在新民主主義革命的過程中，新中國鍛造了一支中國共產黨領導下的人民軍隊，開闢了農村包圍城市、武裝奪取政權的革命道路，經過長期的革命戰爭，打敗了擁有優勢裝備、異常兇殘的國內外敵人，建立起鞏固的國防。在社會主義的各項建設中，人民解放軍始終堅持全心全意為人民服務的宗旨，在鞏固國防、抵抗侵略，保衛社會主義制度和人民的和平勞動，參加國家社會主義建設中發揮了重大作用，是保衛祖國的鋼鐵長城和社會主義建設的重要力量。二十世紀六〇年代，是中國核工業、航太工業、電子工業的起步階段。在短短的幾年內，中國的氫彈、原子彈相繼研製成功。這標誌著中國國防科技水準進入世界前列。

在經濟實力和綜合國力顯著增強的同時，新中國不斷發展社會主義文化，全國人民的精神生活日益豐富，綜合素質顯著提高。中國共產黨堅持馬克思主義的指導地位，用愛國主義、集體主義、社會主義教育人民，大力推進社會主義精神文明建設，同時堅持發揚全國各民族的優秀文化，積極吸收各國文明的先進成

3　中華全國婦女聯合會婦女研究所等編：《中國婦女統計資料 1949—1989》，第 3、124 頁。

4　羅瓊主編：《當代中國婦女》，當代中國出版社 1994 年版，第 337 頁。

果，推動社會主義文化日益繁榮。隨著中國人民的思想道德素質和教育科學文化素質不斷提高，中華民族向世界展現了新的精神風貌。

同時，新中國堅持獨立自主的和平外交政策，為世界和平與發展做出了重要貢獻。中華人民共和國政府於一九五四年在北京簽訂的《中印關於中國西藏地方和印度之間的通商和交通協定》中，首次提出了和平共處五項原則。一九五五年四月，中華人民共和國代表團由周恩來總理率領，參加了由二十九個亞非國家和地區的政府代表團出席的萬隆會議。會議本著求同存異的精神，討論了民族獨立和主權、反帝反殖鬥爭、世界和平以及與會各國的經濟和文化合作等問題，提出了處理國際關係的十項原則。十項原則包括了和平共處五項原則的主要內容，被認為是處理國與國之間關係的準則，成為國際上公認的處理國家關係的基礎。隨後，中國政府積極倡導和維護萬隆會議精神，堅決反對以強凌弱的霸權主義和強權政治，堅持原則，支持公道，伸張正義，努力維護廣大發展中國家的正當權益，推動建立公正合理的國際政治經濟新秩序。社會主義中國的國際地位和國際影響與日俱增。

總之，新中國成立以後，經過二十多年的社會主義建設，各族人民堅持獨立自主、自力更生、奮發圖強，在一窮二白的基礎上建立起獨立的比較完整的工業體系和國民經濟體系，國家的經濟實力、國防實力、科技實力明顯增強，工業、農業、國防和科學技術領域的許多方面進入了世界先進列，為中華民族的偉大復興奠定了良好的物質基礎。這期間雖然出現過「大躍進」和「文化大革命」那樣的失誤，但中國共產黨依靠自身的力量和全

國人民的努力糾正了錯誤，使古老的中國以嶄新的姿態屹立在世界東方。

第二節 ▶ 改革開放

　　一九七六年十月，中國共產黨結束了「文化大革命」造成的十年動亂。一九七八年底，中國共產黨十一屆三中全會召開。這是一次撥亂反正、繼往開來的歷史性會議。這次會議開始全面地糾正「文化大革命」及以前的「左」傾錯誤，果斷地決定把中國共產黨和國家的工作重點從以階級鬥爭為綱轉移到社會主義現代化建設上來，作出了實行改革開放的重大決策。以鄧小平為核心的中國共產黨第二代中央領導集體制定了「一個中心、兩個基本點」的基本路線，成功開闢了中國特色社會主義道路。實踐證明，這條道路是一條建設富強、民主、文明的社會主義現代化國家的道路，也是一條實現中華民族偉大復興的道路。從此，中國共產黨領導的改革開放，從農村到城市，有力地推動著中國的經濟發展和社會進步，取得了舉世矚目的偉大成就。

　　堅持社會主義，是實現中華民族偉大復興的政治前提。作為中國改革開放的總設計師，鄧小平以馬克思主義政治家的雄才偉略，從反思什麼是社會主義、怎樣建設社會主義這個根本問題入手，第一次比較系統和科學地回答了在中國這樣一個經濟文化比較落後的國家如何建設社會主義，如何發展和鞏固社會主義等一系列事關中華民族前途和命運的重大問題，形成了建設有中國特

色社會主義的理論即鄧小平理論，開創了建設有中國特色社會主義的歷史新時期。

中華民族的偉大復興是同中國特色社會主義的歷史命運緊緊連在一起的。正是從這個角度，鄧小平提出了「改革是第二次革命」的論斷，他一針見血地指出：「二十年的經驗尤其是『文化大革命』的教訓告訴我們，不改革不行，不制定新的政治的、經濟的、社會的政策不行。⁵」因此，他強調：「如果現在再不實行改革，我們的現代化事業和社會主義事業就會被葬送。⁶」如果說，中國共產黨領導的第一次革命，是使中華民族和中國人民澈底擺脫了被奴役、被壓迫和被剝削的命運，在政治上實現了「大翻身」，那麼，作為「第二次革命」的改革，則是要使中華民族和中國人民擺脫舊的僵化的體制束縛，在經濟、文化上來一個全面的「大翻身」。實踐已經充分證明，這場革命性的變革正在深刻地改變著中華民族的前途和命運。黨的十六大以來，中國共產黨更進一步提出構建社會主義和諧社會的重大戰略思想和戰略任務，推進社會體制改革，擴大公共服務，完善社會管理，促進社會公平正義，努力使全體人民學有所教、勞有所得、病有所醫、老有所養、住有所居，體現了全黨全國各族人民的共同願望。

實現現代化，是中華民族一百多年來的理想，是中華民族偉

5　鄧小平：《要吸收國際的經驗》，《鄧小平文選》第 3 卷，人民出版社
　　1993 年版，第 266 頁。

6　鄧小平：《解放思想，實事求是，團結一致向前看》，《鄧小平文選》
　　第 2 卷，人民出版社 1994 年版，第 150 頁。

大復興的歷史任務。歷史上，許多傑出人物為之進行了各種各樣的嘗試和奮鬥，但真正把它提上歷史日程的是中國共產黨。一九五四年，在第一屆全國人民代表大會上，毛澤東、周恩來第一次提出了「四個現代化」的目標。「四個現代化」目標的提出，表達了人民群眾改變國家落後面貌、建設強大國家的願望和追求，對於振奮民族精神，推進中國現代化建設，具有重要的意義。但由於歷史條件的局限，當時人們對現代化的內涵、對中國實現現代化的艱巨性和長期性的認識是不足的。作為中國共產黨第二代的領導核心，鄧小平從實際出發，對中國現代化建設的目標和步驟進行了深入的思考，提出了「三步走」的發展戰略。「三步走」的發展戰略，向人們展示了中國社會主義現代化建設新的歷史進程表，使中華民族一百多年來在實現偉大復興的征途中，第一次有了清晰而切實的戰略目標和步驟。在紀念黨的十一屆三中全會召開三十周年大會上，胡錦濤再度重申了中國共產黨的偉大目標，指出：我們的偉大目標是，到我們黨成立一百年時建成惠及十幾億人口的更高水準的小康社會，到新中國成立一百年時基本實現現代化，建成富強民主文明和諧的社會主義現代化國家。

國家的完全統一是民族復興大業的重要組成部分。對於中華民族子孫來說，祖國統一首先是個民族問題，民族的感情問題。凡是中華民族的一員，都希望中國能統一，分裂狀況是違背民族意志的。因此，鄧小平指出：「大陸同胞，臺灣、香港、澳門的同胞，還有海外華僑，大家都是中華民族子孫。我們要共同奮

門，實現祖國統一和民族振興。[7]」為此，中國政府提出了「一國兩制」統一祖國的基本方針。其基本內容是在祖國統一的前提下，國家的主體堅持社會主義制度，香港、澳門和臺灣是中華人民共和國不可分割的一部分，作為特別行政區保持原有的資本主義制度和生活方式長期不變。在國際上代表中國的，只能是中華人民共和國。「一國兩制」是新時期中國共產黨和中國政府為解決臺灣問題，恢復行使對香港和澳門主權，實現祖國和平統一所制定的一項重大戰略決策。它創造性地發展了馬克思主義國家學說，極大地豐富了統一戰線的理論和實踐。在一個統一的主權國家內，可以實行兩種不同的社會制度，這是馬克思主義國家學說同中國現實情況相結合的一個偉大創造，是建設有中國特色社會主義的一個重要內容，對於促進祖國完全統一，具有重要的意義。

實現民族的復興，不僅要堅定地維護國家的主權和獨立，捍衛民族的尊嚴，還要為民族的生存發展創造和平的外部環境和有利條件。在改革開放的新時期，以鄧小平為核心的中國共產黨第二代中央領導集體正確把握和平與發展的時代主題，進一步確立和完善了獨立自主的和平外交方針。在世紀之交，江澤民同樣指出：「中國的發展與進步，不會對任何人構成威脅。將來中國富強起來了，也永遠不稱霸。中國始終是維護世界和平與地區穩定

---

7 鄧小平：《共同努力，實現祖國統一》，《鄧小平文選》第 3 卷，第 362 頁。

的堅定力量。[8]」進入新世紀，胡錦濤進一步指出：「人類的發展進步，民族的繁榮富強，應該也只有通過和平發展道路才能實現。……中國人民將同世界各國人民一道，共同推進人類和平與發展的崇高事業，努力為人類作出更大貢獻。[9]」。在這一戰略思想的指導下，不論國際形勢如何變化，一方面，中國始終堅持一心一意地發展自己的社會主義建設，把自己的事情辦好，使綜合國力不斷增強；另一方面，在國際事務中，中國也發揮了越來越重要的作用，在國際舞臺上展示了一個走向復興的偉大民族的氣魄和風貌。

可以說，改革開放以來，中國人民沿著建設有中國特色的社會主義道路，開展了一場復興中華民族的偉大實踐，取得了舉世矚目的巨大成就，使中國發生了翻天覆地的變化，綜合國力大大增強。中國改革開放的成功實踐及其輝煌成就，不僅有力地證明了中國共產黨完全能夠肩負起中華民族偉大復興的歷史重任，而且還以生動的事實向世界證明，堅持改革開放，堅持建設具有中國特色社會主義道路，是實現中華民族偉大復興的唯一正確道路。

---

8 江澤民：《增進相互瞭解加強友好合作──在美國哈佛大學的演講》，《人民日報》1997 年 11 月 2 日。

9 胡錦濤：《在紀念中國人民抗日戰爭暨世界反法西斯戰爭勝利 60 周年大會上的講話》，《人民日報》2005 年 9 月 4 日

第三節 ▶ 中華民族的偉大復興

　　經過六十多年的發展建設，中華人民共和國已經建立了獨立的和比較完整的國民經濟體系，社會主義中國已經由一個「一窮二白」的國家變成一個日益繁榮昌盛的現代化國家，經濟實力、國防實力、科技實力不斷提升，國際競爭力不斷增強。中國人民依靠自力更生解決了十三億人的溫飽問題，國民生活總體上達到小康水準，實現了「三步走」發展戰略的前兩步目標，正在向第三步目標平穩前進。在工業、農業、國防和科學技術領域，社會主義中國在諸多指標上已經進入世界先進行列，中國已經成為世界第二大經濟體，進出口總額躍居世界第二，外匯儲備躍居世界第一，主要農產品和工業品產量已居世界第一，自主創新能力不斷提高，高新技術產業蓬勃發展，在衛星技術和載人航太技術等領域，取得一系列重大突破，具有世界先進水準的重大科技成果不斷湧現。特別是二○○三年十月，中國成功地發射並回收了「神舟五號」載人飛船，首次載人航太飛行獲得圓滿成功，中國航太空間技術取得新的歷史性突破，中國成為世界上第三個獨立掌握載人航太技術的國家。此外，三峽水利樞紐、青藏鐵路、南水北調、西氣東輸等重點工程也都取得了舉世矚目的成就，標誌著中華人民共和國的國家實力已經空前強大。與此同時，在改革開放的基本國策指引下，中華人民共和國加快發展開放型經濟，從建立經濟特區到加入世界貿易組織，在加快了中國經濟發展的同時，也為推動世界經濟的發展貢獻了自己的力量。

　　在政治建設方面，中華人民共和國的建立與發展，澈底結束

了舊中國一盤散沙的局面，標誌著中國人民真正成為國家和社會的主人。在中國共產黨的領導下，新中國建立了人民民主專政的國家政權，真正實現了國家獨立、主權和領土完整。在發展社會主義民主政治方面，人民代表大會制度、中國共產黨領導的多黨合作和政治協商制度、民族區域自治制度和基層群眾自治制度不斷完善，社會主義民主法制建設不斷加強，政治體制改革穩步推進。五十六個民族團結一心、同舟共濟，形成了平等互助的社會主義民族關係。在「一國兩制」的偉大構想指引下，香港、澳門圓滿回歸祖國，海峽兩岸的合作和交流不斷加強。

在文化建設方面，社會主義中國也取得了巨大的成就。全國人民的精神生活日益豐富，國民素質不斷提高，社會主義核心價值體系日益深入人心。在為人民服務、為社會主義服務和「百花齊放、百家爭鳴」的方針指引下，中國人民在積極吸收各國文化的優秀成果的基礎上，堅持弘揚全國各民族的優秀文化。社會主義精神文明和文化建設不斷發展，在科學教育、新聞出版、廣播影視、文藝創作等方面日益繁榮、成果輝煌。與此同時，當代中國的公共文化服務體系已經形成比較完整的規模，文化市場和文化產業正在健康發展，文化遺產保護工作的成績斐然，中外文化交流不斷加強。可以說，新中國成立六十多年來，中國的文化軟實力不斷增強，中華民族的整體思想道德素質和科學文化素質明顯提高，中華民族正在以豐富和獨特的文化創造力、思想凝聚力和嶄新的精神風貌屹立於世界。

歷史證明，中華人民共和國的六十年，是中華民族實現偉大復興的六十年，是中國人民以主人翁的姿態建設現代化新生活的

六十年，是中國共產黨領導中國人民不斷發展壯大、開創各項社會主義事業新局面的六十年。今天，繼續推進現代化建設，完成祖國統一大業，維護世界和平與促進共同發展，構建社會主義和諧社會，建設富強民主文明和諧的現代化國家，實現中華民族的偉大復興，這是中華兒女的共同願望，也是前無古人的偉大事業。

　　偉大的事業呼喚偉大的精神。黨的十六大報告明確提出：「民族精神是一個民族賴以生存和發展的精神支撐。一個民族，沒有振奮的精神和高尚的品格，不可能自立於世界民族之林。在五千多年的發展中，中華民族形成了以愛國主義為核心的團結統一、愛好和平、勤勞勇敢、自強不息的偉大民族精神。我們黨領導人民在長期實踐中不斷結合時代和社會的發展要求，豐富著這個民族精神。」並進一步指出：「面對世界範圍各種思想文化的相互激盪，必須把弘揚和培育民族精神作為文化建設極為重要的任務，納入國民教育全過程，納入精神文明建設全過程，使全體人民始終保持昂揚向上的精神狀態。[10]」在翻開社會主義建設新篇章的今天，我們只有大力弘揚民族精神和時代精神，唱響社會主義和諧文化建設的主旋律，才能不斷增強中華民族的自尊心、自信心和自豪感，使全國各族人民始終為中華民族的偉大復興而不斷努力。

---

10 江澤民：《全面建設小康社會，開創中國特色社會主義事業新局面——在中國共產黨第十六次全國代表大會上的報告》，人民出版社 2002 年版，第 39 頁。

― 第二十一章 ―
社會主義時代精神的匯聚

　　以中華人民共和國成立為標誌，中華民族進入一個嶄新的時代──社會主義新時代。在這一嶄新的時代，中國的革命和建設雖有頓挫，但整體看來，社會主義是最為鮮明、最為亮麗的旗幟，最能體現這一時期中國人的核心價值和精神追求。六十年來，社會主義精神已深入千家萬戶，深入每個中國人心中，完全可以說，世界上沒有任何一個國家，沒有任何一個民族像中國人這樣，對之充滿深情，矢志不渝。本章擬以社會主義英雄人物的事蹟和精神為中心予以闡述。

第一節 ▶ 英雄輩出的時代

　　社會主義的英雄人物，集中體現了中國人的價值認同。英雄人物，來自人民群眾，服務於人民群眾，受到廣大人民群眾的喜愛和擁護，是社會主義時代精神和核心價值的重要實踐者。英雄人物雖不能反映社會主義時代精神的全貌，但卻生動展示了社會主義精神的時代內涵，具有很強的代表性。六十年來，英雄人物成千上萬，層出不窮，難以勝舉，這裡僅就共和國成立以來的英雄譜系稍加梳理，以見一斑。

一、「勞動模範」

共和國成立後，中華民族面臨的首要任務是大力發展社會生產，通過社會主義建設來擺脫「一窮二白」的落後面貌。廣大人民群眾在中國共產黨的領導下，以主人翁的姿態、昂揚的精神和蓬勃的熱情投身到社會主義革命和建設中。在工業、農業、國防、科技等各條戰線上，人們發揚不怕苦不怕累、自力更生、艱苦奮鬥的精神，湧現出一批「勞動模範」「勞動能手」，他們成為時代英雄。

孟泰是共和國成立後第一代著名勞動模範，先後擔任鞍鋼煉鐵廠配管組組長、技術員等職務。他帶領廣大工人把日偽時期遺留下來的幾個廢鐵堆翻了個遍，建成了當時著名的「孟泰倉庫」。他勇於攻克技術難關。在蘇聯政府停止向中國供應大型軋輥，致使鞍鋼面臨停產威脅的情況下，他組織五百多名積極分子開展了從煉鐵、煉鋼到鑄鋼的一條龍廠際協作聯合技術攻關，先後解決了十幾項技術難題，終於自製成大型軋輥，填補了我國冶金史上的空白，被譽為「為鞍鋼譜寫的一曲自力更生的凱歌」。他自己設計製造成功的雙層迴圈水給冷卻熱風爐燃燒筒提高壽命一百倍。有記者說：「孟泰這個有心人，無論在什麼時候，到什麼地方，都想著廠子裡的事，而且見先進就學。三高爐溝下礦石車上溫度高，孟泰設法用冷卻水管幫助那裡降溫，瓦斯灰裝車灰塵飛揚，孟泰找人，反復幾次改進了瓦斯灰車，前些日子，高爐因試驗一種新技術，發生事故，孟泰一聽說，隨即頂著煙迎上前

去。[1]」他愛廠如家，艱苦創業，在恢復和發展鞍鋼生產中做出了重大貢獻，成為二十世紀五六十年代譽滿全國的鋼鐵戰線的英雄。

郝建秀則是全國紡織行業的優秀代表。她是青島棉紡廠的紡織能手，因為接線好、浪費少、清潔棒的好技術，引起紡織工業部和全國紡織工會領導人的重視。一九五一年六月，有關部門組成專門小組，對郝建秀的接頭動作、接頭時間、清潔工作時間、動作順序等進行觀察、測定、分析和研究，總結出一套「細紗工作法」。一九五二年，在全國紡織系統大會上，這套方法被正式命名為「郝建秀工作法」。一九五一年十月月三日，毛澤東主席囑託中央辦公廳寫信表揚了郝建秀：「由於積極工作和學習，創造了新的工作方法，這個成績是值得表揚的。[2]」

共和國成立初期的勞動模範，絕大多數都來自於社會底層。他們在平凡崗位上做出的非凡成績，贏得了全社會的尊重和認可。「寧肯一人臭，換來萬戶香。」這是對淘糞工人時傳祥的寫照。一九四九年以後，時傳祥長期在北京市崇文區清潔隊工作。他不怕髒不怕累，表現出一個普通勞動者的崇高精神，受到了黨和人民的高度讚揚，一九五四年被選為前門區淘糞工人先進生產者，一九五八年當選為北京市政協委員，一九五九年當選為全國勞動模範，出席全國群英會，同時被選為主席團成員，並受到國

1　徐光夫：《孟泰新事》，《人民日報》1964 年 9 月 25 日。
2　《工人階級的好女兒──郝建秀》，《人民日報》1971 年 3 月 7 日。

家主席劉少奇的親切接見。一個普通勞動者，受到全社會的如此尊重，這在舊中國是不可想像的。還有人專門提出「時傳祥精神」，認為它代表了一種對事業不求回報和全身心地為社會為他人付出的愛的奉獻精神，代表了「毫不利己、專門利人」的崇高人生境界和思想情操[3]。

以勞動模範而成為時代英雄，還有一大批人，諸如河北饒陽縣農村合作化先進人物耿長鎖，山西平順縣種地能手李順達，「走在時間前面的人」鞍鋼技術員王崇倫，北京永定機械廠鉗工倪志福，西北國棉一廠細紗擋車工趙夢桃，北京百貨大樓售貨員張秉貴，瀋陽市南塔門市部營業員李素文，等等。僅《人民日報》一九六五年一年報導的先進人物事蹟就達一百五十餘個。社會主義制度的實行，充分調動了人民群眾的積極性，工農群眾大顯身手，成了最了不起的英雄。

二、戰地英雄

朝鮮戰爭期間，為抗美援朝、保家衛國，許多志願軍戰士犧牲了年輕的生命，成為民族英雄。

一九五〇年六月，朝鮮戰爭爆發。不久，美國軍隊在仁川登陸，進行武裝干涉。為保家衛國，十月十九日，中國人民志願軍跨過鴨綠江，赴朝作戰。歷時三年多的朝鮮戰爭，異常艱苦。中

3　呂遠：《真正純潔的人──憶時傳祥同志》，《人民日報》1978 年 10 月 17 日。

國人民志願軍發揚了高度的愛國主義、國際主義和革命英雄主義精神，英勇戰鬥，奮勇殺敵，表現出了驚天動地的英雄氣概。在這場戰爭中，三十多萬人有立功表現，許多人英勇犧牲，長眠在了異國的土地上，並湧現出一大批像楊根思、黃繼光、邱少雲、羅盛教等烈士一樣，廣為傳頌的戰鬥英雄。

楊根思是抗美援朝戰爭的特級戰鬥英雄。他出身於貧苦農民家庭，參加過新四軍，朝鮮戰爭爆發後，積極報名赴朝作戰。在與敵人戰鬥中，他抱起炸藥包與敵同歸於盡。邱少雲是集體主義精神和革命英雄主義的化身。他在一次執行潛伏任務時，不幸被敵人燃燒彈擊中，全身被火焰燃燒，但邱少雲為了不暴露目標，影響整體戰鬥部署，始終趴在火中，紋絲不動，直至光榮犧牲，用自己的生命換取了整場戰鬥的勝利。羅盛教以偉大的國際主義和革命英雄主義精神彪炳史冊，一九五二年一月二日，任偵察隊文書的羅盛教為了搶救掉進冰窟的朝鮮少年崔瑩，光榮地獻出了自己的寶貴生命。黃繼光的自我犧牲精神同樣可歌可泣，一九五二年年十月十九日，黃繼光在爭奪上甘嶺地區 597.9 高地中陣亡，因部隊進攻受到敵人火力壓制，最終他勇敢地用身體擋住了敵人機槍槍口，從而保證了戰鬥的勝利。

在朝鮮戰場上，英雄事蹟不勝枚舉。王海和他率領的飛行大隊擊落擊傷敵機二十九架，他一個人先後擊落擊傷敵機九架。一九五二年二月十日，在韓美軍憑藉其空中優勢，對朝鮮北方的交通要道進行封鎖的「絞殺戰」中，張積慧和戰友並肩作戰，一舉擊落美國空軍英雄、號稱「空中一霸」的「王牌飛行員」喬治・阿・大衛斯，從而打破了「美國空軍英雄不可戰勝」的神話，引

起美軍的極大震驚。一九五二年十一月，在上甘嶺戰役中，胡修道和戰友負責堅守 597.9 高地 3 號陣地，經一天激戰，共打退敵軍四十餘次進攻，殲敵二百八十餘人，創造了戰爭史上的奇跡。

在炮火連天的戰場上，志願軍戰士以血肉之軀和大無畏革命精神，顯示了社會主義精神和國際主義精神的偉大。

三、見義勇為的英雄

和平年代裡，同樣湧現出大批捨己為公、敢於犧牲的英雄。他們為了國家、集體利益或他人的幸福，勇敢地獻出了寶貴的生命。

「磊落光明向秀麗，扶危定傾爭毫釐，一身正比泰山重，風格如斯世所師。」這是林伯渠同志為紀念搶救國家財產而光榮犧牲的女共產黨員向秀麗的題詞。向秀麗生前是廣州市何濟公聯合製藥廠化工車間的女工。一九五八年十二月十三日，她所在的車間因酒精瓶破裂，酒精蔓延起火，危及烈性易爆的金屬鈉，她側身臥地，截住燃燒著的酒精，避免了一場嚴重爆炸事故。為了保護國家財產，她置個人生死於度外：「快叫人！不要管我！快去搶救金屬鈉！」最終因傷勢過重，搶救無效，於次年一月十五日去世[4]。

集體主義精神在蒙古族英雄小姐妹龍梅、玉榮心中也扎下了根。一九六四年二月九日在內蒙古自治區達爾罕茂明安聯合旗新

---

[4] 岑荔丹：《磊落光明向秀麗》，《人民日報》1959 年 3 月 7 日。

寶力格蘇木，龍梅和九歲的妹妹玉榮一起為公社放羊，突遇暴風雪，氣溫下降到攝氏零下三十九度。在嚴寒中，小姐妹與暴風雪搏鬥了一天一夜，行程一百多里，保住了羊群，保住了集體的財產。

歐陽海捨身救列車，表現了革命軍人的驚人壯舉。一九六三年十一月十八日，部隊進行野營訓練，走在炮連最後的一匹軍馬受到驚嚇，突然跑上了鐵道，就在這時，滿載旅客的 282 次列車賓士而來，在此危急關頭，歐陽海奮不顧身地沖到軍馬前，用盡全力把驚馬推離了鐵道。列車和千余名旅客轉危為安，他卻身受重傷，經搶救無效，為保護國家財產和人民的生命安全獻出了年輕的生命。

劉英俊、蔡永祥也是歐陽海式的英雄。一九六六年三月十五日早晨，劉英俊和戰友們駕著三輛馬拉炮車外出訓練，在佳木斯公共汽車站附近，他駕的炮車轅馬被汽車喇叭聲所驚，突然向人群沖去，六個孩子的生命直接受到威脅。在這千鈞一髮的時刻，他把韁繩在胳膊上纏了幾道，猛力一拉，使驚馬前蹄騰空而起，緊接著他不顧自己生命危險，從轅杆下面用雙腳猛踩馬的後腿，馬倒車翻，六名兒童脫險，他卻被壓在翻倒的車馬底下，光榮犧牲。蔡永祥是浙江省軍區三支隊三連戰士。一九六六年十月十日淩晨，蔡永祥在錢塘江大橋上站崗。2 時 34 分，由南昌開往北京的列車向大橋飛馳而來，蔡永祥突然發現離他四十多米遠的鐵軌上，橫著一根大木頭。為保證列車的安全，蔡永祥不假思索地抱住大木頭躍出鐵軌，列車安全地停在大橋上，而蔡永祥卻在火車強大氣流的衝撞下壯烈犧牲了。

四、科技英雄

共和國成立後，科研條件相當落後，但華羅庚、錢學森等科學家，長期潛心研究，克服種種困難，取得了驕人的成就，成為科學技術戰線上的英雄。

華羅庚是自學成才的科學巨匠，中國知識分子的優秀代表，有「中國現代數學之父」的美譽。他是中國解析數論、典型群、矩陣幾何學、自守函數論與多複變函數論等眾多方面研究的創始人與開拓者，並培養了王元、陸啟鏗、龔升、陳景潤、萬哲先等一批著名的數學家。華羅庚一生留下了二百多篇學術論文，十部專著，其中八部在國外翻譯出版，有些已成為二十世紀的數學經典著作。由於他在科學研究上的卓越成就，先後被選為美國科學院外籍院士，第三世界科學院院士，法國南錫大學、美國伊利諾大學、香港中文大學榮譽博士，為祖國贏得了巨大榮譽。一九八三年十月，華羅庚重遊美國，接受了美國科學院外籍院士的榮譽稱號。這是美國科學院一百二十年歷史上第一次把這個榮譽稱號授予一位中國科學家。美國科學院院長在向華羅庚致贊詞的時候說：「他是一個自學出身的人，但他教育了千百萬的人們。」

數學界有句名言：自然科學的皇后是數學，數學的皇冠是數論，哥德巴赫猜想則是皇冠上的明珠。多少數學家企圖給這個猜想做出證明，都沒有成功。一九六六年五月，中國數學家陳景潤宣佈他已經證明了「1＋2」，成為全世界離皇冠上的明珠最近的人。一九七三年，陳景潤發表了證明「1+2」的論文，被國內外數學界公認是哥德巴赫猜想研究的重要里程碑，他的這項成果被

譽為「陳氏定理」，從此「陳氏定理」成為世界數論專著中不可缺少的一章。他超人的勤奮和頑強的毅力，令人尤為感動。他癡迷工作，廢寢忘食，每天研究十二個小時以上。由於過度勞累，加上生活長期處於清貧狀態，陳景潤體質很差，一九八四年又得了帕金森氏綜合症。但無論是在「文革」中受到不公正對待，還是遭受疾病折磨時，他都沒有停止自己的追求。陳景潤的事蹟和獻身科學的精神在全國廣為傳頌，成為粉碎「四人幫」後鼓舞全國人民進行新長征的精神力量，成為一代青少年心目中傳奇式的人物和學習楷模。有人說，陳景潤廣泛久遠的影響已遠遠超出了學術領域，影響了一代人和一個時代。

　　錢學森是中國航太科技事業的先驅，被譽為「中國航太之父」和「火箭之王」。他在應用力學、噴氣推進與航太技術、工程控制論、物理力學等眾多領域取得了開創性成就，是中國近代力學和系統工程的奠基人。一九五五年錢學森回到祖國，次年，根據他的建議，國務院和中央軍委成立了航空工業委員會，並任命他創建國防部第五研究院，專門從事火箭、導彈的研究工作。他主持完成了「噴氣和火箭技術的建立」規劃，參與了近程導彈、中近程導彈和中國第一顆人造地球衛星的研製，直接領導了用中近程導彈運載原子彈「兩彈結合」試驗。確如鄧小平所說：「我們要感謝科技工作者為國家做出的貢獻和爭得的榮譽。大家要記住那個年代，錢學森、李四光、錢三強那一批老科學家，在那麼困難的條件下，把『兩彈一星』和好多高科技搞起來……」錢學森先後獲得「小羅克韋爾獎章」「世界級科技與工程名人」獎、國家一級英雄模範獎章、「兩彈一星功勳獎章」等重要獎

項。

共和國成立以後，很多知識分子像華羅庚、錢學森一樣放棄國外優厚的待遇，返回祖國，投身祖國的科學研究事業。「文革」當中，他們中多數人遭受了不公平待遇，但沒有心思計較，「文革」結束後，馬上又忘我地投入到科學研究事業當中。與錢學森齊名的著名科學家錢偉長、錢三強，地質學家李四光，中國氫彈之父、核子物理學家彭桓武，中國現代婦產科學的奠基人林巧稚，著名科學家、科普作家高士其，地質學家彭加木，光學專家蔣築英，航太專家羅健夫……這些科學家不僅為中國科技事業做出了巨大貢獻，而且對社會主義祖國充滿了深厚感情，國人同樣視之為民族英雄。

第二節 ▶ 「榜樣的力量是無窮的」

英雄模範、先進人物，為世人樹立了光輝榜樣。雷鋒、焦裕祿、孔繁森等人的事蹟雖然沒有戰地英雄那樣轟轟烈烈，卻同樣感人至深，令人從中得到無窮的精神力量。

一、「學習雷鋒好榜樣」

共和國成立六十多年來，英雄輩出，樹立了無數的學習榜樣，但影響最為廣泛持久、深入人心的，當屬雷鋒。「學習雷鋒好榜樣，忠於革命忠於黨……」這首雷鋒之歌，響徹祖國南北，神州大地。

「雷鋒」這一名字是與「做好人好事」緊密聯繫在一起的。他短暫的一生，助人無數，事蹟平凡而又偉大；一部《雷鋒日記》，樸素中見真情，讀者無不為之感動。雷鋒犧牲後，毛澤東主席於一九六三年三月五日親筆為他題詞：「向雷鋒同志學習」，並把三月五日定為學雷鋒紀念日。周恩來題詞：「向雷鋒同志學習憎愛分明的階級立場，言行一致的革命精神，公而忘私的共產主義風格，奮不顧身的無產階級鬥志。」鄧小平題詞：「誰願當一個真正的共產主義者，就應該向雷鋒同志的品德和風格學習。」雷鋒雖逝，但「雷鋒精神」卻激勵著一代又一代人。

　　「全國各地，從部隊到學校，從城市到農村，千千萬萬的青年都投入學習雷鋒的熱潮中。[5]」雷鋒去世後，全國立即掀起了學習雷鋒高潮，地不分南北，人不分老幼，爭相以雷鋒為榜樣，爭做活雷鋒。不僅雷鋒所在的班被中央軍委命名為「雷鋒班」，每年三月被命名為學習「雷鋒活動月」，而且在各行各業湧現出無數的雷鋒式的英雄人物。

　　王傑生前是濟南軍區駐江蘇徐州某部工兵一連五班班長，一九六五年七月十四日，在一次訓練中為掩護十二名民兵和幹部而英勇犧牲，被追認為革命烈士。《人民日報》社論高度評價說：「王傑同志是又一個雷鋒，也是中國人民解放軍中響應毛主席向

5　《把雷鋒平凡而偉大的革命精神接過來傳開去──全國城鄉青年學習雷鋒的活動日益廣泛深入》，《人民日報》1963 年 3 月 16 日。

雷鋒同志學習的號召，湧現出來的最突出的英雄人物之一。[6]」《解放軍報》社論也說：「⋯⋯響應毛主席的偉大號召向雷鋒同志學習以來，我軍湧現了千千萬萬的好人好事。王傑同志是繼雷鋒之後，出現的又一個偉大的共產主義戰士。[7]」王傑去世後，在他的遺物中發現了十萬多字的日記。日記印證了雷鋒等英雄人物對王傑所產生的感召力。王傑在一九六三年二月二十日寫道：「以前我總認為在平凡的工作崗位上，沒有前途，做不出什麼名堂來，雷鋒的英雄事蹟啟發了我，給了我力量。在祖國的社會主義建設中，正是這些『平凡』的工作組成了偉大的事業，正是這無數做『平凡』工作的人，組成了建設社會主義的生力軍。在平凡的工作崗位上，只要像雷鋒一樣全心全意地為人民服務，做一個永不生鏽的螺絲釘，同樣會做出偉大的事業。今後我一定向雷鋒學習，在保衛祖國的崗位上，當好普通一兵，做一個雷鋒式的毛主席的好戰士，做一個永不生鏽的螺絲釘。[8]」

在人民隊伍裡，雷鋒精神始終閃耀著光輝。朱伯儒、安珂都是雷鋒式戰士。朱伯儒於一九五五年入伍，當過空中通信員、管理員、施工隊長、股長、油庫副主任，幹一行愛一行。他入伍二十八年，做了無數好事，被譽為「活雷鋒」。一九八三年七月

6　《一不怕苦，二不怕死——學習王傑同志一心為革命的崇高精神（社論）》，《人民日報》1965 年 11 月 8 日。

7　《一心為革命，一切為革命——向毛主席的好戰士王傑同志學習》，《解放軍報》1965 年 11 月 8 日。

8　《王傑日記》，人民出版社 1965 年版，第 25-26 頁。

七日，中央軍委發佈命令，授予朱伯儒同志「學習雷鋒的光榮標兵」榮譽稱號。安珂一九七八年入伍，駐守廣西邊防前線。一九七九年對越自衛還擊戰中，由於出色完成戰鬥任務，他先後六次受到嘉獎。在部隊當兵四年，他連年被評為「學雷鋒積極分子」「優秀義務兵」。一九八三年三月八日，安珂在和歹徒的搏鬥中犧牲。

「南京路上好八連」則被稱為「集體的雷鋒」。共和國建立初期，上海的社會情況仍然十分複雜。該連於一九四九年六月進駐上海市南京路執行警衛任務，自覺抵制各種不良思想及生活方式的侵蝕，堅持人民軍隊艱苦奮鬥的政治本色，勤儉節約，助人為樂，團結群眾，出色地完成了警衛任務，被蕭華將軍譽為「集體的雷鋒，四好連隊的典型[9]」。一九六三年四月二十五日，國防部授予該連「南京路上好八連」稱號。至今，「好八連」仍然一如既往地弘揚著雷鋒精神，保持著全心全意為人民服務的光榮傳統。

「學雷鋒，樹新風」，一代又一代青少年在雷鋒精神教育下成長起來。八〇年代，大學生被譽為「天之驕子」。一九八二年七月，西安第四軍醫大學二大隊學生張華勇敢地跳入化糞池，為營救一位不慎落入池中的老農而獻出了自己寶貴的生命。張華捨身救人的事蹟廣為傳播，張華本人也被授予烈士稱號，並成為全國大學生學習的榜樣。《人民日報》稱：「雷鋒精神在他身上閃

9　《集體的雷鋒四好連隊的典型》，《人民日報》1963 年 4 月 6 日。

耀。[10]」一九八八年三月十三日，「英雄少年」賴寧為撲滅突發山火，保護國家財產，不幸遇難，年僅十四歲。時任中共中央總書記的江澤民評價說：「賴寧精神是雷鋒精神的延續和發揚。賴寧用實際行動實踐了『人民利益高於一切』的行為準則，為全國少年兒童樹立了學習的榜樣。黨和國家希望全國少年兒童進一步向賴寧學習，像賴寧那樣熱愛祖國，熱愛人民，熱愛勞動，熱愛科學，熱愛社會主義，從小做黨和人民的好孩子，長大做社會主義的接班人。[11]」

趙春娥、李素麗、徐虎，他們在各自平凡的工作崗位上，實踐著雷鋒精神。看守煤堆是再普通不過的一份工作，趙春娥在這樣的崗位上學習雷鋒，成為世人的模範。《人民日報》報導：趙春娥工作認真負責，惜煤如金，幾十年如一日在車站看守煤堆，注意點滴節約，每天貓著腰用手將漏在石縫裡的煤摳出來，十個手指經常磨得鮮血淋淋，硬是揀回一百五十噸煤。她長期堅持幹髒活累活，積勞成疾。她帶病堅持工作，並表示：「我寧肯倒在煤堆上，決不躺在病床上！我喜歡煤場，也離不開煤場，死後將我的骨灰撒在煤場上，讓我看煤。」她助人為樂，是出了名的「活雷鋒」「黨的好女兒」，在患癌症期間，仍堅持為五保戶、軍烈屬老人送煤送糧、打掃衛生、操勞家務。一九八三年被國務院

---

10 江林：《當代大學生的榜樣 —— 記人民解放軍第四軍醫大學學員張華》，《人民日報》1982 年 11 月 2 日。

11 江澤民：《向賴寧學習，做社會主義事業接班人 —— 在中國少年先鋒隊全國代表大會上的祝詞》，《人民日報》1990 年 10 月 14 日。

追認為全國勞動模範[12]。北京市公車售票員李素麗自一九八一年參加工作以來，十幾年如一日，把「全心全意為人民服務」作為座右銘，發揚「一心為乘客，服務最光榮」的行業精神，真誠熱情地為乘客服務，大家稱讚她是「老人的拐杖，盲人的眼睛，外地人的嚮導，病人的護士，群眾的貼心人」。上海市勞動模範徐虎，在水電修理工的平凡崗位上，長期積極主動地為居民排憂解難，用「辛苦我一人，方便千萬家」的精神，譜寫了一曲新時代的雷鋒之歌，被譽為二十世紀九〇年代的「活雷鋒」。

科學家蔣築英也是一位「活雷鋒」，長春光激所裡的同事稱他是「永動機」，他則把自己比作「鋪路石」。他對所內所外的事情，只要有益於社會，無論分內分外，都盡力去做。所裡電腦房的冷凍機壞了，他主動帶人去修理；圖書館借書登記處的鋼筆沒有了筆尖，他找來筆尖安上；同事生病，他冒著大雨到家中探望；他住的房子，十家人共用一個廁所，廁所堵塞了，他去做「義務清掃員」。他時刻為國家著想，為他人著想，很少想到自己。八〇年代初，他一家四口擠在一間小房間裡，所裡分給他三間一套的房子，他卻要求轉給住房困難的人。這些雖說都是小事，但這些日常小事卻體現了一個人的人生理想和精神境界。

簡單說來，雷鋒精神已化為一股強大的精神力量和道德境界，融入每個中國人心中，成為社會主義時代精神不可或缺的重要部分。

---

12 董楓：《共產主義就在自己的崗位上》，《人民日報》1982 年 9 月 3 日。

二、「做焦裕祿式的好幹部」

全心全意為人民服務是中國共產黨的宗旨。按照黨章要求，黨員幹部要起到模範帶頭作用，吃苦在前，享受在後。焦裕祿、孔繁森等領導幹部捨己為公，執政為民，為廣大幹部群眾立下了光榮榜樣。

焦裕祿於一九六二年十二月上任蘭考縣委書記。當時正值中國三年經濟困難時期，蘭考縣遭受了澇災、風災、鹽鹼三害，全縣的糧食產量下降到了歷史最低水準。群眾的生活極端困難，許多人背井離鄉，外出逃荒。許多村莊幾近沒有人煙。他提出，要繼承與發揚奮發圖強、自力更生的優良傳統，不能單單依靠國家的救濟。為改變蘭考窮困落後的面貌，他在全縣展開了大規模的追洪水、查風口、探流沙的調查研究工作，帶領工作隊跋涉千里，給全縣的大小八十四個風口、一千六百多個沙丘逐個進行編號、繪圖，為防災抗災積累了第一手資料。一九六三年秋，蘭考連續下了十三天雨，全縣十一萬畝秋糧歉收，二十二萬畝受災。他組織全縣幹部群眾全力搶災救災，走村串戶，訪貧問苦，把救濟糧款直接給受災群眾送上門。次年春天，他的病情惡化，地委負責同志勸他住院治療，他強調工作忙離不開，不去住院。醫生開了藥方，他嫌藥貴不肯買，繼續堅持下鄉工作。肝痛發作，無法騎自行車，他就推著走。當他躺在病床上時，想的仍然是如何改變蘭考的面貌。在生命的最後一息，他惦記的仍然是張莊的沙丘封住了沒有，趙家樓的莊稼被洪水淹了沒有，秦寨的鹽鹼地上麥子長得怎麼樣，老韓陵地裡的泡桐樹栽了多少……一九六四年

五月十四日，焦裕祿因肝癌急性復發逝世，終年四十二歲。一九六六年二月七日《人民日報》發表了社論《向毛澤東同志的好學生焦裕祿學習》和長篇報導《縣委書記的榜樣——焦裕祿》，譽之為「黨的好幹部」「人民的好公僕」。

孔繁森是焦裕祿精神的發揚者，他不顧家庭困難，兩次進藏，為改善藏族人民的生活、促進西藏經濟的發展貢獻了全部力量。

孔繁森出生於山東聊城，一九六九年復員後，被提拔為國家幹部。一九七九年，國家要從內地抽調一批幹部到西藏工作，時任聊城地委宣傳部副部長的孔繁森主動報名，並立下壯言：「是七尺男兒生能舍己，做千秋鬼雄死不還鄉。」到西藏後，他又寫下：「青山處處埋忠骨，一腔熱血灑高原。」他在擔任崗巴縣委副書記的三年間，跑遍了全縣的鄉村、牧區，和當地群眾一起幹農活、修水利。一九八八年，孔繁森在母親年邁、三個孩子尚未成年、妻子體弱多病的情況下，克服困難，再次帶隊進藏，任拉薩市副市長，分管文教、衛生和民政工作。為了發展當地教育事業，他跑遍了全市八個區縣所有公辦學校和一半以上的鄉、村辦小學，大幅提高兒童入學率。當時全市五十六個敬老院和養老院，他走訪過四十八個。西藏偏遠地區醫療條件較差，他每次下鄉時都特地帶上醫療箱，買上數百元的常用藥，送給急需的農牧民。一九九三年，孔繁森進藏工作期滿，他選擇了繼續留在西藏，擔任阿里地委書記。阿里是西藏最為偏僻、平均海拔最高的地區，外出時常常一天也看不到一個人影。他深入基層，進行實地調查研究，尋找群眾致富道路，在不到兩年的時間裡，他跑遍

了全區一百零六個鄉中的九十八個。在孔繁森的領導下，阿里經濟有了較快的發展。一九九四年十一月二十九日，他在赴外考察返回阿里途中，不幸發生車禍，以身殉職，時年五十歲。孔繁森用生命實踐了自己諾言：「一個人愛的最高境界是愛別人，一個共產黨員愛的最高境界是愛人民。」他犧牲後，江澤民總書記於一九九五年四月二十九日親筆題詞：「向孔繁森同志學習。」時任國務院總理的李鵬題詞：「學習孔繁森同志熱愛人民、無私奉獻的精神。」山東聊城建立了黨員幹部教育基地──孔繁森紀念館。

以焦裕祿、孔繁森為榜樣，優秀幹部不斷湧現。鄭培民、蘇寧、李國安就是新時期優秀黨員幹部的代表。鄭培民被中央主流媒體譽為「感動公眾，感動中國」的好幹部，他在湘西工作的兩年間，不畏勞苦，跑遍了全州二百一十八個鄉鎮。幾十年中，鄭培民的工作一直在變動，但始終牢記「權為民所用，情為民所系，利為民所謀」的宗旨。蘇寧是一位在我國改革開放年代獻身國防現代化的英雄。「像雷鋒那樣做人，像焦裕祿那樣做官」是他長期信守的準則[13]。1991 年，蘇寧現場指揮手榴彈實彈投擲訓練時為保護戰友犧牲。李國安則用自己「上不愧黨，下不愧民」的模範行動，忠實地履行了我黨我軍全心全意為人民服務的宗旨，被中央軍委命名為「模範團長」。

---

13 武培真：《像雷鋒那樣做人，像焦裕祿那樣做「官」：記瀋陽軍區某炮兵團參謀長蘇寧》，《人民日報》1991 年 6 月 2 日。

焦裕祿、孔繁森等人兩袖清風、心繫群眾、捨己為公，使黨獲得了人民群眾的信任，為全體黨員幹部樹立了楷模。長期以來，學習焦裕祿精神，學習孔繁森精神，成為保持黨員幹部先進性的重要手段。實踐也證明，中國共產黨運用這種手段成功地培養和教育了一代代執政為民的領導幹部。

三、「工業學大慶，農業學大寨」

「工業學大慶，農業學大寨」，從一九六四年開始，一場聲勢浩大的社會主義建設運動在全國展開。大慶、大寨，由工農業學習的模範，昇華為社會主義建設時期自力更生、艱苦創業精神的象徵。

共和國成立初期，石油問題一直困擾著中國經濟的發展。到一九五七年，全國的原油產量僅一百四十五點七噸，遠不能滿足國民經濟發展的要求。為擺脫這種落後局面，從一九六〇年開始，中國的石油工人和科技工作者展開了大慶石油會戰。當時正值三年自然災害，物質條件極端困難，再加上我國油田地質情況複雜，工業基礎薄弱，技術力量不足，外國專家預言，中國根本沒有能力建設大油田。但以鐵人王進喜為代表的幾萬名會戰職工，用自己的行動駁斥了外國人的謬說。中國石油工人發揚自力更生精神，不等不靠，沒有起重設備，就組織大家肩扛背馱；沒有供水管道，就帶領全體職工，到幾里路外的湖中取水。就這樣，艱苦地打下了第一口井。當王進喜領導的井隊打第二口井時，工地上出現了井噴的前兆。如果發生井噴，就有可能把幾十米高的井架統統吞進地層。王進喜當時正拖著一條傷腿、拄著雙

拐指揮生產，當他看到這危險的跡象，一邊命令工人增加泥漿濃度，採取各種措施壓制井噴，一邊不顧生命危險，跳入泥漿池，用手腳拼命攪拌，調勻泥漿。經過兩個多小時的艱苦搏鬥，井噴事故避免了，而王進喜和另外兩個跳進泥漿池的人，皮膚卻被強鹼性的泥漿燒起了大泡。「石油工人一聲吼，地球也要抖三抖，石油工人幹勁大，天大困難也不怕。」「寧肯少活二十年，拼命也要拿下大油田。」「北風當電扇，大雪是炒麵，天南海北來會戰，誓奪頭號大油田，幹！幹！幹！」在王進喜「鐵人精神」帶動下，全隊大幹苦幹，大慶油田大會戰取得了全面勝利，為中國經濟走出困難時期，立下了汗馬功勞。一九六四年，中共中央轉發了《關於大慶石油會戰情況的報告》，總結了大慶會戰的六條經驗；周總理在《政府工作報告》中，也精闢闡述了大慶的基本經驗。從此，大慶精神和鐵人精神，在全國傳播開來，成為中國工業建設的榜樣。

改革開放以來，大慶精神伴隨著大慶油田的建設發展而不斷豐富完善。一九八一年，中央發出 47 號文件，充分肯定了大慶精神及六條大慶基本經驗，明確了大慶精神、大慶經驗在改革開放和社會主義現代化建設新時期的歷史地位和現實意義。一九九〇年，時任總書記的江澤民視察大慶，把大慶精神高度概括為：為國爭光、為民族爭氣的愛國主義精神；獨立自主、自力更生的艱苦創業精神；講究科學、「三老四嚴」的求實精神；胸懷全域、為國分憂的奉獻精神。至此，大慶精神「愛國、創業、求實、奉獻」的基本內涵被最終確定下來。大慶精神在新時期煥發出了新的光芒。

五十年來，大慶精神成為大慶油田建設取之不竭的動力。如今，在大慶油田活躍著八百七十三個各級青年文明號，三百二十九支青年突擊隊，一千三百二十二個青年安全生產示範崗，二百七十一個青年科技攻關小組。鐵人曾經工作戰鬥過的 1205 鑽井隊堅持開展「人人學隊史、人人講隊史、人人寫隊史」活動，使「學鐵人、做鐵人、為 05 隊添光彩」成為青年人積極奮進的精神動力。二〇〇四年被評為全國「青年文明號十年成就獎」。「鐵人式的好工人」更是不斷湧現，豐富和發展著鐵人精神。王為民自進大慶油田工作後，一直以鐵人王進喜為榜樣，勇挑重擔，多次跳到油池中搶險救險。他還刻苦鑽研，攻克科學難關，十多年來，先後取得三十多項科技成果，其中五項獲得國家專利。他研製成功的抽油杆防脫器，每年為國家節約上百萬元資金。一九九七年，年僅四十八歲的王為民倒在了工作崗位上，他把自己的生命貢獻給了中國的石油開發事業[14]。

大寨是中國農業的一面旗幟。大寨村只有二百戶人家，五百多口人，總面積一點八八平方公里，自然環境惡劣，人稱「山高石頭多，出門就爬坡，地無三尺平，年年災情多」，是太行山區普通得不能再普通的一個小山村。就是這麼一個小山村，成為全國農田基本建設的樣板，在中國歷史上留下了重重的一筆。

一九五三年，大寨實行農業集體化第一年，就制定了改造大

---

14 董偉、朱競若：《智牽油龍建奇勳：記大慶「新時期鐵人」王啟民》，《人民日報》1997 年 1 月 12 日。

自然的規劃。他們憑著一雙手，兩個肩膀，一把鑊頭，兩個籮筐，不分晝夜地苦幹，利用河溝造糧田，開墾荒坡造梯田，抗旱防澇，使糧食產量逐年上升。一九五二年畝產二百三十七斤，一九六二年增至畝產七百七十四斤。一九六三年八月，大寨遭受特大暴雨，災情十分嚴重，衝垮一百條大石壩，一百八十畝耕地顆粒無收，沖塌一百一十三孔窰洞，倒塌房屋七十七間，但大寨人沒有氣餒，他們不要國家救濟款、救濟糧、救濟物資，自力更生，艱苦奮鬥，僅用一年時間，就醫治了這場毀滅性的洪災。大寨人在村支書陳永貴的帶領下，從山下擔土到山上，打造旱澇保收的人工梯田，平均每個勞動力搬運土石方達一千多立方米，擔土八十多萬擔；每人每年擔石頭八百八十多擔，擔糞、擔莊稼十萬斤。五年後，大寨人靠自力更生，艱苦奮鬥，硬是將「七溝八梁一面坡」變成穩產的「海綿田」，旱地灌溉面積達四百畝，實現了農業機械化、水利化，成為當時人與惡劣自然條件抗爭的典範。大寨在逐漸改善社員生活的同時，未忘國家，十年間向國家交售糧食一百七十五萬斤，每戶平均二千斤，這在當時困難重重、糧食產量普遍不高的條件下，他們的奉獻精神的確令人感動。大寨人的先進事蹟引起了中央和地方各級政府的高度重視，激發了全國人民發奮圖強的鬥志。僅六七十年代，到大寨參觀學習的就達千萬人。

　　紅旗渠也是在這種艱苦的條件下開鑿出來的。河南省林縣地處太行山區，歷史上常年乾旱缺水，「荒嶺禿山頭，水缺貴如油」，工農業的發展受到嚴重制約，群眾生活十分困難。一九六〇年，在黨和政府的領導下，林縣人民決定從山西省平順縣引漳

河水進入林縣，從根本上改變林縣的落後面貌。在當時，要在太行山中盤山開渠，實現引漳入林的目標，是個非常艱巨的任務。因為這需要劈開一千二百五十座山頭，開鑿二百二十一個隧洞，架設一百五十七座渡槽，動用土石方二千五百多萬方。為了發揮水利效益，沿渠還要修建中小型水庫三百三十八座，提灌站二百五十多處，水電站五十二座。在今天看來，如果沒有大量的資金、人力和生產設備的投入，這幾乎是一個不可能完成的任務。而當時國家正處在三年困難時期，糧食匱乏，資金短缺，工具簡陋，技術人員嚴重不足。但林縣人民在困難面前沒有退縮，國家不投入，全縣人民自籌資金；沒有現代化的設備，自己動手製造最簡單的工具；沒有糧食，就以野菜和樹根充飢。當時林縣一共七十萬人口，上紅旗渠工地勞動的接近三分之一。經過十多年的艱苦奮戰，終於建成聞名國內外的紅旗渠。林縣人民所煥發出的不怕困難、不怕犧牲、勇於同大自然搏鬥的精神，與大寨精神相映生輝，鼓舞了數億中國人的心。

桂林大隊學習大寨精神見行動，為改造耕地一天見兩次星。廈門桂林大隊地處丘陵帶，風大，水缺，土地瘠薄。因為水缺地瘦，薯苗不長藤蔓，地瓜長不大。為了改良沙質地，桂林大隊每年從沿海拉來一千多噸海土。如此浩大的工作量，除了僅有的幾輛拖拉機外，社員們主要靠獨輪車，到四十幾裡遠的海邊運回海土。所以，他們往往天沒亮就得出門，回到家時星星又出來了。一九六四年至一九七二年，他們共改造農田一千三百畝，連一些原來只能種旱地作物的沙地也都能種水稻。政治宣傳，被認為是桂林大隊學大寨運動的號角。大隊自己建立了有線廣播站，並為每

個生產隊裝上了高音喇叭。這些廣播喇叭每天播送《愚公移山》，播報大寨人的英雄事蹟，宣傳一些公而忘私、以身作則的好幹部和出工早、收工晚、為集體多作貢獻的好社員的生動事蹟。可以說，大寨精神為困難時期中國農民解決溫飽、戰勝自然提供了寶貴的精神食糧。

第三節 ▶ 社會主義精神的煥發

進入二十一世紀後，一度有人懷疑，在經濟快速發展的時代，社會主義時代精神已經慢慢遠去。可是，一場突如其來的災難，讓整個世界再次見證了社會主義的精神力量。「萬眾一心、眾志成城、迎難而上、百折不撓、以人為本、尊重科學」，中國軍民在抗震救災中表現出來的精神，連一向刻薄的海外媒體也不斷交口稱讚：「四川地震使得中國民族精神重新展現」，「感動世界的不是地震本身，而是中國人在面臨災難時所顯現出來的民族精神，是賑災過程中不同的角色所寫下的一個個有關人的故事」[15]。

二〇〇八年五月，四川省汶川發生 8.0 級特大地震。重災區超過十萬平方公里，累計受災人口四千五百五十萬人，遇難人數八萬多。這是共和國歷史上破壞性最強、涉及範圍最廣的一場大

---

15 《我們眾志成城：抗震救災大聚焦》，人民出版社 2008 年版，第 209、210 頁。

災難。面對著突然降臨的災難，社會主義制度的優越性得到了很好的表現：黨以國家和人民利益為重，組織高效快速，上下團結一心。胡錦濤總書記迅速做出重要指示，溫家寶總理立即趕赴災區現場指揮救災工作。短短幾天裡，中央政治局三次召開常務委員會會議，抗震救災總指揮部召開十餘次會議，專門研究部署抗震救災工作。中央的堅強領導和深情話語，給了災區人民最大的安慰和鼓舞，給了戰鬥在抗震救災一線的人們最大的支撐。

地震發生之初，汶川重災區周邊道路受阻、通信中斷，再加上惡劣的地質條件和天氣狀況，一般救援力量根本無法抵達一線。在此緊急時刻，廣大解放軍官兵發揚不怕犧牲的精神，勇挑重擔。五月十三日，四川軍區司令員夏國富、副司令員李亞洲和阿壩軍分區的領導帶領三百多名軍人，第一批抵達汶川縣城，開展救援。當天，人民解放軍為了支援救災，將一萬一千四百二十名軍人空運到成都，創下了解放軍軍史和中國航空史上單日出動飛機最多、飛行架次最多、投送兵力最多的航空運輸紀錄。五月十四日，十五名空降兵不顧天氣條件惡劣，冒著生命危險，在四川茂縣的震中地帶從近五千米的高空強行跳傘，成功降落。在他們的引導下，空軍運輸機開始向災區大量空投食品、藥品和礦泉水等救災物資，最大限度地挽救了受災群眾的生命財產。

突如其來的一場地震，對災區人民的意志是一場嚴峻的考驗。災區人民並沒有被災難嚇倒，並沒有被失去親人的悲痛打倒，反而在悲痛中更加堅強。綿陽中醫院護士長黃瓊，三天內接到七個親人在地震中去世的消息，然而繁忙的工作，卻讓她幾乎沒有時間流淚。面對無數等待救治的受災群眾，她保持鎮定，配

合醫生做完一臺又一臺手術。四川省彭州市公安局女民警蔣敏，因為工作繁忙，將只有五個月大的女兒送回了北川老家。五月十二日中午 12 時許，她還和女兒通電話，而十三日凌晨，噩耗傳來，蔣敏的女兒與爺爺奶奶、姥姥一起遇難。災難面前，蔣敏沒有倒下，而是頑強地堅持工作在抗震救災一線，以無休止的工作，告慰逝去的親人。十七日凌晨，因為連日勞累和悲傷，蔣敏暈厥過去，被送到醫院輸液。但醒過來後，她又要求把病床讓給受災的群眾，自己回到安置點[16]。類似的感人事例，不勝枚舉，他們用實際行動展現了中華民族的堅強不屈。

「一方有難，八方支援」，中華民族的這一優良傳統和血濃於水的同胞深情，在救災中得到了最為感人的集中體現。四川汶川大地震，牽動著全國各族人民和港澳臺同胞的心，他們紛紛伸出援手，傾情相助。各省市在第一時間撥付救災款項，組織救災人員和各種急需物資。地震發生後短短一天，香港各界向災區捐出的款項就已超過五千萬港元，澳門特區政府撥款一億元人民幣，臺灣紅十字會捐出三十萬美金協助賑災。五月十八日，中央電視臺舉行「愛的奉獻——2008 抗震救災大型募捐活動」，在短短三個小時的募捐活動中，共募集各類款項十五點一四二九億元。團結一心，患難與共，很好地體現了新世紀中國人的精神面貌。

在同汶川特大地震災害的抗爭中，中國人民以實際行動向世

16 參見《我們眾志成城：抗震救災大聚焦》，第 24 頁。

界展示了可歌可泣的偉大抗震救災精神。這種精神，是對社會主義精神的最好詮釋。在這次抗震救災活動中，湧現出來的無數感人至深的英雄人物，都是社會主義時代精神的傳承者。胡錦濤總書記《在抗震救災優秀基層黨組織和優秀共產黨員代表座談會上的講話》中指出：「歷史和現實都告訴我們，民族精神是一個國家綜合國力的重要組成部分，一個國家要發展，一個民族要自立於世界民族之林，不僅要通過發憤圖強積累強大的物質基礎，而且要通過艱苦奮鬥形成強大的精神力量。中華民族歷來具有偉大的民族精神。以愛國主義為核心的民族精神，是中華民族五千多年生生不息、發展壯大的強大精神支撐，是我國各民族世世代代自強不息、團結奮鬥的牢固精神紐帶，是我們不斷開闢新征程、開創新未來的不竭精神動力。[17]」

二〇一〇年四月十四日，強震無情地襲擊了青海玉樹的結古鎮，將美麗的古鎮變成一片廢墟。玉樹位於高原地區，抗震救災難度相當大。「救人！」「不拋棄，不放棄！」……這些聲音，在抗擊汶川特大地震災害時，曾震撼過無數人的心靈；而今，又在青海高原響起。「以人為本、生命至上」，廣大解放軍官兵和救災人員冒著生命危險，在玉樹再次續寫了抗震救災的壯麗詩篇，譜寫了社會主義精神的華麗樂章。玉樹救災，最大限度地超越了民族，超越了地域，是一次同舟共濟的社會主義的民族大團

---

17 胡錦濤：《在抗震救災優秀基層黨組織和優秀共產黨員代表座談會上的講話》，人民出版社 2008 年版，第 5 頁。

結。

　　新世紀抗震救災的壯舉，是中華民族集體英雄主義精神的偉大讚歌，是對民族精神的一次洗禮，是對社會主義時代精神的一次考驗。歷史表明，中國人民在抗震救災中經受住了考驗，在這一過程中所形成的抗震救災精神，大大豐富和發展了社會主義時代精神的內涵。

第四節 ▶ 時代精神的匯聚

　　新中國成立以來，英雄人物輩出，這是社會主義新時代的產物；而對英雄模範人物的培育與宣傳，又成為了新時代弘揚和光大社會主義精神，最有效的途徑之一。

　　第一，愛國、愛民、愛黨是社會主義時代精神的集中體現。

　　新中國成立六十多年來，顯而易見，社會主義精神的具體內涵並非一成不變，而是與時俱進。例如，「大慶精神」「大寨精神」「紅旗渠精神」著重彰顯的是中國經濟困難時期的自力更生、艱苦奮鬥精神；「焦裕祿精神」「孔繁森精神」突出的是黨員幹部克己奉公、執政為民的精神；黃繼光、邱少雲體現的是大無畏的革命精神；「兩彈一星」精神著力弘揚的是知識分子勇於攀登、無私奉獻的精神。但從根本上說，這些精神又有一以貫之的主旨，即以社會主義為主旋律，熱愛祖國、熱愛人民、擁護共產黨的領導。

　　例如，知識分子一度被懷疑「專而不紅」，實際並非如此。

「科學無國界，科學家不能沒有國界。」許多優秀知識分子在國家最困難的時候，放棄國外良好的科研條件和優厚的經濟待遇，回到祖國；後又經歷十年「文革」浩劫，受盡委屈，但他們無怨無悔，拼命地為黨和國家工作，表現出了很高的道德情操和思想境界。一九八九年，時任國務院總理的李鵬在接見錢學森時曾說：「錢學森同志的經歷，體現了一位中國知識分子所走過的曲折道路，也集中體現了中國知識分子的光輝品質，這就是愛國、愛黨、愛人民。他對祖國人民有著深沉的愛，對自己的事業充滿勝利的信心，充滿了克服一切困難的勇氣，並且為完成這一事業鍥而不捨，竭盡全力。[18]」愛國、愛黨、愛人民，確是中國知識分子的優秀品格。羅健夫是著名的航太專家、中國新一代知識分子的楷模，被譽為「中國式的保爾」。據他生前的同事胡培德介紹，羅健夫平日酷愛閱讀《鋼鐵是怎樣煉成的》，並以書中主人公保爾為榜樣，身體力行，忘我工作，從不計較個人得失利害。羅健夫在一九七七年調工資時，他一再向領導表示，先把名額讓給生活更困難的同志。實際上，他的生活也不富裕，兩個孩子都在上學，負擔不輕。一九八一年，當羅健夫得知自己患了癌症並且是晚期，他所關心的仍然是自己能否完成研究任務。他囑咐身邊的人，不要告訴他的愛人，現在每分每秒對他都很寶貴。在病

---

18 《江澤民李鵬會見錢學森時指出，學習老一輩科學家愛國精神，四化建設中要依靠工人階級也要充分發揮知識分子作用》，《人民日報》1989 年 8 月 8 日。

房裡，他交了最後一次黨費。他最後留下遺囑：再也不能為黨工作了，請醫院將屍體解剖，或許對醫學有所貢獻。這是多麼高貴的精神！蔣築英十六歲時，父親被錯定為歷史反革命進了監獄。他當時幾次要求入團，都因父親的問題而被否決。可他並沒有因此而放棄追求思想進步。他認真學習馬列和毛澤東的主要著作，還做了十多萬字的讀書筆記。「文革」結束初期，他父親的政治歷史問題又成了他加入黨組織的障礙，但蔣築英不氣餒，信念始終不曾改變，最終得到了黨的認可。關心他人，無私奉獻，對國家、對黨充滿深厚的感情，這是社會主義時代精神的典型反映。

尤需強調的是，包括知識分子在內的英雄模範人物，他們身上所體現出的社會主義精神來自於人民群眾，人民群眾是造就社會主義精神的根本力量。抗美援朝三年間，中國人民志願軍湧現了三十多萬名功臣，四百九十四人獲得了英雄模範稱號。但這些成績和榮譽的取得與祖國人民的支持密不可分。在參軍運動中，廣大群眾踴躍報名，報名人數往往超過需要名額的幾倍甚至十幾倍。據統計，浙江省報名參軍的人數達上百萬；河南省寶豐縣的一個區，報名的有一萬五千人；內蒙古自治區的一個行政村，有六十名年輕人帶馬參軍。父母送兒子、妻子送丈夫參軍的感人事蹟，數不勝數。一些年小體弱的青年人未被錄取，甚至急得流下了眼淚。全國各地的司機、醫生、農民，紛紛組織了運輸隊、擔架隊、醫療隊、手術隊、防疫隊，開赴前線。「要人有人，要錢有錢。」從一九五一年六月到一九五二年五月一年時間裡，人民群眾的捐款可以購買三千七百一十架戰鬥機，當時正值經濟困難時期，他們不知要做出多大的自我犧牲？湘潭縣豬鬃公司工人陳

楚生，把準備結婚用的積蓄全部捐出。武漢市申新紗廠女工朱金枝，把計畫用於身後喪葬的三十枚銀元全數獻給了志願軍。豫劇演員常香玉，傾全部演出收入和個人積蓄，捐贈了一架戰鬥機。祖國人民的支援，給志願軍以巨大鼓舞和力量。有的戰士穿上「棉毛靴」後寫道：「穿上祖國這雙鞋，渾身發熱有力量。挺起胸脯跺跺腳，地也轟來山也響。[19]」一句話，只有人民群眾才是社會主義精神的力量源泉。我們強調英雄模範的精神，並不意味著可以不講廣大人民群眾。只有與人民群眾心連心、堅持以為人民群眾服務為宗旨，才是社會主義精神根本所在。

第二，培育與宣傳英雄模範是弘揚社會主義時代精神的重要方式。

新中國成立以來，不僅英雄人物輩出，而且黨和政府利用包括報刊、廣播、影視、網路、教科書、文學作品、宣講團等在內的一切手段，對其模範事蹟進行廣泛的宣傳，使之家喻戶曉，深入人心，從而產生了極大的精神力量。

蔣築英是二十世紀八〇年代在全國產生廣泛影響的重要典型之一，也是共和國成立以來第一位逝世後被追認為全國勞動模範的知識分子。蔣築英的報導，黨和政府宣傳部門特別是新聞媒體發揮了關鍵性作用。據《光明日報》駐吉林省記者站原站長肖玉華回憶，蔣築英的事蹟在其去世前並未引起有關部門的重視。一

---

19 《中國人民解放軍抗美援朝政治工作》，解放軍出版社 1985 年版，第 189、197 頁。

九八二年六月的一天，他在吉林省委大院遇到中科院長春光機所黨委書記李光，聽說蔣築英英年早逝，深感惋惜，於是想就中年知識分子的健康問題加以報導，以引起全社會重視。但他在採訪中卻意外得知不少有關蔣築英的先進事蹟。於是，他把報導改為人物新聞，以《對革命無限忠誠，為「四化」忘我工作──副研究員蔣築英為祖國光學事業奮鬥終生》為題，發表在《光明日報》一九八二年七月二十六日一版頭條位置。消息發出後，引起強烈反響。接著，中科院根據長春光機所彙報的情況並綜合各方面反映，發了一期《光明日報》內參，就這樣，蔣築英的逝世引起了中央領導的重視。聶榮臻、方毅、胡喬木等先後為之題詞或撰寫文章，稱他是知識分子的優秀代表。進而，光明日報社成立蔣築英報導組，集中宣傳蔣築英事蹟，《光明日報》相繼發表了通訊《為中華崛起而獻身的光輝榜樣》《閃光的足跡》以及《蔣築英書信筆記摘抄》。吉林省委首先發出向蔣築英學習的號召。為了配合全國學習蔣築英，吉林省組織了蔣築英模範事蹟報告團到全國各地作巡迴報告，並抽調省博物館攝影人員到北京舉辦蔣築英模範事蹟展覽。為配合宣傳，一九八二年年十二月，光明日報出版社出版了《知識分子的優秀代表蔣築英》一書。一九八三年春，吉林省委宣傳部也組織編寫了《蔣築英》一書。進入九〇年代，又由長春電影製片廠拍攝了電影《蔣築英》。正如肖玉華所說，蔣築英之所以成為典型，並走向全國，與記者的新聞敏感、報紙的宣傳，以及各級宣傳部門的積極配合與組織協調，密不可分。

　　而英雄模範的成長歷程，反過來也驗證了上述培育和宣傳模

式的實效。以王傑為例，從他的日記看，他除學習毛澤東主席的《為人民服務》《紀念白求恩》《愚公移山》等革命著作外，還經常閱讀《中國青年報》所載英雄人物事蹟以及《王若飛在獄中》《可愛的中國》《火車頭和老黃牛》等文章。他觀看過電影《戰火中青春》《雷鋒》《雲霧山中》《白毛女》《南京路上好八連》《昆侖山上一棵草》和話劇《雷鋒》《年輕的一代》《紅嫂》《奪印》，並一一寫下心得體會。書本上，銀幕上，舞臺上，生活中的好人好事，成為他最好的學習素材，他常常以此對照自己，改造自己：「在過去的一年裡，雖然有很大的進步，但是回顧一下，我還存在著不少缺點，如個人的修養還不夠，不像雷鋒對同志那樣——對待同志像春天般的溫暖；工作上缺乏艱苦細緻的作風，吃苦性差，缺乏苦練技術的幹勁。[20]」社會主義時代精神培育了英雄王傑，王傑的英雄事蹟又進而成為宣傳社會主義精神、教育後人的素材。就這樣，社會主義精神不斷得以發揚光大。

近代著名的大學者章太炎說，歷史作為最重要的國粹，內含三大項：語言文字、典章制度、人物事蹟。所謂人物事蹟，就是歷代往聖先賢的嘉言懿行。新中國湧現出的無數英雄人物及其模範事蹟，就是章太炎所說應當加以珍惜的「人物事蹟」，就是我們時代聖賢的嘉言懿行。英雄人物是時代的符號，時代精神的方向標。他們的模範事蹟體現了中華民族優良傳統與時代精神的高度統一。用英雄人物（包括傳說中的英雄）的模範事蹟鼓舞人、

---

20 《王傑日記》，第31頁。

激勵人、引導人，是我黨的優良傳統和重要的工作方法。它符合唯物辯證法：精神可以轉化為巨大的物質力量。在革命戰爭年代，毛澤東寫了《愚公移山》《為人民服務》《紀念白求恩》等名文，並為革命烈士劉胡蘭題詞：「生的偉大，死的光榮」；新中國成立後，更有詩曰：「為有犧牲多壯志，敢教日月換新天。喜看稻菽千重浪，遍地英雄下夕煙」，就是這方面的典範。在建設社會主義的過程中，我黨更將培育與宣傳英雄模範人物的工作提高到了全新的階段。新中國是需要英雄並產生了眾多英雄的偉大時代，燦若群星的英雄模範人物，構成了我們時代的脊梁；他們所代表的時代精神，即社會主義精神，不僅轉化成了國家建設的巨大物質力量，而且也深入人心，內化為民族精神的一部分。只需看看「全心全意為人民服務」的「雷鋒精神」，如何化成了中國人民的共識，並在心中永遠充滿著期盼，便不難理解這一點。以研究「文化與帝國主義」著稱的美國學者薩義德說：「福山『歷史的終結』的主張和利奧塔『宏大敘事的消失』的說法風靡一時，但幾年過去了，還有什麼比這些更不吸引人、更不真實的呢？[21]」任何時代都不能沒有自己的英雄，那種消解英雄模範與宏大敘事的主張，是荒謬的。當下中國正進入了最終實現民族復興的偉大時代，繼往開來，我們不能忘了培育與宣傳英雄模範人物的極端重要性。

---

21 薩義德著，單德興譯：《知識分子論》，生活·讀書·新知三聯書店2002年版，第7頁。

─ 第二十二章 ─
接受科學精神的再洗禮

擁有發達的科學技術和強大的國防力量，是中國人在鴉片戰爭船堅炮利打擊下萌生的第一個夢想。自魏源倡「師夷長技以制夷」，幾代中國人為了這個夢想前赴後繼，不懈奮鬥。一九四九年，中華人民共和國成立，中國人民終於贏得了民族獨立，也為科學的發展創造了和平穩定的環境。但是，怎樣發展科技、如何科學地組織科學研究、如何以科學精神觀照科學研究，應當給予科學什麼樣的地位，對中華民族來說，雖然歷經百年的追求，仍然是一個嶄新的課題。

第一節 ▶ 「向科學進軍」

在新中國第一代領導人的腦海中，舊中國科學技術落後帶來的記憶是痛苦的，「中國人民多少年來都是在一種矛盾的狀態中痛苦地掙扎著，這就是一方面地大物博，人口眾多，另一方面統治者腐敗無能，科學技術又極端落後。從鴉片戰爭到新中國成立，其間列強入侵，領土被瓜分，軍閥混戰，使中國成為一個百年沉痾的病人，被稱為『東亞病夫』」。這是聶榮臻在回憶青年時代的感觸的一段話。這段話典型地代表了新中國第一代領導人

的心態，正是這種痛苦的經歷和新中國面臨的嚴峻形勢，促使他們下定決心要儘快改變中國科學技術落後的狀況。

新中國建立後，中國共產黨在百廢待興的繁忙政務中，致力於恢復和發展科學文化事業。經過建國初期六七年的努力，科學技術事業落後狀況得到了一定程度的改善。科學研究機構由建國初的約四十個發展到三百八十多個，研究人員由六百五十餘人增加到九千多人，學科門類也有所增加[1]。這一時期科研的組織方式依然沿用學院、學會等傳統模式，但其中已經依稀可見政府支持的新因子。因為如若沒有政府的支持和投入，科學研究機構在自組織條件下是不可能有如此迅速的進展的。然而，這樣的發展速度並不能滿足迅猛發展的經濟、應對外敵威脅以及迅速提高國力的需要。

一九五五年初，毛澤東指出：「我們進入了這樣一個時期，就是我們現在所從事的、所思考的、所鑽研的，是鑽社會主義工業化，鑽社會主義改造，鑽現代化的國防，並且開始要鑽原子能這樣的歷史的新時期。[2]」毛澤東已經意識到世界歷史的車輪進入了一個新的時代。在這樣的時代，科學技術的水準如果不能迅速提高，中國必將仍然落後於時代，落後於西方先進資本主義國家。在毛澤東建議下，一九五六年一月，中共中央知識分子問題

1　聶榮臻：《聶榮臻回憶錄》（下），解放軍出版社 1984 年版，第 764 頁。
2　轉引自薄一波：《若干重大決策與事件的回顧》（上卷），中共中央黨校出版社 1991 年版，第 500 頁。

會議在北京召開。

在這個會議上，周恩來代表中共中央、國務院做了《關於知識分子問題的報告》。周恩來贊同毛澤東對形勢的認識，他認為，「我國的科學文化力量目前是比蘇聯和其他世界大國小得多，同時在品質上也要低得多，這是同我們六億人口的社會主義大國的需要很不相稱的。[3]」因此，「我們必須趕上這個世界先進科學水準」。周恩來的講話透露了深深的緊迫感，「我們要記著，當我們向前趕的時候，別人也在繼續迅速地前進。因此我們必須在這個方面付出最緊張的勞動[4]」。我們「只有掌握了最先進的科學，我們才能有鞏固的國防，才能有強大的先進的經濟力量，才能有充分的條件同蘇聯和其他人民民主國家在一起，無論在和平的競賽中或者在敵人所發動的侵略戰爭中，戰勝帝國主義國家。[5]」聶榮臻後來在回憶錄中談到，在抗美援朝戰爭中由於技術裝備落後帶來的損失曾經給新中國領導人留下深刻印象。對於朝鮮戰場的損失，周恩來自然是很清楚的，他的情緒、思慮當然會在講話中有所流露。為此，他提出「為了擺脫被動局面，我們就得儘快地前進，這就需要大力發展科學技術[6]」。

3　周恩來：《關於知識分子問題的報告》，《周恩來選集》（下卷），人民出版社 1984 年版，第 180 頁。
4　周恩來：《關於知識分子問題的報告》，《周恩來選集》（下卷），第 182 頁。
5　周恩來：《關於知識分子問題的報告》，《周恩來選集》（下卷），第 182 頁。
6　聶榮臻：《聶榮臻回憶錄》（下），第 765 頁。

　　周恩來提出的這個「擺脫被動局面」，首先是基於國家安全方面的考慮，其次是從人民政權的性質出發。作為人民政權，必須最大限度地滿足整個社會日益增長的物質和文化需要，「為了達到這個目的，就必須不斷地發展社會生產力，不斷地提高勞動生產率，就必須在高度技術的基礎上，使社會主義生產不斷地增長，不斷地改善。因此，在社會主義時代，比以前任何時代都更加需要充分地提高生產技術，更加需要充分地發展科學和利用科學知識[7]」。更重要的是，「現代科學技術正在一日千里地突飛猛進」。周恩來敏銳地意識到，現代科學技術的這種進步意味著「人類面臨著一個新的科學技術和工業革命的前夕」，這個革命「就它的意義來說，遠遠超過蒸汽和電的出現而產生的工業革命」。周恩來這裡講的蒸汽顯然指的是第一次工業革命，而電指的是第二次工業革命，因此新的工業革命顯然是指第三次工業革命，或曰科技革命。這次革命的特點是科學技術的發展以加速度的態勢突飛猛進，「世界科學在最近二三十年中，有了特別巨大和迅速的進步，這些進步把我們拋在科學發展的後面很遠[8]」。在這個飛速進展的科技革命面前，任何不進展或進展稍慢的民族都將被時代遠遠地拋在後邊。如果中國共產黨不能帶領中華民族迅速趕上，則在科學技術方面本已落後的中華民族在今後的歷史

7　周恩來：《關於知識分子問題的報告》，《周恩來選集》下卷，第 159-160 頁。

8　周恩來：《關於知識分子問題的報告》，《周恩來選集》（下卷），第 181 頁。

歲月中將處於更加艱難的境域。為此周恩來不但響應了毛澤東提出的「向科學進軍」的號召，而且將這個口號擴展為「向現代科學進軍[9]」。

如何向現代科學進軍？周恩來提出了趕超的策略，也就是首先趕上世界先進水準，然後超過世界先進水準。然而，即使是趕上世界先進水準，對立國不久的新中國來說也不是一件輕而易舉的事。為此周恩來又進一步提出了重點追趕的策略，他說：「現在還很難確切地估計，需要多長時間，才能使我們的科學趕上世界先進水準。但是我們現在就必須提出這樣一個任務，就是要在第三個五年計劃期末，使我國最急需的科學部門接近世界先進水準，使外國的最新成就，經過我們自己的努力很快地就可以達到。[10]」周恩來認為，這是今後趕上乃至超過世界先進水準的基礎。

可以說，新中國的領導人對於中國科學技術水準的認識、對於趕上世界先進水準而提出的策略都是明智和實事求是的。但是，在如此落後的水準上，怎樣才能迅速趕上乃至超過世界科技的先進水準？仍然沿用過去舊中國的科研模式顯然是不行的，必須建構新的科學研究的組織形式。

如果將科學研究比作一種生產的話，作為生產的組織者和管

9　周恩來：《關於知識分子問題的報告》，《周恩來選集》（下卷），第185頁。
10　周恩來：《關於知識分子問題的報告》，《周恩來選集》（下卷），第182頁。

理者，首要任務是用先進的、切合實際的生產組織將生產者組織起來[11]。馬克思指出：「各種經濟時代的區別，不在於生產什麼，而在於怎樣生產，用什麼勞動資料生產。[12]」馬克思還舉例說明了自己的觀點，「在紙張的生產上，我們可以詳細而有益地研究以不同生產資料為基礎的不同生產方式之間的區別，以及社會生產關係同這些生產方式之間的聯繫，因為德國舊造紙業為我們提供了這一部門的手工業生產的典型，十七世紀荷蘭和十八世紀法國提供了真正工廠手工業的典型，而現代英國提供了自動生產的典型，此外在中國和印度，直到現在還存在著這種工業的兩種不同的古亞細亞的形式[13]」。如果我們仔細揣摩馬克思這句話可以發現，馬克思這裡雖然講的是生產方式的問題，但支撐生產方式變化的核心顯然是技術水準的不同。不同的技術條件下，必然會出現不同的生產方式。在世界科學技術已經進入新的工業革命的條件下，新中國如果要趕超世界先進水準，必須要找尋一種能夠創造更高效率的科學研究的組織模式。

從世界科學技術的發展歷史看，科學技術的組織模式經歷了一個由小到大、由個人到群體的過程。科學知識作為理智的認知

11　現學界已經有中外學者將科學技術研究視為一種生產，即科學知識的生產。因而也就存在一個生產科學知識的生產方式的問題。如果生產方式合理，則科學知識的生產會呈快速發展的態勢，反之則會影響科學知識的生產。參見李正風：《科學知識生產方式及其演變》第二章，清華大學出版社 2006 年版。

12　馬克思：《資本論》第一卷上，人民出版社 1975 年單行本，第 204 頁。

13　馬克思：《資本論》第一卷上，第 418-419 頁。

活動，其產出具有比較強的個體性，在古代科學技術水準比較落後的條件下，人們的科學知識創造和科學技術發明主要依靠個人興趣和謀生的需要來推動，其產生過程的個體性十分突出。但是，在世界歷史進入工業化時代後，科學研究的分科越來越細，科學技術的發展越來越快，科學技術的水準越來越高，專門性越來越強。在這種情況下，科學家之間的合作越來越重要，一項重要發明往往是眾多人共同努力的結果。於是，科學知識生產的組織模式開始發生變化，科學社團、科學共同體、大學實驗室、工業實驗室等科研機構先後出現。這些組織化的科學研究組織大大推進了科學技術發展的速度。

二十世紀以後，隨著國家之間競爭的加劇，推進科學發展越來越成為一種政府行為。一九四五年七月，曾任美國國家科學研究與發展局主席的萬尼瓦爾・布希主持起草了題為《科學——沒有止境的前沿》的報告，宣稱「科學是政府應當關心的事情」，「政府應該承擔新的責任：鼓勵新科學知識的湧現和青年人的科學才能的培育。這些是政府應當關心的事情，因為它對我們的健康、我們的就業機會、我們國家的安全有著至關重要的影響[14]」。萬尼瓦爾・布希的理念很快被美國政府所接受，並逐漸成為西方各國推動科學發展共同遵從的準則。這種用國家力量推動科學發展的模式給科學發展帶來的推動力量，與純粹的民間科

---

14 V・布希著，范岱年等譯：《科學——沒有止境的前沿》，商務印書館 2004 年版，第 49 頁。

學組織力量相比，效率顯著提高。

這種科學組織模式對於急需在短期內實現快速發展、實現趕超世界先進水準的中國科學來說無疑是最佳選擇。新中國的領導人雖然還沒有大規模地組織科學研究的經驗，但卻積累了指揮千軍萬馬協同作戰的豐富經驗。因此，組織團隊協同攻關對於新中國的領導人來說，在組織管理層面不是一件陌生事。新中國社會主義制度的建立，又從制度層面給集中調集人力、物力支援科學研究提供了保證。於是，新中國的領導人在急迫地推進科學技術發展的情境下，很自然地選擇了依靠政府組織、集中國力推進科技發展的策略。周恩來在中共中央知識分子問題會議上的講話中提出「最迅速最有效」地實現趕超的方法，一共六條，其核心思想就是調集國家各方面力量，有計劃、有組織地大力發展科學研究，培養科技人才。政府各部與科學院要「合理的分工和合作」，「盡可能迅速地用世界最新的技術把我們國家的各方面裝備起來[15]」。周恩來雖然沒有明確提出政府體制的理念，但他指出的這條道路，顯然是將科學發展納入國家事業，保障科學發展的道路。這條道路與美國等西方國家將科技發展視為政府行為，在實質上是一樣的，不同之處僅僅在於，政府不僅通過大量的財政投入支持科學的發展，而且親自擔當了組織者、管理者的角色。

---

15 周恩來：《關於知識分子問題的報告》，《周恩來選集》（下卷），第185頁。

新中國領導人依靠國家力量，調集全國精銳力量做的第一件事是制定科學發展遠景規劃。這是周恩來在中共中央知識分子會議上提出來的，目的是要「使十二年後，我國這些門類的科學和技術水準可以接近蘇聯和其他世界大國[16]。會議結束不到一個月，中共中央、國務院就組織成立了國家科學規劃委員會，具體負責制定遠景規劃。在制定規劃的過程中，共從全國調集了六百餘名科學家、技術人員和一些蘇聯專家，每天吃住在一起，全力以赴，反復討論，反復論證。前後歷時半年多，於當年十月編制出了《一九五六-一九六七年科學技術發展遠景規劃綱要（草案）》。這個規劃提出「重要科學技術研究任務共五十七項，研究課題六百多個，整個規劃連同它的附件，共六百多萬字[17]」。這是中國歷史上第一個有計劃、有組織地發展科學技術的綱領性文獻。

　　規劃制定後，中央政府又按照制定規劃的模式實施規劃。一九五六年首先組建了導彈研究院，以後又先後組建了原子能、電子學、航空、艦船等方面的研究機構。這些研究機構的共同特點是，集中了全國最高水準的科學家。如導彈研究院擁有錢學森、任新民、屠守鍔、蔡金濤、梁守槃、黃緯祿、莊逢甘、吳朔平、姚桐彬等著名科學家。原子能研究設計院擁有錢三強、王淦昌、

---

16 周恩來：《關於知識分子問題的報告》，《周恩來選集》（下卷），第184頁。」
17 聶榮臻：《聶榮臻回憶錄》（下），第773-774頁。

朱光亞、郭永懷、彭桓武、鄧稼先、陳能寬、程開甲、王承書、張沛林等著名科學家。另外，中央政府還為這些科研研究院從全國調集了各種技術人才以及各種先進設備，並配備高級幹部加強領導。在生活上，研究人員則得到了政府盡可能的最好的照顧。

由於集中了全國的優勢力量，研究工作進展非常迅速。從實際效果看，「這個宏偉規劃在一九六二年就基本上實現了，總共提前了五年時間。[18]」這個成績不但充分證明了規劃，以及實施規劃的正確性，而且充分顯示了這種組織模式的優越性。聶榮臻後來回憶這段歷史時說：「回想組建科研機構的整個過程，我認為在當時我國大量的科學研究工作，尤其是像導彈、原子彈、現代高性能飛機和艦艇、複雜的電子設備等完全處於空白狀態的情況下，在機構建設上我們採取集中力量，形成拳頭的做法是正確的。[19]」薄一波在回憶錄中也說：「實踐證明，指導思想和目標明確，規劃的指標恰當，實行全國大力協同，集中必要的人力、物力、財力形成拳頭，鍥而不捨地攻關，就一定能取得預期的較好效果。[20]」這說明，選擇國家直接介入科學技術生產，集中全國力量攻關是新中國領導的共識和集體決策。這個模式對於新中國儘快擺脫科學技術落後的狀況發揮了重要作用。

仔細觀察這一時期國家介入式的科技發展路徑可以看出，同

---

18 中共中央文獻研究室、中央檔案館《黨的文獻》編輯部編：《共和國重大決策和事件述實》，人民出版社 2005 年版，第 132 頁。

19 聶榮臻：《聶榮臻回憶錄》（下），第 791 頁。

20 薄一波：《若干重大決策與事件的回顧》（上卷），第 516 頁。

樣是國家的介入，但西方國家的介入只是資金和財力的投入，科學研究活動其餘方面仍然遵循傳統的科學共同體自治的理念。新中國政府的介入則不但包括資金、財力的投入，還包括人員的調配、物資的支援乃至管理幹部的高規格選配，這樣的力度顯然是前所未有的，其作用對於要求多學科充分協作配合的現代科學、對於在短期內實現趕超的新中國來說顯然更加有利。但是，組織模式的高度集中帶來其他方面的管理是否也要集中的問題，單這一問題的解決要比組織模式問題複雜得多。

第二節 ▶ 「人民的知識分子」

如果將科學研究比作生產的話，那麼，要推動這架機器快速運轉，首要的任務是解放生產力，解放生產力的首要因素——從事科學生產的勞動者——知識分子。但是，這一時期的知識分子大多是舊社會培養的，他們大多家境較好，一九四九年以前大多從事的是自由職業，其生活狀況比工農大眾好。因此，從簡單的階級分析出發，中國共產黨內「在某種程度上頗為普遍地流行著一種說法，認為知識分子特別是高級知識分子，『歷史複雜，思想落後』。因而對他們看缺點多，看優點少，採取了疏遠、歧視甚至鄙視懷疑的態度[21]」。黨內一部分人中「嚴重存在著不尊重

---

21 《中共河北省委關於幾年來知識分子問題的初步檢查》，轉引自羅平漢：《當代歷史問題箚記二題》，廣西師範大學出版社 2006 年版，第76頁。

知識、不尊重人才的宗派主義傾向，在對待知識分子的問題上存在『六不』現象，即『估計不足，信任不夠，安排不妥，使用不當，待遇不公，幫助不夠』[22]」。「有的工農幹部對知識分子保持一定距離，甚至在政治上歧視他們，看不到他們的進步和重要作用，不認真執行黨的知識分子政策[23]」。作為執政黨的幹部對知識分子如此態度，又奉行如此政策，整個社會也就彌漫著對知識分子的輕視、歧視的氣氛。一九五六年知識分子工作會議以後情況有所改善，但是僅僅一年多的時間，由於整風「反右」的擴大化，知識分子的社會公眾形象再次受到前所未有的貶損，社會評價上也再次跌入低谷。

　　知識分子是有著深刻精神關懷的社會群體，對於他們而言，內心世界更需要的是社會承認，是對他們社會作用的肯定，也就是精神關懷的滿足。為此，自二十世紀五〇年代起，他們中的絕大部分人就積極投身了思想改造，不斷剖析自身存在的非無產階級思想，對自己過去所受的教育、所從事的工作進行檢討，努力學習馬列主義，學習黨的理論，希望能儘快融入主流社會。但是情況並沒有明顯改善，知識分子在社會中仍然處於一種不斷被改造的尷尬境地，由此給他們思想上、心理上帶來極大苦悶，不利於新中國科學技術的發展。中國共產黨必須以實事求是的科學精

---

22 中共中央文獻研究室、中央檔案館《黨的文獻》編輯部編：《共和國重大決策和事件述實》，第 125-126 頁。
23 薄一波：《若干重大決策與事件的回顧》（上卷），第 501 頁。

神和理論突破的勇氣解決這個問題，否則科技的趕超策略必將受到影響。

縱觀歷史的發展，新中國的知識分子政策並非完全走在一條路徑上，新中國的領導人曾經為解決關於知識分子的性質和地位問題做過不懈的探索和努力。周恩來在一九五六年中共中央知識分子問題會議和一九六二年廣州會議上做的兩次關於知識分子問題的講話，都曾試圖對這個問題給予實事求是的解決。

周恩來從馬克思主義的唯物史觀出發，從歷時性和共時性歷時性和共時性是一對從心理學借用來的概念，現已廣泛運用於各社會科學學科。所謂歷時性是指人物與事件的發展進程，是從縱的角度對事物的歷史分析。共時性則是指對事物的因果關係的分析，這種分析與觀察者主觀的心理狀態有一種特殊的相互依存的關係，也就是說所謂共時性反映了觀察者的主觀能動性和對問題的特殊關懷。的角度對知識分子的性質和地位進行了分析。他認為，從歷時性的角度看，知識分子「過去都屬於資產階級知識分子類型」，因為「大家都是從舊社會來的」。「知識分子不是獨立的階級，而是腦力勞動者構成的社會階層。一般地說，這個階層的絕大部分人在一定的社會條件下是附屬於當時的統治階級並為其服務的。……在剝削階級占統治地位時，知識分子多數是剝削階級家庭出身的……當時的大多數知識分子，常常容易接受並傳播剝削階級的舊觀點和占統治地位的思想體系。[24]」他認為，從

24 周恩來：《論知識分子問題》，《周恩來選集》（下卷），第 354 頁。

舊社會來,曾經為舊社會服務,接受過資產階級教育,這是舊社會知識分子的「根」,這種「根」是不能否認的。但是這只是知識分子的一面,知識分子還有另一面,而且是更重要的一方面,這就是他們中的絕大多數「受帝國主義、封建主義、官僚資本主義的統治和壓迫,因而有一部分人參加了革命,一部分人同情革命,多數人開始時對革命觀望、中立,以後逐漸靠近革命。反革命的知識分子是極少數[25]」。這最後一句話周恩來講了兩次,在一九五六年的講話[26]和一九六二年的講話中都斬釘截鐵的講了。從這種歷時性分析中周恩來得出的結論是「團結知識分子是必要的,也是完全可能的」[27]。

這種可能性在從共時性分析時又被周恩來進一步夯實。周恩來特別強調社會條件的變化對知識分子的影響,強調思想改造對知識分子思想轉變的影響。更重要的是,知識分子中已經有相當數量的新知識分子、勞動階級出身的知識分子。「由於這一切,我國的知識界的面貌在過去六年來已經發生了根本的變化[28]」,「他們中間的絕大部分已經成為國家工作人員,已經為社會主義

---

25 周恩來:《論知識分子問題》,《周恩來選集》(下卷),第 357 頁。
26 參見周恩來:《關於知識分子問題的報告》,《周恩來選集》(下卷),第 162 頁。
27 周恩來:《關於知識分子問題的報告》,《周恩來選集》(下卷),第 162 頁。
28 周恩來:《關於知識分子問題的報告》,《周恩來選集》(下卷),第 163 頁。

服務，已經是工人階級的一部分[29]」。一九六二年再次就知識分子問題發表講話時，隨著時間的流逝，周恩來再闡述這個觀點時就更具底氣。他認為，在黨的團結、教育和改造方針下，「十二年來，我國大多數知識分子已有了根本的**轉變**和極大的**進步**[30]」。這一次，他沒有再講知識分子是工人階級的一部分的話，但是他將知識分子大多數同工人、農民並列在一起，說他們是熱愛祖國的，一樣經得起考驗，並認為這是中國知識分子的驕傲！會議召開前，在聽了聶榮臻彙報科技界知識分子的顧慮後，周恩來還講了「知識分子就是知識分子，人民的知識分子[31]」的話，會後又委託陳毅對知識分子說「你們是人民的科學家、社會主義的科學家、無產階級的科學家，是革命的知識分子，應取消資產階級知識分子的帽子[32]。」至此，周恩來已經要給知識分子脫帽了，其解放意義甚至比僅僅說知識分子是工人階級的一部分更具震撼力。因為無論知識分子是否工人階級的一部分，在階級劃分上他們已經不屬於資產階級範疇。從當時的話語系統看，除去資產階級、地主階級外，社會上的其他階級都屬於人民的範疇，都是國家的主人。

　　一九六二年廣州會議前後，在中國共產黨的高層領導人內

29 周恩來：《關於知識分子問題的報告》，《周恩來選集》（下卷），第 162 頁。
30 周恩來：《論知識分子問題》，《周恩來選集》（下卷），第 361 頁。
31 轉引自聶榮臻：《聶榮臻回憶錄》（下），第 832 頁。
32 轉引自中共中央文獻研究室、中央檔案館《黨的文獻》編輯部編：《共和國重大決策和事件述實》，第 251 頁。

部，還有一些人從工作實際出發，主張對知識分子給予客觀評價。

聶榮臻在領導科技工作的過程中發現，正是「資產階級知識分子」這頂帽子使科學家感到十分壓抑，從而影響了科學家工作的積極性。他認為這個問題需要解決，「革命這麼久了，大學為我們培養的都是知識分子，難道都是為資產階級培養的？這不能理解嘛！[33]」為此他主張調整與知識分子的關係。

陶鑄則率先在自己領導的中南區實行了關於知識分子政策的「地方糧票」。一九六一年十月十一日，陶鑄在中南區高級知識分子座談會上提出：「對高級知識分子要做重新估價，高級知識分子是不是經過了考驗，能不能同我們一起搞社會主義建設，應該有一個肯定的總的估計。」「我們不能老是講人家是資產階級知識分子，我看要到此為止了。現在他們是國家的知識分子，民族的知識分子，社會主義建設的知識分子。」「我建議今後在中南地區一般地不要用『資產階級知識分子』這個名詞了，這個名詞傷感情。誰有什麼毛病，實事求是，是什麼，講什麼，不要戴這個帽子[34]。」

時任國務院副總理的陳毅性格率真豪爽，他乾脆明確提出了「脫帽加冕」的口號。他說，「給你們脫掉資產階級知識分子的

---

33 聶榮臻：《聶榮臻回憶錄》（下），第 832 頁。

34 轉引自中共中央文獻研究室、中央檔案館《黨的文獻》編輯部編：《共和國重大決策和事件述實》，第 248 頁。

帽子，加上勞動人民知識分子之冕[35]」，「十二年的改造，十二年的考驗，尤其是這幾年嚴重的自然災害帶來的考驗——孔夫子三月不知肉味，有些人是兩三年不知肉味，還是不抱怨，還是願意跟著我們走，還是對共產黨不喪失信心，這至少可以看出一個人的心，十年八年還不能看出一個人的心，共產黨也太沒眼光了[36]！」

　　這些中共高層領導人的說法在知識分子中引起的震動可想而知。一九五六年周恩來講話後，許多知識分子感到了「極大的寬慰和激勵」，「知識分子中的許多人，包括剝削階級家庭出身又在舊社會工作過的知識分子，紛紛寫文章或發表講話，用親身經歷敘述解放後黨和政府給予他們的無微不至的關懷和幫助，決心在國家建設事業中發揮更大作用[37]」。一九六二年周恩來的講話是在整風和反右傾之後，此間知識分子的心靈創巨痛深，周恩來的實事求是的知識分子評價[38]給廣大知識分子帶來了「意外的驚

35 轉引自聶榮臻：《聶榮臻回憶錄》（下），第 834 頁。
36 轉引自中共中央文獻研究室、中央檔案館《黨的文獻》編輯部編：《共和國重大決策和事件述實》，第 251 頁。
37 薄一波：《若干重大決策與事件的回顧》（上卷），第 505 頁。
38 廣州會議後，中國共產黨領導層內對知識分子的階級屬性問題仍然存在分歧，有少數人明確反對周恩來關於知識分子性質的看法。但周恩來不顧風險，堅持把為知識分子「脫帽加冕」的精神寫入 3 月底召開的全國人大二屆三次會議的政府報告。這份報告旗幟鮮明地提出，中國的絕大多數知識分子是屬於勞動人民的知識分子。既然知識分子是屬於勞動人民的知識分子的提法寫入政府報告，那它實際上就具有了政府政策的意義。

喜」，使他們大大松了一口氣。著名歷史學家周谷城在聽到為知識分子「脫帽加冕」的消息後十分激動，他說：「知識分子過去認為自己是資產階級知識分子，覺得自己是被改造的，始終是做客的思想，積極性還沒有發揮出來。」如今，「得到一個光榮的稱號，是勞動人民了，對這一點特別高興。我對這一點也很興奮。我覺得只要有這些感覺，精神就活躍起來了[39]」。周谷城的話典型地代表了廣大知識分子的心聲。聶榮臻回憶說：「恩來同志和陳毅同志的講話，使科學家們激動得熱淚盈眶，大大地啟發了他們的愛國熱情。他們說：『帽子脫掉了，責任加重了。』『是腦力勞動者，自己人了，不能再作客人了。』」「知識分子的積極性空前高漲，為科學事業更加盡心盡力。當時普遍生活困難，但大家還是幹勁十足，中國科學院、國防部五院、二機部九院等許多科研單位，晚上燈火通明，圖書館通宵開放，一片熱氣騰騰，我國真正出現了科學的春天[40]。」

第三節 ▶ 「真正科學家的態度」

　　一九六二年廣州會議並不意味著中國共產黨內對知識分子階級屬性問題的認識取得了共識，「左」傾錯誤並沒有從根本上得到清理和糾正。因此，這種良好局面並沒有持續太久。廣州會議

39 轉引自中共中央文獻研究室、中央檔案館《黨的文獻》編輯部編：《共和國重大決策和事件述實》，第 252 頁。
40 聶榮臻：《聶榮臻回憶錄》（下），第 834 頁。

召開半年之後，中共中央召開八屆十中全會，毛澤東錯誤地分析了當時的國內形勢，把社會主義社會中一定範圍記憶體在的階級鬥爭擴大化和絕對化，發展了他在一九五七年反右運動後提出的無產階級同資產階級的矛盾仍然是我國社會的主要矛盾的觀點，進一步斷言資產階級在整個社會主義歷史階段都將存在並企圖復辟，並且將成為黨內產生修正主義的根源。在這種背景下，黨內圍繞知識分子的階級屬性問題重新展開爭論。一九六二年廣州會議對知識分子階級屬性的正確估計再次被否定[41]。知識分子的性質不斷處於負面評價，知識分子作用也不斷被否定。然而，在這樣的境況下，新中國的科學技術依然獲得了突飛猛進的發展，如前所敘，一九五六年的科學規劃竟然提前五年基本實現了。這是一個值得深思的問題，需要進一步從中國知識分子的品格和精神關懷出發進行分析。

中國知識分子的品格是在中華文化的熔鑄下形成的。他們的精神關懷打上了深深的中華文化的烙印。中華文化精神的指向，主要指向成就道德而不在成就知識。因此，中國知識分子的成就，也是在行為而不在知識。換言之，傳統的中國人讀書，其讀書的終極關懷不是為了知識，知識也不是衡量中國知識分子成就的尺度，這在兩千年的歷史中是表現得很明白的[42]。中國傳統讀

---

41 中共中央文獻研究室、中央檔案館《黨的文獻》編輯部編：《共和國重大決策和事件述實》，第 253-254 頁。

42 參見徐復觀：《中國知識分子的歷史性格及其歷史的命運》，見許紀霖編：《20 世紀中國知識分子史論》，新星出版社 2005 年版，第 64 頁。

書人這種行為的主要體現就是與他們的普遍良知相關聯的強烈的社會的、政治的精神關懷。他們從來都認為自己背負重要的社會責任,進廟堂則治國平天下,退鄉里則修善其身,榜樣鄉鄰,「所言所行,使諸編氓有所矜式[43]」。即是說,中國傳統的讀書人有著以天下為己任的精神關懷,這種關懷一方面落實在「世道」上,一方面落實在「人心」上。二十世紀以來,隨著科舉的廢除,傳統的讀書人——士——作為一個階層衰落了,隨之出現了新型知識分子。由於知識結構的改變,新型知識分子的精神關懷中逐漸生長出了與專業志向相聯繫的知識關懷。但是,傳統的「澄清天下」的社會政治關懷並未因此泯滅,而是隨著近代中國國勢的日漸衰敗而日益在愛國主義的旗幟下得到強化。他們常面對國家的悲慘際遇而扼腕長歎,強烈地希望國勢扭轉,國家強大。

　　或許以哲學家金岳霖[44]為例來探討科技知識分子的內心世界不那麼合適,但是,金岳霖的心路歷程委實極其典型地反映了那一代知識分子的內心世界。金岳霖生於一八九六年,他的青少年時代正是中國國勢日漸頹敗、國運不斷走下坡路的年代。巨大的民族恥辱給他年輕的心靈深深的刺激,國家被瓜分的恐懼時時啃嚙著他的心靈。所以他極其熱切地期盼國家的強大,極其強烈地

---

43 劉大鵬著,喬志強標注:《退想齋日記》,山西人民出版社 1990 年版,第 69 頁。

44 金岳霖(1896-1984),字龍蓀。浙江諸暨人,生於湖南長沙。中國 20 世紀著名的哲學家、邏輯學家和教育家。

期望擺脫瓜分的陰影。抗戰時期，金岳霖的弟子馮契秘密參加地下黨的工作去前方抗日，金岳霖非常讚賞他的行動，連聲說好。一九三九年，馮契回到昆明，金岳霖一見到他，就迫不及待地邀請他到自己的寓所去聊聊天。當馮契說起敵後根據地的軍民如何勇敢，如何英勇殺敵時，金岳霖非常高興，稱讚八路軍和遊擊隊能征善戰，對他們很有好感，並且說出了一句很能代表這一輩知識分子思想的話：「我們這一代人，一直擔心中國要被瓜分，要亡國；能把日本鬼子打敗，中國就有希望了。」

　　由於有了對國家、民族命運的深深關切，金岳霖實際上是在自己的學術追求之上建構了一個超越自身需求的更崇高的目標。其他的一切關懷，其價值都在此目標的價值之下。當為了這一崇高目標而需要犧牲、捨棄或者改變其他目標時，那都是理所當然的。從這一崇高目標的內涵看，其民族主義的訴求，又正好與中國傳統知識分子的以澄清天下、拯救天下為己任的理想契合。於是乎這一目標的崇高性、合理性更毋庸置疑，為其奉獻便成更加合情合理之事。

　　一九四九年以後，金岳霖的心結終於冰消雪融。據許滌新回憶，在開國大典上，當金岳霖聽到毛澤東在天安門城樓上，以他熟悉的家鄉話宣佈「中國人民站起來了」的時候，興奮得幾乎跳了起來[45]！「瓜分恐懼」從此真的沒有了。回到他任教的清華大

45 許滌新：《頌金老》，見《金岳霖學術思想研究》，四川人民出版社1987年版，第33頁。

學，他逢人便感歎：「毛主席宣佈中國人民站起來了，真好呵！解放了，中國人民再也不受列強欺負了[46]。」這個對民族命運的關懷，可以說幾乎在金岳霖心中糾纏了一生，以至於在一九八二年當他感到自己的生命即將結束的時候，還特意給黨組織寫信，為「瓜分問題的完全解決」，再次感謝黨，感謝毛主席[47]。對於金岳霖來說，所謂「解放」並不是指個人地位的上升，而是所屬民族在國家地位上的翻身，也就是說，只有民族命運的改變才是金岳霖心中最高關懷的實現。既然最高關懷得以實現，那麼其餘在此目標下的一切需求均可退而求其次。因此，金岳霖晚年曾經私下對人說起，只要民族有了自由，個人即使少一點自由，受一些委屈，也就認了[48]。有了這樣的心態，我們或許就可以解釋，在對知識分子的評價反反覆覆，甚至遭遇不公正對待的年代，何以知識分子仍然滿腔熱情，仍然勤勉工作、不懈研究。

　　以此眼光觀察此一時代的科技知識分子，其心態與金岳霖似乎非常相似。以著名生物學家秉志[49]為例。秉志的青少年時代曾

---

46 榮晶星：《緬懷金岳霖先生》，見《回憶金岳霖與金岳霖回憶》，四川教育出版社 1986 年版，第 196 頁。

47 劉培育：《金岳霖年表》，見《回憶金岳霖與金岳霖回憶》，第 427 頁。

48 轉引自許紀霖：《大時代中的知識人》，中華書局 2007 年版，第 165 頁。

49 秉志（1886-1965），著名生物學家。本姓翟，字農山。河南開封人。1904 年入京師大學堂預備科，1908 年公費赴美留學。在美期間參與創建中國科學社和《科學》雜誌。1920 年回國任教。創建了中國第一個高等學校的生物學系，第一個生物學科學研究機構——中國科學社生物學研究所。學術成就卓著，為中國近代生物學的開創人之一。解放後被選為全國人大代表。

接受了深厚的中國傳統文化的教育[50]。在傳統文化的教化下，他逐漸確立了中國傳統知識分子的政治、社會關懷。青年時代的秉志見到國家處於危難處境，心中不免恐懼與憤激。「留美期間，對祖國的萎靡不振，受列強逼淩，國家岌岌不保，憂惕憤激，最為痛苦[51]」。由此他樹立了科學救國的理想。一九四九年以後，「國運日隆」，秉志少年時代的憂懼一旦灰飛而去，這令他「有極大愉快[52]」，唯有「以學問道德增進國人之文化與幸福[53]」。而這段話正出於一九五八年，恰在整風「反右」之後，可見秉志並未因此影響了努力進行科學研究以報國家之念。同年，在致龍榆生[54]的信中，秉志說了一段十分有典型意味的話，「惜此有用之身，為人民服務，所謂修己治人，乃吾儒分內之事，吾人宜時時策勵者也[55]」。在這裡，愛國理想與傳統的道治政治、與新中國的時代話語完美地結合在了一起。如果沒有對時代的高度認同和國家命運的高度關懷，這樣完美結合的話語是不可能出現的。

---

50 秉志早年入塾，光緒二十九年（1903）先後獲生員和舉人功名。至晚年仍能做舊體詩，以「吾儒」自稱，並相信國勢日隆，國學必將廣被人類（見《秉志文存》第 3 卷，北京大學出版社 2006 年版，第 431 頁）。

51 《自傳》，《秉志文存》第 3 卷，第 302、303 頁。

52 《自傳》，《秉志文存》第 3 卷，第 305 頁。

53 《致榆生教授》，《秉志文存》第 3 卷，第 434 頁。

54 龍沐勳（1902-1966），字榆生，江西萬載人。歷任中央大學、上海音樂學院教授。工詞學，有《東坡樂府箋》《唐宋詞格律》《忍寒樓詞》等。

55 《致榆生教授》，《秉志文存》第 3 卷，第 433 頁。

　　這一時代的科技知識分子從幼年起就經歷著祖國命運塗炭的歲月，對國家、民族命運都懷有深深的憂懼，因而都萌生了以己之力為改變國家、民族命運盡萬一之力的理想。而新中國使中華民族擺脫了帝國主義的欺凌，國勢日強，是他們親眼所睹，新舊之不同是他們親身所歷，因此「中華人民共和國的成立，為我們那一代青年帶來了新的希望[56]」。在青年時代的崇高理想照耀之下，他們對於個人之得失並不斤斤計較，而能忍辱負重、不斷前行。

　　這一代知識分子又不同於歷史上的傳統讀書人，他們是新一代的、真正意義上的現代知識分子。他們生活在一個歷史大轉折的時代，生活在中國由中古社會向現代社會轉變的時期，因此，他們的身上印染了斑駁的色彩。他們是最後一代中國傳統知識分子，他們熟識儒家經典，深諳中國傳統文化，興之所至，吟詩對和。遍翻他們的文集，大都附有詩存一欄，這是今天的中青年科學家不能望其項背的。然而他們又是中國最早完整接受現代教育的一代知識分子，其頂層科學家大都有負笈海外的經歷，即使是中層知識分子也大都在現代教育體制下接受了完整的現代理念的教育。由此，他們的精神關懷中發生了不同於他們的前輩的精神關懷──與專業知識相聯繫的知識關懷。

---

56 黃祖洽：《自述》，《黃祖洽文存》，北京師範大學出版社 2002 年版，第 171 頁。黃祖洽，著名核子物理學家，「兩彈一星」專家，中國科學院院士。

所謂知識關懷，是指知識分子對知識的索求純粹出自「對自然萬物的驚異；他們先是驚異於種種迷惑的現象，逐漸積累一點一滴的解釋[57]」。這種對自然萬物的驚異來自人類的「好奇心」，這種好奇心是「人類最深刻的品性之一，的確遠比人類本身還古老」，是人類從他們的動物祖先繼承來的品性之一。好奇心「在過去如同在今天一樣也許是科學知識的主要動力。需要稱之為技術（發明）之母，而好奇心則是科學之母[58]」。但是，人類發展的歷史證明，這種好奇心的持續需要深厚的物質基礎。當人們面臨的主要是生存問題時，注意力一般會集中到技術發明以推動生產發展、滿足生活需求上。生活的需求滿足後，人們才會把注意力轉向對好奇的滿足。「希臘的知識分子，是由商業蓄積的富裕生活而來的精神閒暇所形成的。他們解決了自己的生活，乃以其閒暇來從事於知性的思索活動」，「他們不是為了求生活而去找知識；這便保障了知識的純粹性，養成西方為知識而知識的優良學統[59]」。在亞里斯多德看來，「一個有所迷惑與驚異的人」只是「為求知而從事學術，並無任何實用的目的[60]」。而在中國的學術傳統中，似乎並無這種「為求知而從事學術」的傳

57 亞里斯多德著，吳壽彭譯：《形而上學》，商務印書館 1959 年版，第 5 頁。

58 薩頓：《科學史》，轉引自李正風：《科學知識生產方式及其演變》，清華大學出版社 2006 年版，第 151 頁。

59 徐復觀：《中國知識分子的歷史性格及其歷史的命運》，見許紀霖編：《20 世紀中國知識分子史論》，第 65 頁。

60 亞里斯多德著，吳壽彭譯：《形而上學》，第 5 頁。

統，古代社會的讀書人——士——的最高理想是「入仕」，實現天下治平，教化昌明。因此，中國知識分子的知識關懷是近代以來逐漸生長起來的，是向西方學習的結果。

近代以來中國新式知識分子在學習西學，或者在留洋的過程中，不但學到了聲光化電等現代科技知識，還學到了西方知識分子的知識關懷，並深深體會到了求知的樂趣。他們讀書或曰求知的目的僅僅在於破解疑問的陶醉，在於探求真理的嚮往。著名科學家錢偉長在多年後回顧自己的成長歷程時說：「在蘇州高中老師的引導下，使我走出了為解決個人生活而學習的小徑，啟迪了我對追求真理，追求學術探索的無盡嚮往[61]。」著名核子物理學家盧鶴紱在談到研究受控熱核反應的感受時也不無陶醉地說：「我總覺得，沒有比在幾乎是未經勘探的原子核世界裡探索更令人神往了[62]。」正是在這種精神的薰陶下，近代中國新一代知識分子確立了「為科學而科學」的知識關懷。為了求知，物質享受是無所謂的，功名利祿也是沒有吸引力的。為了探求科學真理，他們可以捨棄身邊的榮華富貴以及人生享樂。一九三三年，著名地質學家翁文灝在談到科學精神時專門以秉志為例講了一段話，「秉志先生，不但是生物學著作等身，而且二十年來忠於事業，從不外騖。學校散了，沒有薪水，他一樣的努力工作；經費多

---

61 錢偉長：《自傳》，《錢偉長學術論著自選集》，首都師範大學出版社1994年版，第579頁。

62 盧鶴紱：《做科學之路的開拓者》，《中國科學家回憶錄》（2），學苑出版社1990年版，第10頁。

了，他也是這樣的努力工作。標本所得，他便盡力研究，研究有所獲，他從速發表。他的工作只求一點一滴的進益，並不追求鋪張揚厲的虛聲。這都是真正科學家的態度[63]」。

在此一態度下，不但功名利祿不能令他們心動，困難也不能使他們放棄對真理的追求。困境中，他們自能在科學攀登的道路上發現樂趣，豐富人生。一九五七年，錢偉長因為對大學教育的方式、培養學生的目的存在不同看法被打成右派，「環境十分困難，開展業務工作更加不易，幾乎沒有發表任何論文，也沒有出版什麼專著」，可以說錢偉長已經被剝奪了進行科學研究的權力。但是錢偉長仍然利用一切可以利用的機會進行他後來稱之為「地下活動」或「地下科學工作[64]」的科學研究或科學推廣工作。著名藥學專家薛愚在一九五七年被劃為右派，他在描述此時的處境時說：「按照領導的意見，我不管藥學系的事。當然，也是不能讓我上講臺講課的，但我仍然想做點工作」。在極端壓抑的境遇下，薛愚以對科學的無限熱愛，先後進行了芳香性中藥研究、心血管防治藥物研究、氣管炎防治藥物研究等工作，出版了《中國煉丹（煉藥）化學史》等著作。「自 1957 年至 1977 年，二十年的坎坷生涯中，我在藥學著作、譯文和審閱方面共完成了約一百五十萬字的工作[65]」。初看起來，筆者在這裡詳細列舉錢

63 轉引自中國科學院院士陳宜珍為《秉志文存》所作的序，見《秉志文存》第 1 卷，第 2-3 頁。

64 錢偉長：《自傳》，《錢偉長學術論著自選集》，第 602-607 頁。

65 薛愚：《我走過的路》，《中國科學家回憶錄》（2），第 77 頁。

偉長、薛愚的科研成果對於體現本文的宏旨似乎是無關緊要的，實際上這正是這一代知識分子的興趣所在、精神皈依所在的典型寫照。可以說，在這一代知識分子身上，中國傳統讀書人的登堂入廟、封爵拜相、澄清天下的社會政治關懷的實現路徑已經變得極其淺淡而難以辨認了。

但是，如前所述，他們又是有強烈的傳統讀書人的社會政治關懷的一代知識分子，他們對國家的強盛有熱烈的渴望。這兩種品格完美地結合在一起，使他們普遍覺得愛國理想的實現要依靠發展科學來實現。他們將自己的知識關懷置於愛國情懷的大目標之下。

「作為一個中國人，我嘗盡了由於自己國家科學不發達，而到處受人歧視的苦頭。我們要有窮而志堅、學而不媚的精神。」「個人的理想，只有融入到民族的理想中，才是現實的[66]。」這是著名物理學家張文裕、著名射電天文學家王綬琯的話。如果我們翻翻這一代知識分子的自傳或者傳記，這樣的話比比皆是，可信手拈來。雖然他們每個人的表達方式、話語組合不盡相同，但核心思想是一致的，那就是「對於社會主義效力，及趕上國際科學水準[67]」。在他們的眼裡，愛國的理想是道，科學研究是器，

---

66 引自顧邁南：《中國當代科學家的奮鬥之路》，上海人民出版社 1985 年版，第 95、64 頁。

67 秉志：《自傳》，《秉志文存》第 3 卷，第 305 頁。我覺得，被毛澤東稱為「中國生物學界的老祖宗」的著名植物學家胡先驌的一段話更典型，「別無旋乾轉坤之力，則以有從事實業，以求國家富強之方。此所以未敢言治國平天下之道，而惟農林山澤之學是講也」。（見胡宗剛：《不

器以載道，器是通向道的舟檝。如此而言，似乎我們又回到了洋務運動時期。但是，這不是簡單的重複，這是螺旋式的上升，新一代知識分子為之服務的已是社會主義的新型國家，國家的蒸蒸日上給他們帶來了新的希望，他們願意以自己的學識為之效力。

最後，我們再回到金岳霖，在《對於政治，我是一個「辯證的矛盾」》一文中，金岳霖自述自己一方面對政治毫無興趣，另一方面則對政治的興趣非常之大。看起來這似乎十分矛盾，但這正是這些知識分子心態的最好描述。他們心無旁騖，一心專注於自己心愛的專業，似不喜介入政治。但心中裝著天下，鑽研專業的目的並非為個人，也非純粹的學術，而是為了民族和國家，為了他們從青年時代就確立心中的理想。

至此，我們大體可以清楚，在上世紀五六十年代，為何在知識分子處境並不妙的情況下，國家的科技仍然有了那麼大的發展。除了制度的優勢，毛澤東的高遠目標，周恩來等領導人的政策明智外，中國知識分子的獨特品格是最重要的推動力之一。

第四節 ▶ 百家爭鳴與獨立思考

在近代中國，科學首先是作為一種知識體系被引進的。在其後歷史的發展中，科學逐漸上升為一種意識形態，一種強國哲

該遺忘的胡先驌》，長江文藝出版社 2005 年版，第 18-19 頁）只是這話講在了 1949 年前。

學，一種進步的價值觀。五四前後，科學作為確定無疑的進步觀念獲得了難以撼動的合法地位，科學精神的理性光芒對於思想解放發揮了重要作用。

新中國成立後，馬克思主義作為科學理論成為國家的指導思想，科學作為一種知識體系回歸本位。在社會主義制度下，科學發展、科學研究與國家指導思想究竟是一種什麼樣的關係？對於中國人民來說是一個嶄新的課題，因此，包括中國共產黨領導人在內的中國人民很自然地將眼光轉向了蘇聯。

蘇聯是世界上第一個社會主義國家，在中國也開始了社會主義建設的時候，中國人民對蘇聯寄予了很大希望。當時，「蘇聯的今天就是中國的明天」這樣的話語是頗為流行的。事實上，中國人原本也是打算照著蘇聯的模式來進行建設的[68]。於是，蘇聯模式的正確方面、失誤方面一股腦作為先進經驗引進中國，蘇聯老大哥也很不客氣地把自己模式輸送甚至強加給社會主義陣營的各國。

在處理科學研究和國家指導思想的關係方面，蘇聯盛行給科學研究貼政治標籤的絕對化思維模式。這種思維模式的起源與蘇聯紅色政權建立之初面臨的嚴峻環境有關。蘇聯新生政權建立後，遭到了來自國內外敵人的敵視和破壞，在科學研究領域也遇到了敵對分子的抵抗。蘇聯科學院「一九二九年初選舉院士，還

---

68 羅平漢：《當代歷史問題箚記二題》，廣西師範大學出版社 2006 年版，第 125 頁。

公然排斥馬克思主義者」,「一些自然科學團體(如莫斯科數學學會)公然對抗黨的領導。科學為社會主義建設服務和有計劃發展的方針,許多科學家表示拒絕或冷淡。還有一些科學家參與了技術和經濟方面的暗害活動[69]」。為了改變這種狀況,一九三一年三月,聯共中央規定了共產主義科學院自然科學部的任務,共產主義科學院主席團則做出決議,提出了改造自然科學的任務。這個任務包括兩個方面:政治、組織方面的改造和學術思想問題的改造。

這兩個方面顯然是性質不同的兩個問題,但是蘇聯在處理這兩個方面的問題時「是混在一起沒有加以區別的。同時,在學術思想問題上,又是把自然科學同哲學社會科學混在一起,沒有加以區別的[70]」。這種混淆帶來了思想混亂,蘇聯學術思想界出現了一些十分荒唐的提法,諸如「自然科學的黨性原則」「為科學的布爾什維克化而鬥爭」「改造資產階級科學」「反對向資產階級科學投降」等等。這種任意給作為知識體系的自然科學貼政治標籤的做法在一九四七年前後達到高潮,生物學、化學、物理學、農學等學科都有一些學派或學術觀點被冠以資產階級學術的大帽子而大張撻伐。

69 龔育之:《蘇聯自然科學領域思想鬥爭的歷史情況》,龔育之、柳樹滋主編:《歷史的足跡——蘇聯自然科學領域哲學爭論的歷史資料》,黑龍江人民出版社 1990 年版,第 1-2 頁。
70 龔育之:《蘇聯自然科學領域思想鬥爭的歷史情況》,龔育之、柳樹滋主編:《歷史的足跡——蘇聯自然科學領域哲學爭論的歷史資料》,第 3 頁。

新中國成立後，在一片向蘇聯學習的浪潮中，給學術問題貼政治標籤的風氣很快就吹了進來。諸如「愛因斯坦的唯心論」「肅清化學構造理論中的唯心主義」「米丘林生物科學是自覺而澈底地將馬克思列寧主義應用於生物科學的偉大成就」「為堅持生物科學的米丘林方向而鬥爭」「批評數學中的唯心主義」「為反對各色各樣唯心主義對我們的科學的侵蝕而鬥爭[71]」等等字眼充斥報刊和耳際。人們對科學的政治劃分甚至荒唐到滑稽可笑的地步。時任中宣部部長的陸定一在晚年的回憶中談到這樣一件事：「有一位老同志，也是很好的同志，戰爭期間擔任軍隊衛生部長，戰爭之後做中央人民政府的衛生部副部長。他知道了蘇聯的巴甫洛夫學說之後，要改造中國的醫學，對我說：『中醫是封建醫，西醫（以細胞病理學者魏爾嘯的學說為主導）是資本主義醫，巴甫洛夫是社會主義醫。』我想，在這樣的認識指導之下，當然就應該反對中醫和西醫，取消一切現存的醫院，靠巴甫洛夫的藥（只有一種藥，就是把興奮劑與抑制劑混合起來，叫『巴甫洛夫液』）來包醫百病[72]。」

在如此荒唐的思維方式主導下，自然科學界的某些人照搬蘇聯的做法，先後開展了對化學的「共振論」「量子力學中的唯心主義」和生物學中的「資產階級摩爾根學派」的批判。自然科學

---

71 參見嚴搏非編：《中國當代科學思潮（1949-1991）》，三聯書店上海分店 1993 年版，第 12-87 頁。

72 陸定一：《「百花齊放，百家爭鳴」的歷史回顧》，《陸定一文集》，人民出版社 1992 年版，第 842 頁。

的教學和研究盛行一邊倒，教學只能使用蘇聯的教材，科研只能遵循蘇聯的觀點，稍有異議就會被指責為資產階級觀點或者唯心主義。這無疑會嚴重阻礙科學技術的進步，於是遭到了不少科學家的抵制，但卻因此引來了批判。這方面最典型的事件就是生物學界大力推行李森科[73]學派的遺傳學，批判摩爾根學派[74]及其由此引發的胡先驌事件。

在學習蘇聯的過程中，獨霸蘇聯生物學界多年的李森科的觀點很快傳了進來。李森科一九四八年在全蘇聯列寧農業科學院會議上所作的《論生物科學狀況》的報告被作為大學生物系和農業院校等相關部門必讀的檔大量印行，李森科學派的理論統治了中

---

73 李森科（1898-1976），蘇聯生物學家，自稱屬於米丘林學派，標榜自己是「無產階級的」「辯證唯物主義的」「科學的」和「聯繫實際的」，並長期獨霸蘇聯生物界的領導地位。他採用政治鬥爭的方式，打擊和排擠摩爾根學派，給摩爾根學派扣上了「資產階級」「反動」「唯心主義」「形而上學」「偽科學」等帽子，禁止在課堂上講授摩爾根遺傳學，封閉摩爾根學派的實驗室，解除他們的行政和學術職務（參見李佩珊、孟慶哲、黃青禾、黃舜峨編：《百家爭鳴——發展科學的必由之路——1956 年 8 月青島遺傳學座談會紀實》，商務印書館 1985 年版）。

74 摩爾根學派是遺傳學中的一個著名學派，起源於達爾文的「泛生論」，其後經過了俄國、美國、德國、英國等國科學家的發展，於 1926 年由美國遺傳學家摩爾根（Morgan，T.H.1866-1945）的研究證明了存在於染色體上的基因，並發表了《基因學說》，創立了基因理論。1953 年，華生（Watson，J.D.）和克裡克（Crick，F.H.C.）又提出了 DNA 的雙螺旋機構模型，引領遺傳學進入了分子遺傳學時代。在摩爾根學派發展的同時，從達爾文的環境是遺傳性變異的重要原因出發，還發展出了米丘林學派，重視獲得性遺傳在遺傳中的作用（參見朱新民主編：《科學爭論集》，湖南科學技術出版社 1998 年版）。

國生物學界。應邀來華講學的蘇聯生物學家也大都屬於李森科派，他們在講授李森科學派的學術內容時大都全盤否定摩爾根遺傳學的成就。從一九五二年秋季開始，摩爾根學派的遺傳學課程在各大學基本被停開，主要以摩爾根學派為指導的研究工作也被迫全部停頓，甚至連中學教材也被重新編寫。學術期刊則只刊登宣揚李森科一派觀點的文章。

中國的生物學特別是新中國建立前的生物學基本上是從西方引進的，許多生物學家、遺傳學家都曾留學英、美等國，有些還在摩爾根領導的實驗室裡進行過學習和研究。只有一小部分來自延安和解放區的科學家的學術思想有所不同。因此，對於全盤照搬蘇聯李森科遺傳學的做法，很多生物學家和遺傳學家十分不滿，先是發生了李景均出走事件[75]，接著就發生了胡先驌[76]事件。胡先驌早年赴美留學，其學術路徑與李森科一派不同。一九

---

75 李景均（1912-2003），天津人，遺傳學家、生物統計學家。早年留學美國，1941 年歸國任教，1946 年任北京大學農學院農學系主任兼農業試驗場場長。1949 年以後，因不同意批判摩爾根遺傳學、停開摩爾根遺傳學課程，於 1950 年 3 月請假赴香港，後赴美國任教。歷任美國匹茲堡大學生物統計系教授、系主任、校座教授，美國人類遺傳學會主席。

76 胡先驌（1894-1968），字步曾，號懺庵。江西省新建縣人。植物分類學家，中國植物學的奠基人，中國生物學的創始人，享有世界聲譽的植物學家。早年赴美留學，歸國後在多所高校任教，領導和參與創辦了中國第一個大學生物系，第一個生物研究所，以及靜生生物調查所、廬山植物園、雲南農林植物研究所等科研機構，任中國植物學會第一任會長。1948 年與鄭萬鈞聯合發佈了有「活化石」之稱的水杉新品種，轟動國際學術界。

五五年三月胡先驌所著高等學校教材《植物分類學簡編》由高等教育出版社出版。在這部書的第二十章《植物分類原理》中，胡先驌通過介紹蘇聯生物學界學術爭論情況的方式，對李森科的物種見解進行了批評。他認為「李森科『關於生物學種的新見解』在初發表的時候，由於政治力量的支持，一時頗為風行」，對此他提出：「這場論爭在近代生物學史上十分重要。我國的生物學工作者，尤其是植物分類學工作者必須有深刻的認識，才不致於被引入迷途[77]。」這本書出版後，北京農業大學的六位講師、助教聯名致信出版社，認為該書犯了嚴重的政治錯誤。隨後一位在高教部的蘇聯專家提出「嚴重抗議」，說「這是對蘇聯政治的誣衊」。繼而中科院在紀念米丘林誕辰一百周年大會上，對胡先驌進行了批判，《植物分類學簡編》也被銷毀了。

　　顯而易見，完全照蘇聯的模式處理科學研究、科學爭論，只能走進死胡同，只能嚴重窒礙科學的發展。那麼，怎樣才能使科學研究走出誤區呢？毛澤東在新中國成立後不久就開始思考如何看待蘇聯。他對史達林的許多做法，包括他對中國革命的干涉，一直很有看法。一九五三年，就歷史研究領域存在的爭論，毛澤東提出了處理學術爭論的方針和思路，叫做「百家爭鳴」。據黎澍回憶，毛澤東還在另外的場合兩次講過歷史研究要「百家爭

---

77 薛攀皋：《「樂天宇事件」與「胡先驌事件」》，原載中國科學院《院史資料與研究》1994 年第 1 期，轉引自張大為、胡德熙、胡德焜編：《胡先驌文存》（下卷），第 900-901 頁。

鳴」。一次是在一九五二年或一九五三年，中共中央宣傳部約請翦伯贊、邵循正、胡華合寫一本《中國歷史概要》，請示毛澤東如何解決一些有爭議的問題，如中國古代史的分期問題等。毛澤東回答說：「把稿子印發給全國歷史學家討論，實行百家爭鳴。」另一次是一九五五年九月，陸定一向毛澤東請示關於中共黨史編寫問題的意見，毛澤東也回答說「百家爭鳴[78]」。

　　至於在各個科學研究領域都要貫徹「百家爭鳴」的方針，毛澤東和中共中央是在一九五六年初提出來的。這年二月，毛澤東在居所頤年堂召開會議，陸定一向中央彙報了科學研究中的爭論情況，並談了自己的看法：「各門科學，不論是自然科學還是社會科學，都是可以有學派的。學術與政治不同，只能自由討論，不應該用戴『政治帽子』和『哲學帽子』的辦法，打倒一個學派，抬高一個學派。」「就在這次會議上，決定對科學工作採取『百家爭鳴』的方針[79]。」這個月的十九日，毛澤東還就蘇聯學者對他的《新民主主義論》中關於孫中山的世界觀的論點發表不同看法一事，給中宣部寫了批示：「我認為這種自由談論，不應當去禁止。這是對學術思想的不同意見，什麼人都可以談論，無所謂損害威信。……如果國內對此類學術問題和任何領導人有不同意見，也不應加以禁止。如果企圖禁止，那是完全錯誤

---

78 黎澍：《毛澤東與「百家爭鳴」》，轉引自文嚴：《「雙百」方針提出和貫徹的歷史考察》，《黨的文獻》1990 年第 3 期。
79 陸定一：《「百花齊放，百家爭鳴」的歷史回顧》，《陸定一文集》，第 843 頁。

的[80]。」這兩件事無論是在現代中國的科技發展史上還是思想解放史上都具有重要意義，一方面它表明中國共產黨「百家爭鳴」的方針已經擴展到全部科學研究領域，對於推動科學研究的進步產生了深遠影響；另一方面則表明中國共產黨在探索的過程中已經不是跟在蘇聯後面亦步亦趨，而是開始獨立思考，並將獨立思考的結論付諸實踐。

幾乎與此同時，蘇共二十大召開，赫魯雪夫的秘密報告揭開了史達林問題的蓋子。毛澤東很快做出了反應，他在這年三月召開的一次政治局會議上說，這個秘密報告表明，蘇聯、蘇共、史達林並不是一切都正確的，這就破除了迷信[81]。這說明毛澤東更加堅信不能盲目地對待蘇聯的經驗。一九五六年四月二十五日，毛澤東在中共中央政治局擴大會議上做了題為《論十大關係》的講話，明確指出：「我們的方針是，一切民族、一切國家的長處都要學，政治、經濟、科學、技術、文學、藝術的一切真正好的東西都要學。但是，必須有分析有批判地學，不能盲目地學，不能一切照抄，機械搬用。他們的短處、缺點，當然不要學。」他特別批評了盲目學習蘇聯的做法，「有些人對任何事物都不加分析，完全以『風』為准。今天刮北風，他是北風派，明天刮西風，他是西風派，後來又刮北風，他又是北風派。自己毫無主

---

80 毛澤東：《對學術問題的不同意見不應禁止談論》，《毛澤東文集》第 7 卷，人民出版社 1999 年版，第 9 頁。
81 吳冷西：《憶毛主席》，新華出版社 1995 年版，第 4-5 頁。

見，往往由一個極端走到另一個極端」。對於「社會科學，馬克思列寧主義，史達林講得對的那些方面，我們一定要繼續努力學習。我們要學的是屬於普遍真理的東西，並且學習一定要與中國實際相結合。如果每句話，包括馬克思的話，都要照搬，那就不得了」。毛澤東還特別提到了自然科學，他說這方面我們比較落後，「特別要努力向外國學習。但是也要有批判地學，不可盲目地學[82]」。

五月二日，毛澤東在第七次最高國務會議上正式提出了「百花齊放，百家爭鳴」的方針。二十六日，中宣部部長陸定一應中國科學院院長郭沫若的要求，在懷仁堂為首都的科學工作者、文藝工作者做報告，闡述了對「百花齊放，百家爭鳴」方針的理解。八月，遺傳學座談會在青島召開，于光遠作為中宣部主管科學工作的幹部到會兩次講話，集中闡述了對「百家爭鳴」的理解。至此，中國共產黨對科學文學藝術工作的「雙百」方針正式確立。

仔細閱讀陸定一和於光遠的講話，可以發現有幾個方面特別值得注意，其思想解放的程度在今天看來也是十分大膽的。

一是陸定一在講話中提出了「獨立思考」。陸定一首先從中國歷史發展的經驗中談了獨立思考對學術發展的積極意義，「我國在兩千年前的春秋戰國時代，學術方面曾出現過『百家爭鳴』

---

82 毛澤東：《論十大關係》，《毛澤東文集》第 7 卷，第 41、41-42、42 頁。

的局面，這成了我國歷史上學術發展的黃金時代。我國的歷史證明，如果沒有對獨立思考的鼓勵，沒有自由討論，那麼，學術的發展就會停滯。反過來說，有了對獨立思考的鼓勵，有了自由討論，學術就能迅速發展[83]。」獨立思考是「百家爭鳴」的基礎，沒有獨立思考，沒有不同學說之間的交鋒，是無所謂「百家爭鳴」的。

接著陸定一談了對科研中出現錯誤的看法。他說：「獨立思考，進行複雜的創造性勞動，完全不犯錯誤是不可能的。第一，單是知識不足，有時就會使人作出錯誤判斷。第二，把本來正確的東西誇張了，看得太絕對了，也會犯錯誤[84]。」科學研究，特別是攀登科學高峰「是很困難的工作」，犯錯誤是常有的事，「完全不犯錯誤的人世界上是沒有的」，任何科學成果的取得都是在科學家不斷犯錯誤的過程中完成的。即使是犯唯心主義的錯誤「也不是什麼稀奇的事[85]」。陸定一還引用列寧的話來證明自己的觀點，「因為『人的認識並不是直線（也不是循著直線進行的），而是那無限地近似於螺旋形的曲線。這曲線的任何一個斷片、截片、小片，都可以轉化（片面地轉化）為獨立的、完整的直線，而這一直線（如果只看見樹木而不看見森林）就會引導到泥坑，引導到僧侶主義（在那裡統治階級的階級利益把它鞏固起

83 陸定一：《百花齊放，百家爭鳴》，《陸定一文集》，第 500 頁。
84 陸定一：《百花齊放，百家爭鳴》，《陸定一文集》，第 515 頁。
85 陸定一：《百花齊放，百家爭鳴》，《陸定一文集》，第 515 頁。

來）』。在認識的過程中，思想的僵化，孤立地看問題（所謂『鑽牛角尖』）和片面地看問題，都會引導到唯心主義的錯誤。」他用唯物主義認識論的觀點分析了科學研究中可能出現錯誤乃至唯心主義錯誤的根源，引導人們心平氣和地看待科學研究中的錯誤。

對於科學研究中的錯誤或發現錯誤，要允許有「批評的自由和反批評的自由」，但是，這種批評不是「一棍子打死』的批評，或打擊式的批評」，這是「對敵人的批評」。「凡是老老實實做工作的科學家和文藝家，在我們這個社會制度之下，是只應受到支援，不應受到打擊」。因此，批評都應當是「善意的，同志式的批評[86]」。「在學術批評和討論中，任何人都不能有什麼特權；以『權威』自居」，「學術批評和討論，應當是說理的，實事求是的。」「應當以研究工作為基礎，反對採取簡單、粗暴的態度；應當採取自由討論的方法，反對採取行政命令的方法；應當容許被批評者進行反批評，而不是壓制這種反批評；應當容許有不同意見的少數人保留自己的意見，而不是實行少數服從多數的原則[87]。」陸定一雖然沒有具體點明任何事件，但這樣的話實際上已經否定了前一階段的大張撻伐，否定了蘇聯這個「權威」。

二是提倡學術自由，強調將學術與政治分開。一九五六年四

---

86 陸定一：《百花齊放，百家爭鳴》，《陸定一文集》，第 514-516 頁。

87 陸定一：《百花齊放，百家爭鳴》，《陸定一文集》，第 505-506 頁。

月二十七日，在中共中央政治局擴大會議繼毛澤東發表了《論十大關係》的講話後，陸定一也做了發言，重點談了學術與政治的關係，談了學術自由問題。他說：「對於學術性質、藝術性質、技術性質的問題要讓它自由，要把政治思想問題同學術性質的、藝術性質的、技術性質的問題分開來。」陸定一特別提到了胡先驌的問題。他說對於胡先驌的問題，一開始只著重看了政治問題，結果成了抓小辮子。實際上他在生物學界很有威望，「他批評李森科的那個東西很好，那是屬於學術性質的問題，我們不要去干涉比較好[88]。」「自然科學發展有它自己的規律」，「有的人在實際研究問題的時候是唯物主義的，但他相信上帝，這完全是兩碼事」。「因此，把那些資本主義和社會主義的帽子套到自然科學上去是錯誤的[89]。」五月二十六日，陸定一正式宣佈：「我們所主張的『百花齊放，百家爭鳴』是提倡在文學藝術工作和科學研究工作中有獨立思考的自由，有辯論的自由，有創作和批評的自由，有發表自己的意見、堅持自己的意見和保留自己的意見的自由[90]」。這樣的話，實際上是正式給學術研究解套，還學術研究以寬鬆的環境。

陸定一說：「這個東西（指學術自由問題）從前我也不懂

---

88 陸定一：《對於學術性質、藝術性質、技術性質的問題要讓它自由》，《陸定一文集》，第 494 頁。

89 陸定一：《對於學術性質、藝術性質、技術性質的問題要讓它自由》，《陸定一文集》，第 496 頁。

90 陸定一：《百花齊放，百家爭鳴》，《陸定一文集》，第 501-502 頁。

得，就是在那裡瞎摸一通，從實踐中悟出來的[91]。」這些實踐，包括醫學、生物學、物理學以及形式邏輯的研究等等。但是提得最多的還是生物學的問題，看來胡先驌事件特別是胡先驌的態度給他留下了深刻印象。

在《植物分類學簡編》被批判後，胡先驌堅決拒絕做檢查，而是只寫了一篇學習米丘林的文章，講了他對物種問題的見解。實際上胡先驌內心仍然強烈不滿，他在一九五七年向黨組織交心的一份材料中說：「我對於米丘林誕辰百周年紀念會，對於我的攻擊不滿意，尤其是在一九五四年《科學通報》刊佈了蘇聯植物學會對於物種形成問題的討論總結以後[92]。」雖然這是在陸定一講話之後，還是可以反映胡先驌在遭到批判後的內心活動。胡先驌事件發生後，時任中國科學院副院長的竺可楨仍然與胡先驌來往密切。著名生物學家秉志則明確表示不同意批判胡先驌。據竺可楨日記記載：「農山（即秉志）認為要步曾（編者按：胡先驌字步曾）檢討不但不現實，而且無需要」，秉志「對於李森科的科學造詣有意見，認為許多人是盲從了[93]」。著名科學家的態度不可能不引起主管文藝、科學工作的陸定一的注意，並反思其原因。他意識到，扣大帽子的做法，「可能會把我們的大科學家搞

---

91 陸定一：《對於學術性質、藝術性質、技術性質的問題要讓它自由》，《陸定一文集》，第 494 頁。

92 胡宗剛：《不該遺忘的胡先驌》，長江文藝出版社 2005 年版，第 168 頁。

93 轉引自張大為、胡德熙、胡德焜編：《胡先驌文存》（下卷），第 904 頁。

掉，我們中國現在發展科學，向科學進軍，他出來一個主張，把大帽子一扣，說某某學者或某某學派是資產階級的，那科學的發展就完蛋了。這樣對我們的建設是很不利的[94]。」

三是開放唯心主義。陸定一在五月二十六日的會上宣佈「在人民內部，不但有宣傳唯物主義的自由，也有宣傳唯心主義的自由。只要不是反革命分子，不管是宣傳唯物主義或者是宣傳唯心主義，都是有自由的。兩者之間的辯論，也是自由的」。他認為「只要還存在著主觀和客觀的矛盾，還存在著先進和落後的矛盾，那麼，唯物主義和唯心主義的矛盾在社會主義社會和共產主義社會中也還將存在[95]」。

陸定一的這番言論顯然是極其大膽的，是「最尖銳的一個問題」，在學術界的「反映是很強烈的」，「有人認為馬克思主義不贊成唯心主義，把它放出來會發生壞的影響，說：『把唯心主義的老虎放出籠來，會咬人。』」「有位先生說，黨這回提出『百家爭鳴』，我們解放後幾年學習唯物論不是白學了嗎？」對於這些擔憂，于光遠在生物學座談會的講話中做了解釋。他認為對開放唯心論不必過慮，「實際上，假如沒有老虎，就沒有武松」，「唯心主義本來就存在，不讓它宣傳是不行的，只有通過爭論才能明確真理」。他還特別引用了北大賀麟[96]先生對他說的一段話

94 陸定一：《對於學術性質、藝術性質、技術性質的問題要讓它自由》，《陸定一文集》，第 496 頁。
95 陸定一：《百花齊放，百家爭鳴》，《陸定一文集》，第 503-504 頁。
96 賀麟（1902-1992），字自昭，四川金堂人。中國現代哲學家、翻譯

來證明自己的判斷：「過去我們多年學唯心論的人，也並沒有因為黨提出『開放唯心論』，就站在唯心論的立場上彈冠相慶。黨提出這樣的方針，使我感到更有學術自由，感到共產黨氣魄大。正如毛主席所說的：『不入虎穴，焉得虎子。』唯物論會得到更大的勝利[97]。」

實際上，對於開放唯心主義是否會帶來過多的負面影響，于光遠並不過分擔憂。他更關注的是這項政策是否真正能夠消除知識分子的顧慮，能否為科學研究的繁榮提供保障。為此，他對開放唯心主義從政策限度和學術自由尺度的角度進行更為詳盡的闡釋。他認為開放唯心主義既表明了政策限度，也表明了學術自由的尺度，「開放唯心論的主要作用，是使大家敢於獨立思考，有創造性」，「連唯心論的學術都可以講，別的學術觀點那就更不用說了」。說這樣的話，在「階級鬥爭」具有強大的話語權的情況下，在哲學意識形態被濫用的條件下，對於崇尚自由研究的科學家來說顯然具有極大的安撫作用。既然唯心主義都可以研究，都有說話的自由，那麼學術研究還有什麼禁區呢？

于光遠還特別談到了「學派」和「宗派」的區別。「『學派』和『宗派』有什麼不同？學派是按照科學的觀點、方法、風格的

家。早年赴美、德留學，回國後長期任教於北京大學哲學系，並在清華大學兼課。

97 于光遠：《1956年在青島遺傳學座談會上的兩次講話（8月10日）》，見李佩珊、孟慶哲、黃青禾、黃舜峨編：《百家爭鳴——發展科學的必由之路——1956年8月青島遺傳學座談會紀實》，第19頁。

不同形成的學者們的結合。學派要講科學態度。搞得不好，不講科學態度，有成見，就會變成宗派。」「學派」和「宗派」的根本區別就在於是否遵循科學的原則，符合科學精神。在談到遺傳學的不同學派的問題時，于光遠特別聲明「我在這裡講開放唯心論，並不是因為我認為現在遺傳學的兩派當中有一派是唯心論，可以讓這一派唯心論開放出來」，「我並不簡單地認為摩爾根派就是唯心論，米丘林派就是唯物論」，「應根據事實來決定，要由科學研究來解決」。學派之間的不同要通過學術討論慢慢接近，「科學的目的是求得真理，同時提倡不同意見的爭論[98]」。

　　陸定一和于光遠的話在今天看來或許是再平常不過的真理，但是在當時的語境下需要極大勇氣。雖然，他們闡述的道理在此後不久就被「千萬不要忘記階級鬥爭」所淹沒，但是其積極作用獲得了彰顯。在遺傳學研究領域，一九五七年以後先後遭遇了「科研工作兩條道路的鬥爭」，「興無滅資」，以及兩次討伐摩爾根學派的鬥爭，但中國科學院依然在一九五九年組建了由米丘林學派和摩爾根學派共處的研究所。同年，在「編寫《十年來的中國科學》遺傳學部分」時，有人「只寫米丘林學派的成就，隻字不提摩爾根學派的工作」，一九六二至一九六三年制定國家十年自然科學規劃時，又有人否認米丘林生物學是遺傳學，拒絕把有

---

98 于光遠：《1956 年在青島遺傳學座談會上的兩次講話（8 月 10 日）》，見李佩珊、孟慶哲、黃青禾、黃舜娥編：《百家爭鳴——發展科學的必由之路——1956 年 8 月青島遺傳學座談會紀實》，第 19-24 頁。

關工作納入遺傳學規劃，對此「中國科學院的領導都依據『雙百』方針，細緻地做兩派的工作，妥善地解決了問題[99]」。

　　從思想解放的角度看，一九五六年這次思想解放可以說是改革開放以來思想解放的先驅，「十一屆三中全會以後，我國情況發生了根本的變化。我們貫徹百家爭鳴的科學政策，創造新的科學氣氛的努力，是一九五六年的繼續和發展」[100]。

第五節 ▶ 「科學技術是第一生產力」

一、解放思想，實事求是——科學精神重新確立

　　一九七六年十月，中國共產黨和中國人民一舉粉碎了「四人幫」，億萬人民終於一吐多年之積鬱，人心大快！人民歡暢！然而，放眼望神州，到處皆破敗。

　　歷經十年動亂，國家、社會、經濟敗壞到了極點。一九七六年，農村勞動力年均糧食產量九百七十四斤，比上年下降百分之三點六。一些地區，特別是雲、貴、川、閩、浙、贛等省糧食產量急劇下降。鋼產量大幅度下降，一九七六年只有二千零四十一萬噸，低於一九七一年，同正常速度相比，大約少生產鋼二千八

99　薛攀皋：《「樂天宇事件」與「胡先驌事件」》，原載中國科學院《院史資料與研究》1994 年第 1 期，轉引自張大為、胡德熙、胡德焜編：《胡先驌文存》（下卷），第 907 頁。

100 龔育之：《在歷史的轉折中》，三聯書店 1988 年版，第 387 頁。

百萬噸。一九七四年至一九七六年，全國工業總產值大約損失一千億元。據不完全統計，十年內亂使工農業生產總值損失五千億元，整個國民經濟瀕臨崩潰的邊緣[101]。生產倒退又導致人民生活極其窘困，一九七六年農民的人均年收入僅為六十二點八元，城鎮職工平均工資六百零五元，比一九六五年的六百二十五元下降二十元[102]。

其實，在實際生活中，手中是否有錢還不是最重要的。市場上商品的供應極其匱乏，肉類蔬菜極其稀少，菜市場的貨架上經常是空空蕩蕩的，買肉、買糧都要憑票，芝麻醬、粉條之類的基本生活品則需要憑購貨本購買。百貨的供應極其緊張，布票、工業券被人們視為極其珍貴的東西。缺少了上述票證即使有錢也難買到所需的物品。鄉村的眾多農民生活更加困苦，不少地區的農民靠吃糠和野菜度日，有的農民則不得不逃離家鄉外出乞討。

科學教育文化受到的摧殘更加觸目驚心。科研文教機構以及藝術團體大多數被砸爛，許多專家學者被指為「反動學術權威」遭到迫害，有的甚至被迫害致死。大部分研究人員被下放到工廠、農村參加勞動，「接受工人階級和貧下中農的再教育」。中小學教師被譏「師道尊嚴」而遭到摧殘和折磨。科研設備、實驗

---

101 參見潘慧芳：《春天的故事 —— 輝煌的中國改革開放 30 年（1978-2008）》，人民出版社 2008 年版，第 2 頁。鋼產量另有 2040 萬噸之說，見馬立誠、凌志軍：《交鋒 —— 當代中國三次思想解放實錄》，今日中國出版社 1998 年版，第 33 頁。

102 參見馬立誠、凌志軍：《交鋒 —— 當代中國三次思想解放實錄》，第 33 頁。

室、實驗器材遭到嚴重破壞，圖書館的藏書大量遺散，或遭到毀壞。大學長期「停課鬧革命」，昔日寧靜的校園成了氣勢洶洶的武鬥場所。許多中小學的設備乃至門窗遭到嚴重毀壞，教師無法維持正常的教學秩序。

在浪費十年光陰後，中國科技和教育與世界先進水準的差距被拉大了。

人們迫切期望改變這一切，迫切期望國家的發展、民族的騰飛，期待著美好生活的到來。但是，究竟怎樣才能實現民族的騰飛？走什麼樣的路才能到達理想的彼岸？在剛剛從一場混亂走出來的時候，人們對此並不清楚，慣有的思考問題方式依然主導著社會輿論。

「兩個凡是」就是在這種條件下出現的。一九七六年十月二十六日，華國鋒在對宣傳部門做指示時提出：一定要注意，凡是毛澤東批准過的，講過的，都不能批評。汪東興也說：「凡是毛主席批示的檔，凡是毛主席的指示都不能動[103]。」

次年二月，「兩個凡是」正式出臺。二月七日，《人民日報》《紅旗》雜誌、《解放軍報》聯合發表「兩報一刊」社論《學好文件抓住綱》。這篇社論在闡述如何完成當前的中心任務時提出：「半個多世紀的歷史反復證明，什麼時候，我們執行毛主席的革命路線，遵循毛主席的指示，革命就勝利；什麼時候離開了毛主席的革命路線，違背了毛主席的指示，就受挫折。毛主席的

---

103 馬立誠、凌志軍：《交鋒——當代中國三次思想解放實錄》，第22頁。

旗幟，就是勝利的旗幟。」因此，「凡是毛主席做出的決策，我們都堅決維護，凡是毛主席的指示，我們都始終不渝地遵循」。這就是著名的「兩個凡是」。

　　有學者認為：「『兩個凡是』的直接目的，是阻撓鄧小平出來工作，不許為天安門事件平反[104]。」更重要的是，如果照「兩個凡是」辦，「文化大革命」的錯誤政治路線和方針政策將得以繼續，「文化大革命」的「左」傾思想和社會混亂將無法得到根除。

　　從思想方法的角度看，「兩個凡是」將毛澤東神化，把毛澤東當作神明來供奉，將毛澤東說過的話、辦過的事都當作不可更改的真理而加以頂禮膜拜。無論情況、條件有怎樣的改變，毛澤東及其思想和決策都是不能改變的。這是典型的教條主義思維模式，又夾雜了有幽深傳統的祖先崇拜和傳統崇拜，回到了本本主義的老路上，遠離了科學精神。在近代中國思想解放的歷程中，這種對待先賢往聖和本本的態度曾經屢遭批判，在中國革命的歷程中也屢次被毛澤東本人所批判。但是，改變一種思維模式是艱難的，祖先崇拜在中國存在了幾千年，其影響很難在一個早上消除。本本主義在「文化大革命」中沉渣泛起，再次橫行神州。「文革」結束後並沒有立即消散，而是繼續主宰著某些人，特別是一些黨的高級領導人的頭腦。

　　因此，要推動中國的歷史車輪繼續前進，消除「文化大革

104 馬立誠、凌志軍：《交鋒——當代中國三次思想解放實錄》，第23頁。

命」的影響，必須首先從思想戰線的撥亂反正、從思想解放做起。「兩個凡是」出臺後，受到了廣大幹部群眾的抵制，許多人強烈反對在歷史條件改變的情況下仍然固守原有的一套，特別是被實踐證明了是錯誤的一套。

最先旗幟鮮明地反對「兩個凡是」的是鄧小平。一九七七年四月十日，尚未恢復正式工作的鄧小平給黨中央寫信，提出「我們必須世世代代地用準確的完整的毛澤東思想來指導我們全黨、全軍和全國人民，把黨和社會主義的事業，把國際共產主義運動的事業，勝利地推向前進[105]」。五月二十四日，鄧小平明確指出「兩個凡是」不符合馬克思主義。七月二十一日，在中國共產黨十屆三中全會上，鄧小平再次講了完整的準確的理解毛澤東思想的問題，提出不能不講時間、條件，片面地強調革命導師的話的絕對正確性，「要善於學習、掌握和運用毛澤東思想的體系來指導我們各項工作。只有這樣，才不至於割裂、歪曲毛澤東思想，損害毛澤東思想[106]」。鄧小平還特別指出：「毛澤東同志自己多次說過，他有些話講錯了。他說，一個人只要做工作，沒有不犯錯誤的。又說，馬恩列斯都犯過錯誤，如果不犯錯誤，為什麼他們的手稿常常改了又改呢？……毛澤東同志說，他自己也犯過錯

---

105 鄧小平：《「兩個凡是」不符合馬克思主義》，《鄧小平文選》第 2 卷，第 39 頁。
106 鄧小平：《完整地準確地理解毛澤東思想》，《鄧小平文選》第 2 卷，第 42 頁。

誤[107]。」所以，理解毛澤東思想必須從根本觀點入手，「群眾路線和實事求是這兩條是最根本的[108]」。鄧小平的話開啟了破除了個人崇拜和個人迷信的大幕，將毛澤東從神還原到人。同時，鄧小平還提出了對待革命領袖的學說的科學態度問題，提出要用實踐來檢驗理論的正確性。

考慮到人們的思想狀態和思想禁錮的嚴重性，鄧小平的講話主要還是引用毛澤東的話來論證自己的觀點。在十屆三中全會的講話中，至少涉及了毛澤東五篇以上的文章。儘管如此，鄧小平的話仍然猶如石破天驚，在全國引起了強烈反響。

聶榮臻、徐向前、陳雲等老一輩革命家先後發表文章響應鄧小平，批判「兩個凡是」。

人民群眾和理論工作者在醞釀突破思想禁錮。一九七八年五月十日，在時任中共中央黨校副校長和中共中央組織部部長的胡耀邦支持下，中共中央黨校內部刊物《理論動態》率先刊載了《實踐是檢驗真理的唯一標準》一文，第二天《光明日報》在頭版顯著位置公開發表該文。文章洋洋灑灑共七千餘言，集中闡述了檢驗真理的標準問題。文章指出，檢驗真理的標準只能是社會實踐；理論與實踐統一是馬克思主義的一個最基本的原則；革命導師是堅持用實踐檢驗真理的榜樣。文章還特別提出，任何理論

107 鄧小平：《「兩個凡是」不符合馬克思主義》，《鄧小平文選》第 2 卷，第 38 頁。

108 鄧小平：《完整地準確地理解毛澤東思想》，《鄧小平文選》第 2 卷，第 45 頁。

都要不斷接受實踐檢驗，「任何思想、理論，即使是已經在一定的實踐階段上證明為真理，在其發展過程中仍然要接受新的實踐的檢驗」。文章呼籲要衝破思想禁區，「要敢於觸及，敢於去弄清是非。科學無禁區。凡有超越實踐並且奉為絕對的『禁區』的地方，就沒有科學，就沒有馬列主義、毛澤東思想，而只有蒙昧主義、唯心主義、文化專制主義」。

文章正面觸及了科學精神問題，宣稱科學無禁區，如果承認毛澤東思想是在中國革命的實踐中產生的真理的話，那麼就必須承認毛澤東思想在一定條件和一定場合下的真理性，就必須承認在變化了的條件下通過實踐檢驗真理和發展真理的問題。

文章在全國產生了廣泛影響，各種報刊紛紛轉載，從理論工作者到剛剛恢復高考進入大學的大學生，從各省市自治區的高級幹部到普通老百姓，紛紛捲入了這場空前規模的全民大討論。討論達到如此規模，就已經不是單純的學術討論，也不是單純的高層領導的政策紛爭了，它既表明了人們對破除思想禁錮的渴望，又成為向全民普及科學精神的新的思想啟蒙。討論的結果可想而知，打破了曾經盛行的個人崇拜和教條主義的精神枷鎖，揭露了林彪、「四人幫」思想體系的反動性和非科學性，衝破了「左」傾思想和「兩個凡是」的束縛。最重要的是真理標準大討論拉開了思想解放的閘門，啟發人們思考對待馬克思主義的態度，思考什麼樣的態度才是對待馬克思主義的科學態度，為思想解放鋪平了道路。

同年十二月，中共中央工作會議在北京召開，鄧小平發表了著名的《解放思想，實事求是，團結一致向前看》的長篇講話。

在講話中，鄧小平高度評價了已經持續半年多的真理標準大討論。他認為「這個爭論很有必要，意義很大。從爭論的情況來看，越看越重要」。他一針見血地指出：「目前進行的關於實踐是檢驗真理的唯一標準問題的討論，實際上也是要不要解放思想的爭論。」「一個黨，一個國家，一個民族，如果一切從本本出發，思想僵化，迷信盛行，那它就不能前進，它的生機就停止了，就要亡黨亡國[109]。」話語擲地有聲，令人警醒。

鄧小平還分析了思想僵化的表現和產生的原因，他指出：「不打破思想僵化，不大大解放幹部和群眾的思想，四個現代化就沒有希望。」「過去我們搞革命所取得的一切勝利，是靠實事求是；現在我們要實現四個現代化，同樣要靠實事求是。」鄧小平疾呼：「不但中央、省委、地委、縣委、公社黨委，就是一個工廠、一個機關、一個學校、一個商店、一個生產隊，也都要實事求是，都要解放思想」，「希望各級黨委和每個黨支部，都來鼓勵、支持黨員和群眾勇於思考、勇於探索、勇於創新，都來做促進群眾解放思想、開動腦筋的工作[110]。」

鄧小平的講話徹底突破了「兩個凡是」，吹響了全民動員、解放思想的號角。同時為重塑國人的科學精神奠定了思想路線基礎。實事求是、從實踐中檢驗真理和發展真理從此成為全民的共

---

109 鄧小平：《解放思想，實事求是，團結一致向前看》，《鄧小平文選》
　　第 2 卷，第 143 頁。

110 鄧小平：《解放思想，實事求是，團結一致向前看》，《鄧小平文選》
　　第 2 卷，第 143、143-144 頁。

識。

二、尊重知識，尊重人才——科學技術大發展

「文革」十年內亂期間，中國自我孤立、自我封閉。而此時期世界的交流卻越來越多、越來越頻繁，世界範圍的新科技革命如火如荼地進行，不少國家的社會經濟面貌發生了極大變化。「逆水行舟不進則退」，不經意間，中國本來就存在的與世界發展水準的差距被越拉越大。當中國從「文革」的噩夢中擺脫出來的時候，已經遠遠地落在發達國家後面，甚至落在過去曾經很落後的新興國家和地區——亞洲「四小龍」後面。

此番世界經濟的發展主要是科技主導、科技革命的結果。中國要發展必須解決科技落後以及為科技的發展輸送人才的教育落後問題。

科教落後的問題，早在「文革」後期已經被周恩來、鄧小平等高級領導人意識到，並力圖扭轉局面。一九七二年周恩來在致張文裕和朱光亞的一封信中不無焦慮地說：「這件事（編者注：指科學研究）不能再延遲了。科學院必須把基礎科學和理論研究抓起來，同時又要把理論研究與科學實驗結合起來[111]。」他要求當時的科教組和科學院負責同志「好好議一下，並要認真實施」，並特別「強調有什麼障礙就要拔除[112]」。一九七五年，周

---

[111] 周恩來：《重視基礎科學和理論研究》，《周恩來選集》（下卷），第 473 頁。
[112] 周恩來：《重視基礎科學和理論研究》，《周恩來選集》（下卷），第 473 頁頁下注*。

恩來在身患重病的情況下，扶病出席第四屆全國人民代表大會，做了《政府工作報告》，提出了實現四個現代化的宏偉藍圖。

同年，鄧小平主持國務院工作，全面整頓社會和經濟秩序。整頓的重點之一是科研秩序和教育秩序，他認為「如果我們的科學研究工作不走在前面，就要拖整個國家建設的後腿」。「我們有個危機，可能發生在教育部門，把整個現代化水準拖住了[113]」。為此，鄧小平提出要發揮知識分子的作用，並首次提出科學技術是生產力，科技人員是勞動者的觀點[114]。這些提法極其大膽，與「四人幫」的荒謬理論針鋒相對，給困惑中的人們開啟了一道希望之門，整頓也取得了一定效果。但是，在大環境不利的條件下，整頓並沒有撤底扭轉形勢，科學家、教師等知識分子仍然戰戰兢兢，依然被社會視為「臭老九」，沒有社會地位，不能正常工作。

一九七六年「四人幫」垮臺，但是「四人幫」在一九七一年《全國教育工作會議紀要》中炮製的「兩個估計」，仍然像一道無形的緊箍咒束縛著人們的手腳。為了使廣大知識分子放下精神包袱，儘快實現科教戰線的撥亂反正，鄧小平「自告奮勇管科教方面的工作[115]」。一九七七年五月二十四日、八月八日、九月十

---

113 鄧小平：《科研工作要走在前面》，《鄧小平文選》第 2 卷，第 32、34 頁。

114 參見鄧小平：《科研工作要走在前面》，《鄧小平文選》第 2 卷，第 33-34 頁。

115 鄧小平：《關於科學和教育工作的幾點意見》，《鄧小平文選》第 2 卷，第 48 頁。

九日，鄧小平三次發表講話和談話，澈底否定「兩個估計」。他明確宣佈，十七年中，絕大多數知識分子，不管是科學工作者還是教育工作者，都是辛勤勞動，努力工作的，取得了很大成績。絕大多數知識分子是自覺自願為社會主義服務的[116]。

鄧小平在講話中重申了他在一九七五年已經提出的知識分子是勞動者觀點，「不論腦力勞動，體力勞動，都是勞動。從事腦力勞動的人也是勞動者」。將知識分子定性為勞動者，撤底顛覆了「四人幫」宣揚的知識分子是不勞而獲的剝削者，是統治階級的幫兇的謬論，恢復了社會主義國家知識分子勞動的正義性和神聖性，把知識分子從被受壓抑和摧殘的境地下解放了出來。鄧小平特別堅定地強調：「一定要在黨內造成一種空氣：尊重知識，尊重人才[117]。」其後，在全國科技大會、全國教育工作會議上鄧小平再次重申知識分子是勞動者的觀點，特別提出知識分子是工人階級的一部分，並豪邁地宣佈「『四人幫』肆意摧殘科學事業、迫害知識分子的那種情景，一去不復返了[118]」。在工人階級領導一切，工人階級就是光榮的代名詞，就是正確的代名詞的歷史條件下，將知識分子劃歸工人階級，是知識分子政治上極大的翻身，給知識分子帶來影響是極其震撼的，知識分子體會到了空

116 參見鄧小平：《關於科學和教育工作的幾點意見》，《鄧小平文選》第2卷，第49頁。

117 鄧小平：《尊重知識，尊重人才》，《鄧小平文選》第2卷，第41頁。

118 鄧小平：《在全國科學大會開幕式上的講話》，《鄧小平文選》第2卷，第85頁。

前的解放感。時任中國科學院政策研究室負責人的羅偉在回憶當時的情景時說，著名科學家李薰和馮培德聽了鄧小平的講話後興奮地說「今後可以大膽工作了[119]」。

在恢復知識分子應有的地位的同時，鄧小平致力闡明科學技術的性質和作用。一九七八年三月十八日，鄧小平在全國科學大會開幕式的講話中著重闡述了科技是生產力的問題。他回顧了二十世紀中期以來現代科學技術經歷的偉大革命，指出現代社會生產力的巨大發展主要靠的是科學的力量，靠的是技術的力量。「四人幫」顛倒是非，搞亂了人們的思想。實際上，「科學技術是生產力，這是馬克思主義歷來的觀點。」「現代科學技術的發展，使科學與生產的關係越來越密切了。科學技術作為生產力，越來越顯示出巨大的作用[120]。」一九八八年，鄧小平又進一步發展了關於科學技術是生產力的思想，提出科學技術是第一生產力[121]，進一步強調了科學技術的重要性，強調了科學技術在生產力發展、國家進步、民族進步中的地位和作用。

一個民族是否具有科學精神，首先表現為對知識、對科學的高度敬畏和尊崇。如果一個民族、一個國家對科學的作用不承認，嗤之以鼻，科學精神不可能有地位，也就談不上科學精神的

---

119 羅偉：《科技體制改革的序幕》，方新等編著：《科學的春天》，科學出版社 2008 年版，第 20 頁。

120 鄧小平：《在全國科學大會開幕式上的講話》，《鄧小平文選》第 2 卷，第 87 頁。

121 參見鄧小平：《科學技術是第一生產力》，《鄧小平文選》第 3 卷，第 274 頁。

培育，更談不上科學精神的弘揚。鄧小平的講話使科學找回了應有的地位，科學重回令人景仰的神聖殿堂。從此以後，全民日漸形成了尊重科學的風氣，形成重視教育的風氣。科學精神的核心——實事求是作為思想路線載入中國共產黨黨章，黜偽崇真的時代話語——解放思想、開拓創新成為全民族的共識。從此，中華民族奔上了民族復興的輝煌大道。

在此後的三十年歲月裡，中共中央和中國政府出臺多項發展科學技術和發展教育的措施，全國人民齊心協力，共同奮鬥，科學技術飛速發展，教育事業進步神速，成績輝煌。

在科學技術方面，科技投入大幅度提高，科技創新能力不斷提升。科技人才隊伍不斷壯大，一九七七年，全國只有二十多萬科研人員[122]，到二〇〇八年已接近四千萬人，居世界第一位。重大和關鍵領域的科學研究取得突破，出現諸如載人航太、探月工程、超級雜交水稻、高性能電腦、超大型積體電路、核電技術、節能與新能源汽車重大自主創新成果。一些重要領域的科研水準與世界先進水準差距縮小，納米、生物等新興領域取得了一大批重要原始創新成果，非線性光學晶體、量子資訊和通信、超強超短鐳射研究已居世界前列。認知科學、地球科學和古生物學研究方面取得一系列突破性成果，為世界科學界所矚目。二〇〇六年，材料科學和數學的國際排名居世界第四位，化學綜合排名居

---

122 參見鄧小平：《關於科學和教育工作的幾點意見》，《鄧小平文選》第2卷，第52頁。

世界第六位，物理綜合排名居世界第十位，納米技術專利數居世界第三位，地學和電腦科學綜合排名位居世界第七位，生命科學居世界第十四位。糧食豐產科技工程成效顯著，糧食單產水準創下了一系列高產紀錄。長江中下游平原稻麥兩熟地區單季稻十五畝連片最高畝產九百零三公斤，黃淮海平原小麥、玉米一年兩熟畝產一千七百三十三公斤，東北平原春玉米畝產一千一百八十三公斤。糧食的高產，使得中國能夠用全球百分之九的耕地，養活和養好了世界上百分之二十二的人口[123]。

在教育方面，自一九七八年春恢復高考後，中國教育的發展進入了快速發展的通道。基礎教育方面，用二十年時間走完了西方發達國家上百年才完成的普及義務教育歷程，農村和城市先後實現義務教育免費。至二〇〇七年底，全國「兩基[124]」人口覆蓋率高達百分之九十九。高中教育規模不斷擴大，毛入學率達到百分之六十六。職業教育持續快速發展，二〇〇七年中等職業教育招生規模達到八百一十萬人，高等職業教育的招生人數占高校招生人數的一半。高等教育實現了歷史性跨越，至二〇〇七年高等教育在學總規模超過二千七百萬人，居世界第一，高等教育從精英教育發展為大眾教育，為國家科技和社會經濟的發展儲備了

---

123 本段關於科技發展成果的資料，引自中華人民共和國科技部部長萬鋼於 2008 年 11 月 25 日在中宣部、中直機關工委、中央國家機關工委、教育部、解放軍總政治部、中共北京市委聯合舉辦的報告會上所作的題為《春天的故事——科技事業改革開放三十年回顧與展望》的報告（會議記錄稿）。

124「兩基」指基本普及九年義務教育和基本掃除青壯年文盲。

雄厚的人力資源[125]。大批優秀人才走出國門，開闊眼界，學習西方的先進科技和文化。根據教育部公佈的資料，改革開放三十年來，出國留學人員總數已達一百二十一萬人，留學回國人員三十二萬人[126]。在教育科研領域，百分之七十七的高等學校校長，百分之八十四的中國科學院院士，百分之七十五的中國工程院院士，百分之六十二的博士生導師和百分之七十一的國家級教學研究基地（中心）主任有過出國留學經歷[127]。教育事業的大發展，一方面為科學技術的發展提供了大量高級專家學者，另一方面又為中國工業化進程提供了大批高素質勞動者，推動了科學技術的發展和國家社會的進步。

---

125 本段關於教育發展成果的資料，引自陳至立為《教育大國的崛起 1978—2008》一書所作的序，教育科學出版社 2008 年版，第 I - II 頁。

126 參見翟帆：《章新勝：我國留學人員回國增幅超過出國》，《中國教育報》2008 年 8 月 16 日。注：章新勝為教育部副部長。

127 參見改革開放 30 年中國教育與改革課題組：《教育大國的崛起 1978-2008》，第 368 頁。

第二十三章
民主精神的發展

第一節 ▶ 人民當家作主的新時代

一九四九年九月新中國成立前夕，毛澤東在中國人民政治協商會議第一次全體會議致開幕詞豪邁地宣告：「占人類總數四分之一的中國人從此站立起來了[1]。」這話包含有兩層意思：一是近代以來中國遭受侵略欺侮的歷史已經過去，獲得獨立解放的中華民族將以一個現代的社會主義工業化強國姿態自立於世界民族之林。二是中國人民在共產黨領導下有史以來第一次成為國家主人，不再受封建主義、官僚資本主義及其他強權勢力壓迫。

領導人民打敗侵略者和壓迫者，推翻「三座大山」，建立人民當家作主的國家，是中國共產黨人的奮鬥目標。毛澤東早在新中國成立前就系統地論述過通過民主革命建立社會主義國家的理想。他寫道：新民主主義革命要建立的國家國體是「各革命階級聯合專政」，政體是「民主集中制」，實行人民代表大會制度，「由各級代表大會選舉政府」，「實行無男女、信仰、財產、教育

---

1 毛澤東：《中國人從此站立起來了》，《毛澤東文集》第 5 卷，人民出版社 1996 年版，第 343 頁。

等差別的真正普遍平等的選舉制」,「充分地發揮一切革命人民的意志……反對革命的敵人」;新民主主義的經濟以社會主義性質的國營經濟為「整個國民經濟的領導力量」,並「沒收地主的土地,分配給無地和少地的農民」,實行「耕者有其田」;新民主主義的文化是「民族的科學的大眾的文化」,「是人民大眾反帝反封建的文化」,「它應為全民族中百分之九十以上的工農勞苦民眾服務,並逐漸成為他們的文化[2]」。

新中國是「人民民主專政」國家。「人民」的範圍指工人、農民、城市小資產階級和民族資產階級。「這些階級在工人階級和共產黨的領導之下,團結起來,組成自己的國家,選舉自己的政府,向著帝國主義的走狗即地主階級和官僚資產階級以及代表這些階級的國民黨反動派及其幫兇們實行專政……對於人民內部,則實行民主制度,人民有言論集會結社等項的自由權。」「人民民主專政的基礎是工人階級、農民階級和城市小資產階級的聯盟,而主要是工人和農民的聯盟,因為這兩個階級占了中國人口的百分之八十到九十[3]。」

毛澤東的這些論述在中國人民政治協商會議通過的《共同綱領》和一九五四年全國人民代表大會通過的《中華人民共和國憲法》確定下來,並在以後全國人大數次修訂的憲法中一再確

2　毛澤東:《新民主主義論》,《毛澤東選集》第 2 卷,第 677、678、706、708-709、708 頁。

3　毛澤東:《論人民民主專政》,《毛澤東選集》第 4 卷,第 1475、1478 頁。

認[4]。

　　中國共產黨的人民民主思想和她按照馬克思列寧主義原理領導中國人民通過民主革命實現民族獨立，進而建立社會主義制度，最終實現共產主義的理想是一致的。這個人民民主思想與馬克思主義社會革命的經典理論稍有不同的地方，在於它從生產力水準不高的國情和中國革命道路的特點出發，強調了中國人民民主的大眾性。

　　為保障人民民主的實現，中國共產黨首先在政治協商基礎上相繼建立了新民主主義和社會主義政治制度，並使之逐漸完善。

　　新中國的政治制度以中國共產黨為領導核心，以黨領導的人民代表大會制度[5]和多黨合作的政治協商制度及民族區域自治制度為基本架構。

4 1949 年 9 月通過的《中國人民政治協商會議共同綱領》和 1954 年召開第一次全國人民代表大會通過的《中華人民共和國憲法》都規定：新中國是「工人階級領導的、以工農聯盟為基礎的人民民主國家」；「一切權力屬於人民。人民行使權力的機關是全國人民代表大會和地方各級人民代表大會。」人民（《共同綱領》規定官僚資產階級和地主階級在改造成為新人之前不享受「人民」的權利）依法享有選舉權和被選舉權，有思想、言論、出版、集會、結社、通訊、人身、居住、遷徙、宗教信仰及示威遊行的自由權，婦女有與男子平等的權利。《憲法》還規定：公民有勞動權利和受教育權利，勞動者有休息權利和年老、疾病或者喪失勞動能力時有獲得物質幫助的權利。

5 毛澤東在第一次全國人民代表大會第一次會議上的開幕詞中明確說：「領導我們事業的核心力量是中國共產黨。指導我們思想的理論基礎是馬克思列寧主義。」就此確定了中國共產黨在中國的政治領導地位。見毛澤東：《為建設一個偉大的社會主義國家而奮鬥》，《毛澤東文集》第 6 卷，人民出版社 1999 年版，第 350 頁。

　　中國共產黨定期召開全國代表大會選舉中央委員會、中央政治局和政治局常務委員會，通過集體領導的方式，以馬克思列寧主義及其中國化理論成果為指導，根據國情和不同階段的發展需要，通過政治協商集中全國人民意見，提出建設和治理國家的大政方針建議。在黨領導下通過民主選舉選出人民代表召開的全國人民代表大會作為全國最高權力機構，根據中共中央的建議選舉國家政府領導人，討論通過中共提出的大政方針，將其以法律法規的形式確定下來。國務院及所屬各部委作為全國人大的執行機構，各省、市、縣、鄉人民政府作為上級政府的下級機構和該省、市、縣人大的執行機構。在少數民族聚集地區實行民族區域自治，既照顧少數民族的歷史傳統、宗教信仰和風俗習慣，也為各民族人民享受平等權利提供保障。此外，新中國成立前夕召開的中國人民政治協商會議，最初代行全國人民代表大會職權，一九五四年全國人大召開後作為「人民統一戰線和各黨派協商機關」長期存在。

　　中國共產黨還通過確定黨政之間領導和被領導關係，在各機關單位設立黨的委員會、支部委員會，或在政府各部門設立黨組，實行對同級政府、機關單位的領導，黨員參加政府各部門各機關單位領導工作並在各自崗位執行黨的路線方針政策，實現黨對國家工作的全面有效領導。

　　毛澤東早在民主革命時期就生動形容黨與人民群眾的關係：「我們的共產黨和共產黨所領導的八路軍、新四軍，是革命的隊伍。我們這個隊伍完全是為著解放人民的，是澈底地為人民的利

益工作的[6]。」「白求恩同志毫不利己專門利人的精神，表現在他對工作的極端的負責任，對同志對人民的極端的熱忱。每個共產黨員都要學習他[7]。」這些話多年來一直是黨和政府領導者、各級各類幹部和工作人員、黨團員、解放軍指戰員，以及民眾頗為熟悉的經典語錄，也成為人們衡量黨和政府領導幹部、共產黨員，以至一般工作人員「政治覺悟」「思想作風」「工作方法」的標準。

毛澤東及黨中央其他領導人還經常提倡謙虛謹慎、戒驕戒躁、艱苦奮鬥，通過整風和經常性反官僚主義反貪汙腐敗等教育方式，加強執政黨建設，宣導實事求是的思想方法，相信群眾、依靠群眾的群眾路線和民主集中制的工作方法，注重調查研究，理論聯繫實際。通過這類方式，保障國家權力掌握在無產階級政黨手中，保障黨和政府與人民群眾的密切關係，履行為人民服務的職責[8]。

在經濟制度方面，黨在新中國成立後根據國情和新民主主義經濟建設方針，在允許國營經濟、合作社經濟、個體經濟、私人資本主義經濟和國家資本主義經濟五種經濟成分並存的同時，支持發展國營經濟和半社會主義性質的合作社經濟。同時在農村進行了史無前例的土地改革，剝奪地主土地和財產分給無地少地農

6 毛澤東：《為人民服務》，《毛澤東選集》第 3 卷，第 1004 頁。

7 毛澤東：《紀念白求恩》，《毛澤東選集》第 2 卷，第 659-660 頁。

8 北京長安街西華門國務院辦公場所大門內迎面影壁牆上大書「為人民服務」5 個字可為政府職責的表徵。

第五編‧新中國：中國的崛起與中華民族精神的新發展

907

民[9]。

　　一九五三至一九五六年，黨實施過渡時期總路線，在全國實行農業、手工業和資本主義工商業的社會主義改造。農業社會主義改造的結果，將個體農民組織到集體所有制的人民公社制度中，實現集體所有、隊為基礎、分級管理、按勞分配的組織生產方式。手工業社會主義改造的結果是將個體手工業者整合到集體所有制的供銷生產合作社中。資本主義工商業社會主義改造的結果是將資本家的工廠商店改造成為國家全民所有制企業和事業單位。農民、小手工業者和小商販不再是個體生產經營者，而是公社社員和國家服務事業單位的職工；工人成為國家或集體所有制企業或行業的職工；地主和資本家也被改造成為社會主義制度下的勞動者。國家經濟制度的這一轉變，為實現全國民眾經濟、政治、文化的平等提供了物質基礎條件。

　　在社會管理方面，黨和政府注重戶籍和公民身份的檔案設置及管理，入黨、入團、參軍、升學、分配工作等，都要通過「政審」。在許多情況下，工人和貧下中農出身佔有優越地位，可以得到更多的機會。這為人民當家作主提供了政策保障。

　　在文化教育方面，黨實行「民族的科學的大眾的」方針，其

9　土改從 1947 年在解放區首先展開，到 1953 年春，約有 3 億無地少地農民無償獲得 7 億畝土地、297 萬頭耕畜、3954 萬件農具，以及 3807 萬間房屋、105 億斤糧食，並免除了 700 億斤糧食的地租負擔。見王檜林主編：《中國現代史》（下冊），高等教育出版社 1989 年版，第 31 頁。

中部分重要工作，就是大力發展群眾性文化、教育、醫療衛生、體育等事業。

一九四九年十二月召開的全國教育工作會議提出「發展教育應以普及為主，著重為工農兵服務，使普及與提高正確結合」，「學校要為工農子女和工農青年開門。創辦人民大學、工農速成中學……大辦工人補習教育[10]」。

創辦工農速成中學和人民大學目的主要是培養工農出身的幹部和知識分子。

從一九五〇年四月北京建立第一所「實驗工農速成中學」開始，到一九五四年，全國共建這類學校八十七所，招生六萬餘人。其中一九五三年第一屆一千六百八十名畢業生中一千六百二十二人升入高等學校。與此同時，各級政府注意在工業城市、礦區和農村增設學校，採取設置人民助學金、經濟補助等方式為工農及其子女上學提供方便，並在錄取和教學方面給予特別關照。一九五四年，全國小學中工農家庭出身的學生已占百分之八十二以上，普通中學工農家庭出身的學生占百分之六十以上。高等學校中工農家庭出身學生比例也不斷提高：一九五三年全國高校新生中工農家庭出身的學生占百分之二十七點九，一九五八年達到百分之五十五，一九六五年上升為百分之七十一點二[11]。

---

10 毛禮銳、沈灌群主編：《中國教育史》第 6 卷，山東教育出版社 1989 年版，第 8、51 頁。

11 參見毛禮銳、沈灌群主編：《中國教育史》第 6 卷，第 54 頁。

　　工農補習教育，建國初期以識字教育和掃盲為主。到一九五三年，參加全國工農業餘文化教育的達二千萬人。到一九五四年，國家職工、農民和城市勞動者中掃除文盲即達一千餘萬[12]。這項工作持續下來，到一九八二年共掃除文盲一億四千三百五十萬人。

　　一九五八年中央提出教育為無產階級政治服務、與生產勞動相結合的社會主義教育方針後，國家主席劉少奇考慮到既要堅持全日制教育的系統性，不斷提高全民族的教育水準，也要照顧多數工農特別是農民支付能力有限，無法負擔子女就學的困難，提出「兩種教育制度、兩種勞動制度[13]」設想。同年出現了半工半讀學校，到二十世紀六〇年代中期教育部成立半工半讀教育辦公室，一些省市也成立相應領導機構，使之有了較大發展。一九六五年統計，全國耕讀小學學生二千四百萬人；農業中學五萬三千多所，學生三百一十萬人；半農半讀中等技術學校一千三百所，學生十八萬人。同期，全國城市有半工半讀中學一千七百所，學生二十六萬餘人[14]。這些學校的設立，相當程度改變了農村入學率低和城鄉教育佈局不合理狀況[15]，為更多工農子女接受教育提

---

12 參見毛禮銳、沈灌群主編：《中國教育史》第 6 卷，第 56 頁。

13 即全日制學校教育制度、八小時工作的勞動制度和半工半讀的教育制度、半工半讀的勞動制度。

14 參見毛禮銳、沈灌群主編：《中國教育史》第 6 卷，第 185 頁。

15 1985 年普通高中城市、縣鎮、農村學校數分別為 5458、5926、5934 所；學生數分別為 232.1 萬人、311.2 萬人、197.8 萬人。普通初中城市、縣鎮、農村學校數分別為 5130、7132、63641 所；學生數分別為

供了條件。

在文化生活方面，黨和政府有關部門以為廣大人民群眾服務為宗旨，增設文化團體、場館及其他設施，使普通群眾有更多的機會享受文化成果、參與文化活動。一九四九年至一九六五年，全國的藝術表演團體由一千個增加到三千四百五十八個，劇場、音樂廳由八百九十一個增加到二千九百四十三個；公共圖書館、博物館從七十六個增加到七百九十一個；群眾藝術館、文化館、文化站從不足一千個增加到四千七百八十五個；電影放映單位由六百四十六個增加到二萬零三百六十三個。有不少電影放映隊活躍於廣大農村地區。縣市有線廣播站由十一個增加到二千三百六十五個。二十世紀七〇年代基本實現了全國農村公社有廣播站，家家安廣播喇叭。

在文學藝術的創作方面，黨號召文學藝術工作者深入社會，以社會主義革命與建設實踐和工農兵生活為創作源泉，以小說、電影、戲劇、歌曲等歌頌革命理想和革命英雄主義，描寫人民群眾的新生活、各行各業的新風貌。普通工農群眾向秀麗、王進喜、陳永貴、石傳祥，少先隊員劉文學和普通戰士麥賢得、歐陽海、雷鋒、王傑、劉英俊等成為時代的模範和英雄人物。

在醫療和體育方面，黨和政府強調為人民服務，並集中做了

597.5 萬人、668.6 萬人、2698.7 萬人。這樣一個比較平衡的狀況，與一度大辦半農半讀中小學有一定關係。數字統計見毛禮銳、沈灌群主編：《中國教育史》第 6 卷，第 418 頁。

大規模的防治疫病、地方病等工作，使曾經肆虐城鄉、損害人民健康以及生命的天花、霍亂、鼠疫、血吸蟲病等基本絕跡。在城市建立防疫機構，實行公費醫療，在農村廣泛設置醫療網站，一度赤腳醫生遍及全國農村。政府重視和大力提倡群眾性體育鍛鍊，公佈實施國家「勞衛制」體育鍛鍊標準。各廠礦機關學校推廣廣播體操，中小學校普及眼保健操，定期舉辦全國省市地區和地方性的運動會，推動群眾性體育鍛鍊運動。

上述政治經濟文化制度的確立和黨的各項方針政策實施，為廣大人民群眾感受人民民主提供了制度保障和社會條件。

近代以來飽經憂患的勞苦民眾進入新中國最突出的感受是經濟上基本生存權利得到保障和政治上人格身分受到尊重。

就農民來說，土地是他們一生夢寐以求的生活依靠。土改後他們一度掌握了對土地的支配權，生產積極性大為提高。據統計，一九五〇年全國糧食總產量是一億三千二百一十三萬噸，一九五三年達到一萬六千六百八十三萬噸，一九五六年達到一億九千二百七十五萬噸[16]。六年內增加產量近五成，在當時機械、化肥、良種都處於低水準情況下，這個增產幅度是可觀的。

另一方面，土改中黨和政府派出工作組發動農民組織農民協會，摧毀了國民黨政府統治時期的保甲制度，在沒收地主土地的

---

16 《全國各省、自治區、直轄市歷史統計資料彙編（1949—1989）》，中國統計出版社 1990 年版，第 12 頁。

同時打擊了其氣焰，提高了貧苦農民的政治地位[17]。而在識字掃盲後，一些農民表示：不僅「土地回了家」，而且在文化上也「翻了身[18]」。

有了土地和文化的農民，也有了選舉代表參加人民代表會議和選舉縣鄉領導者的權利[19]。農民勞動模範甚至有了出國參觀訪問的機會[20]。雖然當選人民代表和勞模出國是極少數人，但其產生的宣傳效果顯然可以提高農民當家作主的意識。

農業社會主義改造之後，農民加入合作社，也體驗到民主建社管社的主人意識[21]。隨後經高級社到人民公社，「一平二調」

17 一份有關北京郊區土改調查報告寫道：「農會正式成立，政權也跟著改組，舊保甲制至此已被完全摧毀……進行土改工作時，地主和富農是沒有發言權的……有些農民受過地主欺壓的，都可以在大會上提出質問。此時地主們就必須向人民低頭認錯。開大會時，只有農民才能坐，地主階級只能站在旁邊。通常沒有事時，他們是不能隨便進農會和村公所的。農民們只要有事找『工作組』，同志們沒有不高興接待的，如果是地主階級來找，那就一定得不到『好顏色』。這一切都使農民深深地體會到：如今的剝削階級是的確要打倒了。『地主』已成了恥辱的代名詞。只有勞動人民才是光榮的。」見孫執中：《從地主豪紳的統治到人民民主專政──京效五圈村土改工作中的建設》，《新建設》1950 年第 1 卷第 10 期。

18 毛禮銳、沈灌群主編：《中國教育史》第 6 卷，第 56 頁。

19 1953 年 3 月新華社報導，全國民主建政過程中有 28 萬多個鄉（村），開過人民代表會議或農民代表會議。這些鄉（村）的人民代表會議或農民代表會議，一般已代行人民代表大會職權，選舉鄉（村）人民政府委員會。新華社：《全國民主建政成就巨大為召開人民代表大會準備了充分條件》，《人民日報》1953 年 3 月 1 日第 1 版。

20 張若煌：《應該把眼光放遠點──農業勞動模範陳雙田談國家工業化和民主制度》，《人民日報》1953 年 1 月 1 日第 5 版。

21 1955 年《人民日報》一篇文章談到農村民主建社的制度：合作社是勞

動農民組織起來的，每一個社員都是「東家」「主人翁」，「社裡的一切事情當然得由社員大夥兒來管」。這是合作社的民主理念。這個理念由社員大會、管理委員會、監察委員會來實現。政府下發的《農業生產合作社示範章程草案》（以下簡稱《示範章程草案》）規定：合作社的社章和重大事情要開社員大會來討論、通過；大多數社員都贊成，在大會上通過的社章和別的作了決議的事，全體社員都要照著辦。社員大會還要選舉一些社員組織成管理委員會，管理社務，選舉一個社主任，一方面對外代表全社（當然不是隨便代表，是按社員大夥兒的意見來代表）；一方面擔任管理委員會主任，領導社裡日常的工作。社員大會還要選舉出一些社員組織成監察委員會，經常監督和檢查社主任和管理委員會是不是按社章和社員大會的決議辦事。社主任、管理委員會委員、監察委員會主任和委員都不好或者本來好後來變壞了，實在不行，還可以開社員大會罷免他們的職務。這樣，既是大夥兒來當家，又不是亂當家，這就叫做民主集中制。《示範章程草案》上規定：社員大會是農業生產合作社的最高管理機關，它最主要的職權是：（一）通過和修改社章。（二）選舉和罷免合作社主任、管理委員會委員、監察委員會主任和委員。（三）決定土地和別的主要生產資料入社的報酬、股份基金的徵集、全年收入的分配。（四）審查和批准管理委員會所提出的生產計畫和預算（就是財務收支計畫）、各種工作的定額和各種工作定額所應得的勞動日（也就是勞動報酬標準）、對外簽訂的重要合同等。社員大會在行使這幾種職權的時候，必須有三分之二社員到會，到會社員過半數通過，才能作出決議，作出的決議才算數。管理委員會要開會商量，大家都按商量好的辦法辦事。合作社裡的會計員、出納員、保管員、技術員、俱樂部管理員等等，按照《示範章程草案》規定，可由管理委員會按照需要任用有專門才能的人擔任。選舉領導人員和任用工作人員還應在「依靠貧農，鞏固地團結中農」的原則下注意照顧到各種社員。要注意把新社員裡面公道、能幹、熱心為大家辦事的積極分子選上；如果社裡有不同的民族成分，各民族的社員在領導人員和工作人員裡面應該佔有適當的比例。還要注意，女社員在合作社的領導人員和工作人員裡面應該占一定的名額。婦女在農業生產合作社裡是不可忽視的力量，只有讓包括婦女在內的全體社員的力量和智慧充分發揮出來，農業生產合作社才可能真正辦好。（見何成：《按照民主集中的原則管理合作社的事情》，《人

和「大躍進」刮「高產風」，及至「文革」期間「左」傾路線在農村以「寧要社會主義的草，不要資本主義的苗」為由，「大割資本主義尾巴」，給農業生產和農民生活帶來災難，極大地挫傷了農民的生產積極性。但總的來說，從一九六二年（這年全國糧食產量略低於一九五二年）到一九七八年全國糧食總產量呈逐年上升趨勢[22]。考慮到工農業產品剪刀差、農村人口增加等多種因素，遠不能說農民的生活達到了普遍富裕，但在同一時期全國人民生活水準都很低的情況下，農民與城市居民生活的差別並不是很大。而農民作為工農聯盟國家政權基礎的組成部分[23]，以及黨和政府號召並組織廣大知識青年上山下鄉接受貧下中農再教育，知識分子到農村接受勞動鍛鍊改造，使農民在政治上受到重視，都顯示了農民在國內各階層中享有較高地位。

在城市，工人階級是領導階級逐漸成為常識，工人的社會地位隨之提高。

民日報》1955 年 12 月 31 日第 2 版。）這篇文章雖然是宣傳指導性意見，但應當在農村不同程度地實施。反映了當時黨和政府在合作社中發揮廣大社員民主權利實行人民民主管社的觀念。

22 從 1962-1978 年全國糧食總產量分別為 16000、17000、18750、19453、21400、21782、20906、21097、23996、25014、24048、26494、27527、28452、28631、28273、30477（萬噸）。見《全國各省、自治區、直轄市歷史統計資料彙編（1949-1989）》，中國統計出版社 1990 年版，第 12 頁。

23 毛澤東在《關於正確處理人民內部矛盾的問題》一文中說：人民民主制度在人民內部「由工人階級團結全體有公民權的人民，首先是農民，向著反動階級、反動派和反抗社會主義改造和社會主義建設的分子實行專政」。見《毛澤東文集》第 7 卷，第 207-208 頁。

新中國成立初期，工廠企業貫徹「公私兼顧、勞資兩利[24]」的新民主主義經濟方針實行民主改革。在私營企業，廠主欺壓虐待工人的事遭到抗議和輿論譴責[25]；有些私營工廠學習國營企事業的做法，由勞資雙方推選出評資委員會，民主評定工資[26]。在國營企業，建國前夕就開展的民主管理運動很快向全國範圍擴展[27]。有人概括民主管理內容為「關心工人實際困難」「和群眾商討」生產計畫、「將工廠全部情況告訴工人使工人真正成為工

24 毛澤東：《關於工商業政策》，《毛澤東選集》第 4 卷，第 1285 頁。

25 《人民日報》1949 年 2 月 22 日第 3 版以《保障工人生活民主權利！》為題報導石家莊「某些私營工商業主」虐待工徒，遭到工徒集會「說理」抗議之事；1950 年 9 月 19 日第 3 版編輯部以《必須貫徹民主作風》為題披露讀者反映政府幹部「欺侮百姓」和私營廠主「毒打學徒」之事。文章說這些問題的「性質都是違反民主原則的。這一類事情在舊中國舊社會，是司空見慣的，但在新中國新社會，卻是不能容忍的」。「在新中國，勞資兩方在法律上是平等的，在政治上，工人階級處於領導地位，資本家絕無打罵工人之權。資本家打罵工人，是封建思想的表現，必須堅決加以糾正。」

26 艾方：《實行勞資兩利生產迅速發展，私營大華窯業公司進行民主評定工資》，《人民日報》1949 年 4 月 30 日第 1 版。

27 1949 年 3 月 10 日，《人民日報》就報導新華社刊發的文章《企業管理民主化是改進生產重要的保證》，提出「辦好一個人民企業，主要依靠兩條：一條是企業化的經營，一條是民主化的管理，兩者必須很好地結合」（第 3 版）。隨後 3 月 11 日第 2 版刊載《益華紗廠實行民主管理職工增強生產熱忱提高了產量又節約了原料》，4 月 28 日第 1 版刊載《門頭溝煤礦實行民主管理後工人生產效率提高》，6 月 8 日第 1 版刊載《工作研究關於實現企業管理民主化幾個問題的商榷》等。5 月，中共華北局書記薄一波在華北局召開的一次有華北職工代表參加的會議上號召「來一個工廠節約運動反對浪費，來一個工廠民主運動加強生產」，《人民日報》1949 年 5 月 19 日第 1 版作了突出報導。

廠主人」「依靠全體職工力量辦事」等[28]。

　　一九五六年社會主義改造完成後，資本剝削不復存在，工人成為社會主義國家的勞動者和領導階級，除一九五九至一九六一年的困難時期有少量工人「下放」外，在改革開放前大部分時期工人幾乎沒有「失業」之虞。黨和政府注重工人地位、保障工人利益的同時，號召工人加強主人翁意識，參與技術革新和工廠管理。二十世紀六〇年代初由毛澤東親自批示作為企業管理制度典範在全國推廣的「鞍鋼憲法」，要求幹部參加勞動、工人參加管理，改革不合理的規章制度，在技術革新和技術革命中實現企業領導幹部、技術人員、工人結合的「兩參一改三結合」。從中可見工人在工廠企業中受重視的程度。此外普通工人中的勞動模範（農民中的勞模也有同樣「待遇」）可以參加全國人民代表大會和各級人民代表會議。「文革」期間，工人宣傳隊進入大中學校，參加「上管改」。而改革開放前知識分子社會地位一直不高，也反襯出普通工人農民較高的政治地位。

　　在社會生活中，黨和政府宣導新社會人人平等，取締多妻、童養媳、包辦婚姻。老爺、太太、小姐、先生、老闆等稱呼一律被「同志」代替；叩頭、下跪、體罰、打罵等都為社會道德輿論所不容。黨和政府幹部工作人員和普通工人勞動者在工資待遇上儘管存在等級制度，但總體上差別不是特別大。領導幹部和知識

---

28 陸灝：《工廠管理民主化問題——華北職工代表會議旁聽記》，《人民日報》1949 年 5 月 14 日第 1 版。

分子在「與人民群眾打成一片」的要求下，衣食住行都與普通民眾沒有很大差別。而在「文化大革命」中，廣大幹部和知識分子受到批判時，普通工農大眾受到的衝擊相對小得多。

　　總之，新中國政治經濟文化和社會翻天覆地的變化，給廣大人民群眾帶來了「當家作主」的機會。儘管二十世紀五〇年代建立的社會主義制度有許多不完善之處，新中國的人民民主還不是完整意義的民主，也不可能是《共產黨宣言》中提到的「每個人的自由發展是一切人的自由發展的條件」的狀態，但中國數億普通農民和工人群眾享受的平等生存權利和作為國家主人的意識可以說是前所未有的，從這個意義說，新中國堪稱中國歷史上「人民當家作主的時代」。

第二節 ▶ 民主精神的發展

　　民主是一種政體形式，也是一種文化精神。近代中國民主思想史反映了國人在這方面認識的發展[29]。中國共產黨人繼承和發

---

29 這個發展以五四時期表現最為突出。此前，人們通常將民主的原文 Democracy 譯為「民主」「民權」或「民政」，五四時期許多人則主張改譯或使用音譯，理由是「民主」的內涵變了。以李大釗的表述為例，他說：民主「演進至於今日，已經有了很大的變遷，最初『統治』的意思已不復存，而別生一種新意義了」；為「通俗瞭解起見」，可譯為「平民主義」；「現在的平民主義，是一個氣質，是一個精神的風習，是一個生活的大觀，不僅是一個具體的政治制度，實在是一個抽象的人生哲學……」（見《李大釗全集》，最新注釋本，第 4 卷，人民出版

揚先賢追求民主的精神，但認為只有無產階級奪取政權建立社會主義制度才能實現真正民主。在領導革命和建設過程中，黨創造了體現民主精神的民主集中制、「三三制」政權、政治協商制度、人民代表大會制度和一套聯繫群眾、開展自我批評的工作方法和作風。在新中國，黨繼續貫徹這些思想、作風和方法，努力使之為建設社會主義服務。

新中國成立初期，黨首先在建立人民政府的過程中宣傳和發揚民主精神。

中國人民政治協商會議選舉產生的中央人民政府委員會在堅持共產黨領導前提下，吸收了不少民主黨派或無黨派民主人士。其中中央人民政府六個副主席中有三人是非共產黨員。一九五四年政協第一屆全國委員會職權履行完後，中共中央主動減少中共黨員在政協內的名額：第二屆政協全國委員會十六名副主席中，民主黨派負責人和無黨派人士共十三人，占百分之八十一點二。

從新中國各地方民主政權建立到全國人大召開期間，黨和政府組織選舉人民代表，引導民眾認識和行使政治權利，培養當家作主的意識[30]。此外，在國營工廠開展民主化管理，在城市稅收

社 2006 年版，第 116、114 頁。）關於國人對民主含義理解的變化，還可參考朱志敏的《五四民主觀念研究》，北京師範大學出版社 1996 年版。

30 《人民日報》早在建國前夕就有不少相關報導，如 1949 年 2 月 1 日第 3 版：《東北召開民政會議佈置民主選舉工作》；1949 年 2 月 14 日第 1 版：《天津公私企業職工實行民主選舉成立臨時職工代表會》；1949 年 2 月 27 日第 1 版：《天津中紡第五廠民主選舉職工代表》；1949 年 5 月

中實行納稅戶「自報公議」「民主評議」方式，在一些企事業單位學校實行民主評議工資，在農業社會主義改造過程中，嘗試以民主的方法管理合作社[31]，等等，體現出在民眾政治與社會生活和工農業組織及生產過程中發揚民主的願望。

中國共產黨也十分注重黨內民主建設。

新中國成立初期，毛澤東很重視黨在執政條件下保持謙虛謹慎和艱苦奮鬥的作風，克服官僚主義和腐敗現象。到一九五六年蘇共二十大引發國際共產主義運動內部矛盾，黨內外民主問題進一步引起毛澤東和中央領導的重視。

---

4 日第 2 版：《保定民主建政中的工人》；1949 年 5 月 8 日第 2 版：《石市人民代表會議代表民主選出》等。1950 年 4 月《人民日報》報導河北深縣 311 個村建立村政府委員會時，説選民參加選舉的達 60%—90%，其中婦女占到半數（4 月 12 日第 3 版《河北深縣四百餘村選出縣區村三級代表民主建政基本完成農村中呈現團結生產新氣象》）。

31 1957 年 3 月 17 日《人民日報》第 1 版刊登新華社記者寫的《鄧子恢在農業社經營管理會議上作報告著重説明民主辦社的道理》一文。文中引用鄧子恢的話説：「農業社的生產經營是應該用民主的管理方法來進行領導的；同時，從領導方法上來説，也應該貫徹從群眾中來，到群眾中去的領導方法，如果領導與群眾不結合，或結合得不好，那麼幹部就會犯主觀主義、包辦代替、脱離群眾的錯誤，甚至還會貪汙腐化和蜕化變質。從發展生產增加收入來説，更需要依靠社員群眾的集體智慧和集體勞動。只有調動廣大社員群眾的生產積極性和創造性，加上上級組織的指導和科學家、技術員的幫助，才能把社辦好。」「要做好民主辦社，首要的問題是領導幹部必須具有群眾觀點和民主作風，並且遇事要和群眾商量；同時，還要建立民主制度，社幹部要通過民主選舉產生；其次，還要召開老農座談會和專業座談會，以便集思廣益，不斷地改進生產領導。」這些規章、原則和領導講話、輿論宣傳中的評論等，反映了合作社管理工作中體現民主精神的要求。

毛澤東認為史達林的錯誤在於他在一些問題上「脫離了客觀實際情況，脫離了群眾」，「驕傲了，不謹慎了」，「思想裡產生了主觀主義，產生了片面性」。提出應當吸取的重要教訓是在黨和國家政治生活中防止「個人突出和個人崇拜」，「保證群眾路線和集體領導」，「反對教條主義，發揚獨立思考和創造的精神」。同時強調「共產黨能夠通過批評和自我批評克服自己的錯誤」[32]。鄧小平在當年九月中共八大修改黨章的報告中特別強調了執政黨建設，「必須經常注意進行反對主觀主義、官僚主義和宗派主義的鬥爭，經常警戒脫離實際和脫離群眾的危險[33]」。

國際共運出現問題和國內加快社會主義改造引起一些矛盾，也引發了毛澤東對社會主義社會矛盾問題的深入思考。

毛澤東提出，社會主義社會存在敵我矛盾和人民內部矛盾，要分清這兩類不同性質的矛盾，「在人民內部是實行民主集中制……公民有言論、出版、集會、結社、遊行、示威、宗教信仰等等自由……國家機關實行民主集中制，國家機關必須依靠人民群眾」。「但是這個自由是有領導的自由，這個民主是集中指導下的民主」。這是「社會主義民主」，「是任何資產階級國家所不可能有的最廣大的民主」。

毛澤東對民主集中制作了精闢的解釋：「在人民內部，不可

32 逄先知、金沖及主編：《毛澤東傳》（1949-1976）上，中央文獻出版社2003 年版，第 497-504 頁。

33 鄧小平：《關於修改黨的章程的報告》，《鄧小平文選》第 1 卷，第 215頁。

以沒有自由，也不可以沒有紀律；不可以沒有民主，也不可以沒有集中。這種民主和集中的統一，自由和紀律的統一，就是我們的民主集中制。」「凡屬於思想性質的問題，凡屬於人民內部的爭論問題，只能用民主的方法去解決，只能用討論的方法、批評的方法、說服教育的方法去解決。」「這種民主的方法，具體化為一個公式，叫做『團結──批評──團結』……就是從團結的願望出發，經過批評或者鬥爭使矛盾得到解決，從而在新的基礎上達到新的團結[34]。」

也正是在這一時期，毛澤東提出在文學藝術和科學領域實行「百花齊放、百家爭鳴」以及共產黨與民主黨派「長期共存、互相監督[35]」的方針。

毛澤東主張中國共產黨開門整風，請黨外人士幫助共產黨除掉主觀主義（包括教條主義）、官僚主義、宗派主義的不良作風。不幸的是，這導致了後來的「反右」運動及其「擴大化」。

反右和反右傾運動後，毛澤東一方面放棄八大提出的大規模階級鬥爭已經結束、無產階級和資產階級之間的階級矛盾已經基本上解決的論斷，重提階級鬥爭並強調階級鬥爭要年年講、月月講，另一方面仍強調民主集中制，要求在黨內外發揚民主。

他說：「不論黨內黨外，都要有充分的民主生活……要真正

---

34 毛澤東：《關於正確處理人民內部矛盾的問題》，《毛澤東文集》第 7 卷，第 209、210 頁。

35 毛澤東：《關於正確處理人民內部矛盾的問題》，《毛澤東文集》第 7 卷，第 229 頁。

把問題敞開，讓群眾講話，哪怕是罵自己的話，也要讓人家講[36]。」

「批評和自我批評是一種方法，是解決人民內部矛盾的方法，而且是唯一的方法。除此以外，沒有別的方法。但是，如果沒有充分的民主生活，沒有真正實行民主集中制，就不可能實行批評和自我批評這種方法[37]。」

「克服困難，沒有民主不行。當然沒有集中更不行，但是，沒有民主就沒有集中。」毛澤東：《在擴大的中央工作會議上的講話》，《毛澤東文集》第 8 卷，第 293 頁。

「要使全黨、全民團結起來，就必須發揚民主，讓人講話。在黨內是這樣，在黨外也是這樣[38]。」

「我們充分地發揚了民主，就能把黨內、黨外廣大群眾的積極性調動起來，就能使占總人口百分之九十五以上的人民大眾團結起來。做到了這些，我們的工作就會越做越好，我們遇到的困難就會較快地得到克服，我們事業的發展就會順利得多[39]。」

劉少奇也說：「我們有些幹部，一方面說上邊不讓講話，但

---

36 毛澤東：《在擴大的中央工作會議上的講話》，《毛澤東文集》第 8 卷，人民出版社 1999 年版，第 291 頁。
37 毛澤東：《在擴大的中央工作會議上的講話》，《毛澤東文集》第 8 卷，第 293 頁。
38 毛澤東：《在擴大的中央工作會議上的講話》，《毛澤東文集》第 8 卷，第 307 頁。
39 毛澤東：《在擴大的中央工作會議上的講話》，《毛澤東文集》第 8 卷，第 311 頁。

自己不去爭民主；另一方面又怕群眾，怕群眾起來了事情不好辦[40]。」

「我們吃了不調查研究的虧，吃了不講民主的虧。我們不發揚民主，不善於聽人家的意見，不充分在人民中間討論，不認真取得他們的同意，這是一條很大的經驗教訓[41]。」

毛澤東、劉少奇這裡講的民主，是馬克思列寧主義政治觀理解的民主，是在社會主義制度保障黨的集中領導的前提下允許大家發表建設性意見，既防止領導階層的官僚主義作風，又使群眾心情舒暢，達到團結統一、調動一切積極因素共同為建設社會主義國家做貢獻的一種方法。這種認識的理論依據來自歷史唯物主義。一方面，民主是具體的，取決於現實生活中的社會關係：「世界上只有具體的自由，具體的民主，沒有抽象的自由，抽象的民主。在階級鬥爭的社會裡，有了剝削階級剝削勞動人民的自由，就沒有勞動人民不受剝削的自由。有了資產階級的民主，就沒有無產階級和勞動人民的民主。」另一方面，民主不是目的，只是達到社會現實生活目的的「一種手段」，「屬於上層建築，屬於政治這個範疇」，「歸根結蒂，它是為經濟基礎服務的」。毛澤東：《關於正確處理人民內部矛盾的問題》[42]，民主只是一種精神、作風、方法。

---

40 《劉少奇年譜》（1898-1969）下卷，中央文獻出版社 1996 年版，第521頁。
41 《劉少奇年譜》（1898-1969）下卷，第 548 頁。
42 《毛澤東文集》第 7 卷，第 208、209 頁。

毛澤東和中國共產黨人理解的民主和經歷近現代歷史特別是五四民主科學啟蒙的知識分子曾經接受並宣傳的民主有所區別。在後者的理解中，民主的精神不僅體現人們生存權利的平等，大眾當家作主的感受，不僅是一種允許人講話的「黨內生活」方式、作風和方法，更體現於思想、言論自由和個性對真理的獨立追求與持守。

　　新中國成立後，知識分子欽佩中國共產黨領導人民大眾取得勝利，建立獨立自主的國家，感於黨召開人大，保留政協，建立人民民主制度的決心，擁護黨的政策，並在思想改造中學習馬克思主義理論，接受新的世界觀、方法論。但他們對於民主精神的理解未能很快扭轉過來。在文學藝術界，胡風「上書」毛澤東談作家創作的主體性，在全國政協常委擴大會議上樑漱溟「頂撞」毛澤東，要求充分發言的權利，以及一九五六年至一九五七年毛澤東提出「雙百方針」並邀請民主黨派、各界知識分子幫助黨整風過程中一些人提出若干批評意見和建議等，從不同側面反映了知識分子對民主精神的追求。

　　而在中共黨內一些領導人或理論工作者，雖然對於民主精神的理解不同於這些知識分子，但他們對黨的政策一度嚴重違反客觀規律，脫離實事求是，「左」傾冒進，黨內民主集中制和集體領導制度不能真正貫徹，在黨的會議上不能暢所欲言，黨的主要領導者毛澤東表現專斷等，感到憂慮。一九五九年在廬山會議上，彭德懷給毛澤東寫信反映問題，張聞天「以鮮明的態度、確鑿的事實、科學的語言，冒險犯難，極言直諫」，總結吸取「大躍進」的經驗教訓，「根本關鍵還在健全黨內民主生活」，「民主

風氣很重要[43]」。反映了黨內領導層要求民主的傾向。可惜，毛澤東將彭、張等人的正確意見視為右傾反黨。由此而起的黨內「反右傾」運動，使數百萬幹部黨員受到衝擊。黨內鬥爭的殘酷性和階級鬥爭的高調門，使毛澤東劉少奇宣導黨內民主的要求無法成為現實。而黨內鬥爭的繼續和對階級鬥爭擴大化的認識發展進一步導致「文化大革命」發生。

「文革」表面上是充分發動人民群眾的大民主運動，實際上成為由領導人錯誤發動被野心家利用的社會動亂。社會秩序在「革命造反」的名義下遭到破壞，無政府主義盛行，黨和政府領導幹部、知識分子和普通人被以非法手段羅織罪名無辜陷害，「群眾專制」的非法濫抓、濫打、濫殺殘酷剝奪自由以至人身安全，公理湮滅、是非混淆、人獸顛倒、人性扭曲，正義、善良，甚至親情、友情以至人的起碼尊嚴都遭到嚴重破壞。早在「文革」期間，就有遇羅克、張志新等人以微弱的聲音和微小力量反抗或反思[44]。一九七五年天安門事件，在悼念周恩來總理、反對

---

43 李銳：《廬山會議實錄》，春秋出版社、湖南教育出版社 1989 年版，第 157、162、163 頁。

44 遇羅克的父親是水利工程師，曾留學日本，1957 年被打成右派。他本人 19 歲到北京郊區插隊，22 歲返回北京後曾當學徒和在小學初中代課。「文革」初期一度流行「老子英雄兒好漢，老子反動兒混蛋」的「血統論」。遇羅克結合自己遭遇和觀察、思考，寫出《出身論》，批評「血統論」「不是真理，是絕對的錯誤」，指出：實踐表明，社會對於人的影響遠遠超出家庭對人的影響。文章在紅衛兵小報《中學文革報》發表後產生影響，後被中央文革小組的戚本禹說成是「反動文章」。遇羅克本人後來被以「惡毒攻擊」和「組織反革命集團」罪名逮

「四人幫」情緒中體現出人民群眾對反民主反人民意志的抗議。這是人民群眾樸素的民主精神。

與此同時，從「大躍進」到「文革」，「左」傾路線發展，個人迷信彌漫全國、封建餘毒沉渣泛起。這一事實，也促使少數有思想能力的人進行深入的理性反思。顧准是這方面的代表。

顧准早年參加革命，解放後擔任上海市財政部門負責人領導稅收工作堅持獨立意見，「三反」中被撤銷職務，又於一九五七年、一九六五年兩次打成右派[45]。慘痛的經歷和追求真理的信念促使他堅持獨立思考。

顧准借用五四時期新文化個性解放思潮高歌猛進時魯迅「娜拉出走後怎樣」的深刻提問，思考一九一七年和一九四九年俄國與中國革命成功後出現的問題，從世界政治史，中西文化、社會主義與資本主義發展趨勢對比等多重視角，思考了民主制度的合理性。

他認為，新中國「人民當家作主」的口號是以馬克思《法蘭西內戰》總結巴黎公社經驗、批判代議制、主張「直接民主」為

捕，處死。張志新，「文革」開始時在中共遼寧省委宣傳部文藝處工作。她對懷疑一切、打倒一切的做法表示懷疑，對老幹部被打成「叛徒」「特務」「反革命」不理解，公開並堅持自己的觀點，後被捕判無期徒刑，又改處死刑。這是兩個小人物在「文革」中分別思考的不太大的問題，並無思想理論上的深度和影響，但反映了當時少數人追求自由思想、堅持獨立意見的精神。

45 羅銀勝：《顧准的生平及其學術思想》，羅銀勝編：《顧准：民主與終極目的》，中國青年出版社 1999 年版，第 36、57、65 頁。

依據的，但列寧領導俄國革命追求的「直接民主」並沒有實現。蘇聯後來建立了全世界最龐大的職業軍隊和最龐大的官僚機構[46]，證明在現代恢復古代直接民主制度是「行不通」的，國家的統一和秩序要求威權[47]，好的政治是「不許一個政治集團在其執政期間變成皇帝及其宮廷[48]」。

問題在於要考慮怎樣才能使人民對於政治的影響力發展到最可能充分的程度。唯一行得通的辦法，是使行政權不得獨佔。這就需要議會：「唯有一個有立法權的議會，才使政治和政策，成為公開討論的對象[49]。」議會和兩黨制有弊端，因為兩黨制只允許人民二者擇一，而且兩個黨「往往是換湯不換藥」，「這種民主不過是粉飾門面，不過是欺騙[50]」，但依「兩利相權取其重，兩害相權取其輕」的原則，仍是可取的。

他認為：思想界應當百家爭鳴、百花齊放。不同思想經過鬥爭，本身愈來愈深化，而爭鳴啟迪民智，為科學發達創造條件。他不同意將民主說成是一種「說服的方法」或「深入地無拘束地討論上級的決定」和「動員群眾的積極性，加強群眾主人翁感覺」的方法，認為這個定義同時強調少數服從多數和不准反對派存在，實際上是「權威主義[51]」。

---

46 羅銀勝編：《顧准：民主與終極目的》，第 212-213 頁。
47 羅銀勝編：《顧准：民主與終極目的》，第 298 頁。
48 羅銀勝編：《顧准：民主與終極目的》，第 217 頁。
49 羅銀勝編：《顧准：民主與終極目的》，第 209-210 頁。
50 羅銀勝編：《顧准：民主與終極目的》，第 298 頁。
51 羅銀勝編：《顧准：民主與終極目的》，第 297 頁。

他認為民主不是終極目的：「矛盾永遠存在。所以沒有什麼終極目的，有的只是進步。」民主也不一定與資本主義私有制必然聯繫。私有財產權在全世界的知識界都是遭到鄙棄的，「終歸是要消滅的」。中國已經消滅了私有財產，各政治集團和黨派，可以在人民民主條件下「各自提出自己的政綱和主張，這叫做社會主義兩黨制[52]」。

他分析民主與科學的關係，認為「唯有民主才能發展科學」，科學精神則要求完全的民主，因此要有學術自由、思想自由，這二者「是民主的基礎」。「唯有看到權威主義會扼殺進步，權威主義是和科學精神水火不相容的，民主才是必須採用的方法。」「唯有科學精神才足以保證人類的進步。也唯有科學精神才足以打破權威主義和權威主義下麵恩賜的民主[53]。」

顧准認為：「不承認有什麼終極目標，相信相互激盪的力量都在促進進步，這在哲學上就是多元主義[54]。」多元主義否認絕對真理存在，承認人類一切思想，都曾標誌人類或一部分人類所曾處過的階段，都對人類文明發展到今天作出過積極貢獻。最有害的思想也推動過思想鬥爭，而沒有思想鬥爭，就沒有進步[55]。

這個哲學多元主義，要貫徹到一切科學研究和價值判斷中去，是打破孔子尊卑貴賤倫常禮教的有力武器；貫徹到政治上，

---

52 羅銀勝編：《顧准：民主與終極目的》，第 223 頁。
53 羅銀勝編：《顧准：民主與終極目的》，第 299 頁。
54 羅銀勝編：《顧准：民主與終極目的》，第 229 頁。
55 羅銀勝編：《顧准：民主與終極目的》，第 300-301 頁。

就是可以有各種政治主張存在，有來自各種立場的政治批評。社會主義制度要改善，也要有批評[56]。

總而言之，顧准從歷史、哲學、宗教、政治多重角度研究，確認：人類生活的基本理性在於認定只有進步才有意義，終極目標的設定不科學，甚至有害。為了進步，要充分發揮人的思想力量，就要思想自由、言論自由，就要有保障自由，反對將己意強加於人的制度，就要接受經歷了人類歷史考驗的西方議會制度和兩黨政治。這是科學理性的邏輯，也是人類歷史經驗教訓中得出的結論。

顧准這種思想在當時是大逆不道的，即使在今天從全球化的政治格局和中國社會主義現代化建設的需要而言也未見得是可以接受的，但他的研究的確很深入，思考豐富而有系統，是新中國關於民主問題的最有深度的思想。而他在當時情況下，不畏強權迫害，充分體現了一個真正的知識分子，同時也是一個真正共產黨員探求真理的獨立精神。

第三節 ▶ 中國特色的社會主義民主建設

一九七十八年以來的改革開放以解放思想、實事求是為起點和動力，促進了執政黨、知識分子和整個社會思想的活躍，有力推動了民主精神的發展。表現在三方面：一是黨中央提出並逐步

[56] 羅銀勝編：《顧准：民主與終極目的》，第 301 頁。

完善了中國特色社會主義民主思想；二是黨和政府推進了民主改革；三是思想理論界對社會主義民主及相關問題展開了較為深入的探索。

中國特色社會主義民主思想是伴隨中國特色社會主義理論提出來的。

十一屆三中全會前夕鄧小平在中央工作會議上的報告《解放思想，實事求是，團結一致向前看》提出社會主義現代化建設必須打破思想僵化，「大大解放幹部和群眾的思想」，要使黨員幹部和人民群眾肯動腦筋，勇於思考，勇於探索，勇於創新，就需要發揚民主。從這個意義講，「沒有民主就沒有社會主義，就沒有社會主義的現代化」。「民主是解放思想的重要條件」，「要創造民主的條件，要重申『三不主義』：不抓辮子，不扣帽子，不打棍子。在黨內和人民內部的政治生活中，只能採取民主手段，不能採取壓制、打擊的手段。憲法和黨章規定的公民權利、黨員權利、黨委委員的權利，必須堅決保障，任何人不得侵犯[57]。」在此基礎上他進一步提出把「努力發揚民主」作為「長時期的堅定不移的目標[58]」；把中國「建設成為現代化的，高度文明、高度民主的社會主義國家[59]」。這為新時期豐富民主思想，加強社

---

57 鄧小平：《解放思想，實事求是，團結一致向前看》，《鄧小平文選》（1975-1982），人民出版社 1983 年版，第 134 頁。

58 鄧小平：《堅持四項基本原則》，《鄧小平文選》（1975-1982），第 162 頁。

59 鄧小平：《中國共產黨第十二次全國代表大會開幕詞》，《鄧小平文選》（1975-1982），第 373 頁。

會主義民主建設提供了有力指導。中共十二大根據這些思想要求把社會主義民主擴展到政治、經濟、文化和社會生活各方面；十三大把民主政治建設作為黨的基本路線內容，納入社會主義現代化建設全域；十四大更明確指出人民民主是社會主義的本質要求和內在屬性。

同樣在三中全會前夕的講話中，鄧小平指出以往經濟管理體制「權力過於集中」，要「發揚經濟民主」，「讓地方和企業、生產隊有更多的經營管理的自主權[60]」。隨後三中全會要求在國家政治體制方面健全社會主義民主、加強社會主義法制建設，把政治體制改革提上議程。鄧小平批評個人迷信、家長制或家長作風、幹部職務終身制，認為它們是受到「封建主義的影響」，指出制度方面的問題更重要，更具根本性、全域性、穩定性和長期性，要求「認真建立社會主義的民主制度和社會主義法制[61]」。「使民主制度化、法律化，使這種制度和法律不因領導人的改變而改變，不因領導人的看法和注意力的改變而改變[62]。」使民主有所依託，有所保障，使民主思想真正深入持久。他強調一手抓建設，一手抓法制，主張以法制是否完備作為衡量國家現代化水準和程度的標誌。十一屆三中全會提出使民主制度化、法律化，

60 鄧小平：《解放思想，實事求是，團結一致向前看》，《鄧小平文選》（1975-1982），第 135 頁。

61 鄧小平：《答義大利記者奧琳埃娜‧法拉奇問》，《鄧小平文選》（1975-1982），第 307 頁。

62 鄧小平：《解放思想，實事求是，團結一致向前看》，《鄧小平文選》第 2 卷，第 146 頁。

要做到有法可依，有法必依，執法必嚴，違法必究，法律面前人人平等，不允許任何人有超越法律之上的特權。

同時，鄧小平也認為社會主義民主政治建設應當是一個漸進的長期過程：「民主化和現代化一樣，也要一步一步地前進。社會主義愈發展，民主也愈發展[63]。」「匆匆忙忙地搞不行[64]。」不能用「大躍進」和「大鳴大放」的做法。他說：總結歷史經驗教訓，載入憲法的「大鳴、大放、大字報、大辯論」這所為「四大」從沒有發揮過積極作用，提議從憲法中取消這些條文。認為實現民主要有步驟，有領導，否則，只能助長動亂、妨礙四個現代化，也妨礙民主和法制本身[65]。他還提出，不要「追求形式上的民主」，那樣，「既實現不了民主，經濟也得不到發展，只會出現國家混亂、人心渙散的局面[66]」。要求劃清社會主義民主和西方資產階級民主的界限，認為中國人民今天所需要的民主，只能是社會主義民主或稱人民民主，而不是資產階級的個人主義的民主[67]。「不能搞三權鼎立那一套[68]。」社會主義民主是「要切實保障工人農民個人的民主權利，包括民主選舉、民主管理

63 鄧小平：《解放思想，實事求是，團結一致向前看》，《鄧小平文選》第 2 卷，第 168 頁。
64 鄧小平：《壓倒一切的是穩定》，《鄧小平文選》第 3 卷，第 285 頁。
65 鄧小平：《目前的形勢和任務》，《鄧小平文選》第 2 卷，第 257 頁。
66 鄧小平：《壓倒一切的是民主》，《鄧小平文選》第 3 卷，第 284 頁。
67 鄧小平：《堅持四項基本原則》，《鄧小平文選》第 2 卷，第 175 頁。
68 鄧小平：《旗幟鮮明地反對資產階級自由化》，《鄧小平文選》第 3 卷，第 195 頁。

和民主監督。不但應該使每個車間主任、生產隊長對生產負責任、想辦法，而且一定要使每個工人農民都對生產負責任、想辦法[69]」。

　　以江澤民為核心的第三代中央領導集體，繼承和發展鄧小平思想，堅持將建設中國特色社會主義民主政治作為政治體制改革的目標，提出政體改革重點是制度建設；主要內容是堅持和完善社會主義民主政治的基本制度，發展和健全人民代表大會制度、共產黨領導的多黨合作和政治協商制度；「實現社會主義民主政治的制度化、規範化、程式化[70]」。要在「堅持四項基本原則的前提下，繼續推進政治體制改革，進一步擴大社會主義民主，健全社會主義法制，依法治國，建設社會主義法治國家[71]」。所謂「依法治國，就是廣大人民群眾在黨的領導下，依照憲法和法律規定，通過各種途徑和形式管理國家事務，管理經濟文化事業，管理社會事務，保證國家各項工作都依法進行，逐步實現社會主義民主的制度化、法律化」。它有「兩個原則：一是必須堅持黨的領導和社會主義方向，二是必須保證廣大人民群眾充分行使民主權利」。它是「黨領導人民治理國家的基本方略」「發展社會

---

69 鄧小平：《解放思想，實事求是，團結一致向前看》，《鄧小平文選》（1975-1982），第 136 頁。

70 《江澤民論有中國特色社會主義》（專題摘編），中央文獻出版社 2002 年版，第 304 頁。

71 江澤民：《高舉鄧小平理論偉大旗幟，把建設有中國特色社會主義事業全面推向二十一世紀》，《江澤民文選》第 2 卷，人民出版社 2006 年版，第 28 頁。

主義市場經濟的客觀需要」「社會文明進步的重要標誌」「國家長治久安的重要保障[72]」。從「依法治國」到「建設社會主義法治國家」，「是一項複雜的社會系統工程，在立法、執法、司法和普法教育等方面都有大量的工作要做，需要付出艱苦的努力。要認真研究和分析實行依法治國所要解決的突出問題和矛盾，確定工作的重點，既立足於現實，又著眼於長遠，扎扎實實地加以推進[73]。」

與「三個代表」重要思想相適應，江澤民提出物質文明、精神文明、政治文明的概念，認為發展社會主義民主政治就是進行政治文明建設，主張將「發展社會主義民主政治，建設社會主義政治文明」作為「社會主義現代化建設的重要目標[74]」。

「三個代表」重要思想作為加強黨的建設理論，也強調了改革和完善黨的領導方式和執政方式對社會主義民主建設的重要性。江澤民認為：「黨的領導主要是政治、思想和組織領導，通過制定大政方針，提出立法建議，推薦重要幹部，進行思想宣傳，發揮黨組織和黨員的作用，堅持依法執政，實施黨對國家和社會的領導[75]。」改革和完善黨的領導方式，各級黨委是關鍵，

---

72 江澤民：《高舉鄧小平理論偉大旗幟，把建設有中國特色社會主義事業全面推向二十一世紀》，《江澤民文選》第 2 卷，第 28-29 頁；《江澤民論有中國特色社會主義》（專題摘編），第 328 頁。

73 《江澤民論有中國特色社會主義》（專題摘編），第 327 頁。

74 《江澤民論有中國特色社會主義》（專題摘編），第 304 頁。

75 江澤民：《全面建設小康社會，開創中國特色社會主義事業新局面》，《江澤民文選》第 3 卷，人民出版社 2006 年版，第 555 頁。

黨委在建設中國特色社會主義民主政治過程中要發揮領導核心作用，總攬全域、協調各方，規範黨委與人大、政府、政協以及人民團體的關係，加強對工會、共青團和婦聯等人民團體的領導，支援他們依照法律和各自章程開展工作，更好地成為黨連絡人民群眾的橋樑和紐帶。

江澤民指出：「共產黨執政就是領導和支持人民掌握管理國家的權力，實行民主選舉、民主決策、民主管理和民主監督，保證人民依法享有廣泛的權利和自由，尊重和保障人權[76]。」黨領導人民制定憲法和法律，又領導人民遵守、執行憲法和法律，黨必須在憲法和法律的範圍內活動。在立法中，堅持黨的領導，最根本、最重要的是要通過法定程式，把黨的路線、方針、政策法律化，使之成為國家意志。同時，還必須堅持多黨合作和政治協商制度，充分調動各方面的積極性，集思廣益。

在上述思想基礎上，江澤民強調把堅持黨的領導、人民當家作主和依法治國統一起來。指出：「黨的領導是人民當家作主和依法治國的根本保證，人民當家作主是社會主義民主政治的本質要求，依法治國是黨領導人民治理國家的基本方略。……共產黨執政就是領導和支持人民當家作主，最廣泛地動員和組織人民群眾依法管理國家和社會事務，管理經濟和文化事業，維護和實現人民群眾的根本利益。憲法和法律是黨的主張和人民意志相統一

---

76 江澤民：《高舉鄧小平理論偉大旗幟，把建設有中國特色社會主義事業全面推向二十一世紀》，《江澤民文選》第 2 卷，第 29 頁。

的體現。必須嚴格依法辦事，任何組織和個人都不允許有超越憲法和法律的特權。」「發展社會主義民主政治，最根本的是要把堅持黨的領導、人民當家作主和依法治國有機統一起來[77]」。「推進社會主義民主政治建設，必須處理好黨的領導、發揚民主、依法辦事的關係。黨的領導是關鍵，發揚民主是基礎，依法辦事是保證，絕不能把三者割裂開來、對立起來。政治體制改革，必須在黨的領導下，有步驟有秩序地進行。」他要求「各級黨委要學會在憲法和法律的範圍內加強和改善黨的領導。各級領導同志要敢於領導，善於領導，充分發揚民主，嚴格依法辦事[78]」。

此外，鄧小平和江澤民還針對西方國家借上世紀八十年代末中國出現的政治風波以人權問題指責中國一事做出回應。一方面，對於西方片面依據本國本地區經驗將人權簡單理解為個人自由權利，指出：不同民族對「人權」可有不同理解，「西方世界的所謂『人權』和我們講的人權，本質上是兩回事，觀點不同[79]。」國家主權和人權「不是相互對立的，而是相輔相成的」，前者是一國人民充分享受人權的「前提和保障[80]」。另一方面，也認為尊重和保障人權是建設社會主義民主政治的內在要

77 江澤民：《全面建設小康社會，開創中國特色社會主義事業新局面》，《江澤民文選》第 3 卷，第 553 頁。
78 《江澤民論有中國特色社會主義》（專題摘編），第 301 頁。
79 《鄧小平文選》第 3 卷，第 125 頁。
80 《江澤民論有中國特色社會主義》（專題摘編），第 325 頁。

求。

　　一九九一年根據中央精神發表的《中國的人權狀況》白皮書指出：中國主張的人權，除了國家的獨立權、人民的生存權和發展權外，還包括經濟、文化和社會等各方面的權利。中國人民十分重視國家獨立權和人民的生存權、發展權。中國社會主義的人權具有廣泛性、公平性、真實性等顯著特點。我們尊重國際社會關於人權的普遍性原則，但普遍性原則必須與各國國情相結合。人權是具體的、相對的，不是抽象的、絕對的，跟一個國家的政治狀況、經濟發展、歷史傳統、文化結構和整個社會的發展水準有很大關係。實現人權的根本途徑是經濟發展和社會進步。對於發展中國家，生存權、發展權是最基本最重要的人權。中國將「繼續促進人權的發展，努力達到中國社會主義所要求的實現充分人權的崇高目標[81]」。

　　以胡錦濤為總書記的黨中央領導集體根據社會經濟發展新情況、新矛盾，提出科學發展觀，主張由經濟建設、政治建設、文化建設、社會建設「四位一體」代替「三位一體」考慮中國特色社會主義建設總體佈局，強調以人為本、統籌兼顧、協調發展、促進社會和諧。

　　科學發展觀主張「以實現人的全面發展為目標，從人民群眾的根本利益出發謀發展、促發展，不斷滿足人民群眾日益增長的物質文化需要，切實保障人民群眾的經濟、政治和文化利益，讓

---

　　81 《中國的人權狀況》，《人民日報》1991 年 11 月 2 日。

發展的成果惠及全體人民」，要「尊重人民主體地位，發揮人民首創精神[82]」。視人民民主為「社會主義的生命」，「人民當家作主是社會主義民主政治的本質和核心」。提出深化政體改革要「堅持正確政治方向，以保證人民當家作主為根本，以增強黨和國家活力、調動人民積極性為目標[83]」；黨要提高科學執政、民主執政、依法執政水準，「堅持全心全意為人民服務，立黨為公、執政為民，始終把廣大人民的根本利益作為黨和國家工作的根本出發點和落腳點，堅持尊重社會發展規律與尊重人民歷史主體地位的一致性，堅持為崇高理想奮鬥與為最廣大人民謀利益的一致性，堅持完成黨的工作與實現人民利益的一致性，堅持發展為了人民、發展依靠人民、發展成果由人民共用[84]」。「改進領導班子思想作風，提高領導幹部執政本領，改善領導方式和執政方式，健全領導體制……使黨的全部工作始終符合時代要求和人民期待。」要「增強領導班子整體功能，不斷優化領導班子專業、知識和能力結構。要深化幹部人事制度改革」「健全民主集中制」，「要緊緊圍繞抓好發展這個黨執政興國的第一要務來謀化和推進黨的建設，緊緊圍繞推動科學發展、促進社會和諧選幹部、配班子、建隊伍、聚人才、抓基層、打基礎。要更好地尊重

82 《科學發展觀重要論述摘編》，中央文獻出版社、黨建讀物出版社2008 年版，第 26、27 頁。

83 胡錦濤：《高舉中國特色社會主義偉大旗幟為奪取全面建設小康社會新勝利而奮鬥——在中國共產黨第十七次全國代表大會上的報告》，人民出版社 2007 年版，第 28 頁。

84 《科學發展觀重要論述摘編》，第 28 頁。

人、理解人、關心人、愛護人，充分調動廣大黨員、幹部和各類人才的積極性和主動性[85]……」

和諧社會「是民主法治、公平正義、誠信友愛、充滿活力、安定有序、人與自然和諧相處的社會」。其中「民主法治，就是社會主義民主得到充分發揚，依法治國基本方略得到切實落實，各方面積極因素得到廣泛調動。公平正義就是社會各方面的利益關係得到妥善協調，人民內部矛盾和其他社會矛盾得到正確處理，社會公平正義得到切實維護和實現[86]」。為擴大人民民主，保證人民當家作主，要「健全民主制度，豐富民主形式，拓寬民主管道，依法實行民主選舉、民主決策、民主管理、民主監督，保障人民的知情權、參與權、表達權、監督權」。「支持人民代表大會依法履行職能」，「支持人民政協圍繞團結和民主兩大主題履行職能，推進政治協商、民主監督、參政議政制度建設；把政治協商納入決策程式，完善民主監督機制」「堅持各民族一律平等」「推進決策科學化、民主化」，「樹立社會主義民主法治、自由平等、公平正義理念」，「發展基層民主，保障人民享有更多更切實的民主權利」包括「依法直接行使民主權利，管理基層公共事務和公益事業，實行自我管理、自我服務、自我教育、自我監督，對幹部實行民主監督」等等，在法制方面「堅持科學立法、民主立法」，「堅持公民在法律面前一律平等」「尊重和保障

---

85 《科學發展觀重要論述摘編》，第 87、88、89 頁。
86 《科學發展觀重要論述摘編》，第 62 頁。

人權，依法保證全體社會成員平等參與、平等發展的權利」；要
「建設服務型政府」「完善制約和監督機制[87]」。並提出「在國際
關係中弘揚民主、和睦、協作、共贏精神。政治上相互尊重、平
等協商，共同推進國際關係民主化[88]」的主張。

　　總之，改革開放以來黨的三代領導集體解放思想、實事求
是、與時俱進、注重理論創新，提出並初步完善了中國特色社會
主義民主思想。伴隨這套思想的提出，黨和政府有關部門根據改
革開放需要，不斷推進了社會主義民主建設。大體表現為：在十
一屆三中全會後一段時間裡黨中央總結經驗教訓，強調健全黨的
民主集中制，加強黨中央和各級黨委的集體領導，建立了中央和
各級紀律檢查機構，平反冤假錯案，加強黨內民主監督，廢除實
際存在的領導幹部職務終身制。同時調整社會關係，在農村摘掉
地主富農「帽子」，在城市恢復小商小販小手工業者的勞動者身
份，為國民黨起義、投誠人員落實政策，釋放部分在押國民黨人
員，落實知識分子政策，支持民主黨派恢復活動、發展組織，落
實民族政策、宗教自由政策，等等。使「文革」前和「文革」中
被剝奪政治權利的人員恢復了平等權利。

　　與此同時，以「聯產承包責任制」為起點的農村經濟體制改
革導致人民公社體制瓦解，到八〇年代中期建立了適合民主管理

---

87 胡錦濤：《高舉中國特色社會主義偉大旗幟為奪取全面建設小康社會新
　　勝利而奮鬥——在中國共產黨第十七次全國代表大會上的報告》，第
　　29、30、31、32頁。
88 《科學發展觀重要論述摘編》，第96頁。

的各鄉鎮行政體制。一九八五年經濟體制改革在城市推廣，黨和各級政府及國營企業在改革中逐步推進黨政分開、政企分開，明確了行政部門的領導職責，逐步理順了政府和企事業領導關係。

在政體改革中，加強人民代表大會權力、政協的監督和通過實驗建立基層民主政治體制等幾項工作對社會主義民主政治的建設有顯著意義。

一九四九年召開的中國人民政治協商會議和一九五四年中國人民代表大會通過的《中華人民共和國憲法》都明文規定：中國人民代表大會是最高國家權力機關。但一九五八年以後「左」傾導致一度「法律虛無主義」氾濫，「黨事實上成為唯一的政治主體，政府機構形同虛設」，人大的立法和監督也成了空話。一九八二年中共十二大和這一年通過修訂的《中華人民共和國憲法》明確提出黨應該在憲法和法律範圍內活動，並逐漸明了黨對人大的領導主要是政治領導，即對政治原則、政治方向、重大決策的領導和向國家政權機關推薦重要幹部[89]。以此為前提，做出一系列改善和加強人大制度的新規定，包括設立專門委員會，在人大及其常委會領導下研究審議和擬定有關議案；擴大人大常委會職權，人大閉會期間常委會照常工作；規定省級地方人大和人大常委會享有制訂地方法規的立法權，縣級以上地方人大設立常委會，以發揮地方國家權力機關作用，加強對國家行政機關監督

---

[89] 參見楊光斌：《中國政府與政治導論》，中國人民大學出版社 2003 年版，第 119 頁。

等。同時，人大選舉法經過修改，將直接選舉權擴大到縣級、全部實行無記名投票，並將等額選舉改為差額選舉。全國政協同人大一樣，在「左」傾路線影響下長期形同虛設。改革開放後，中國共產黨重視與民主黨派合作，江澤民提出中共與民主黨派不僅要「長期共存、互相監督」，而且要「肝膽相照、榮辱與共」，強調了共同擔負建設國家大任。全國政協也設立若干專門委員會，加強實際工作，在全國和地方人大開會期間，政協踴躍提出意見建議，起到良好作用。中共為民主黨派人士參政提供更多機會，民主黨派和無黨派人士在政協和政府各部門任職的逐年增多，並通過提案等多種方式參政議政，充分體現了民主黨派不是在野黨而是參政黨，體現了社會主義民主政治的優越性[90]。

---

90 2003 年換屆後，民主黨派成員和無黨派人士有 17.6 萬人擔任全國各級人大代表。其中，全國人大常委會副委員長 7 人，全國人大常委 50 人；省級人大常委會副主任 41 人，省級人大常委 462 人；市級人大常委會副主任 352 人，市級人大常委 2084 人。截至 2004 年底，民主黨派成員和無黨派人士擔任各級政府和司法機關縣處級以上領導職務的共有 3.2 萬多人。其中 19 人擔任最高人民法院、最高人民檢察院和中央國家機關有關部委領導職務。此外，全國 31 個省、自治區、直轄市中，有非中共黨員副省長、副主席、副市長 27 人；全國 397 個市（州、盟、區）人民政府中有 354 人擔任副市（州、盟、區）長，有 19 人擔任省級法院副院長和檢察院副檢察長，有 87 人擔任地市級法院副院長和檢察院副檢察長。民主黨派成員和無黨派人士在各級政協委員、常委和領導人中有較大比例。2003 年換屆後，他們中有 33.7 萬多人擔任全國各級政協委員。十屆全國政協委員中，民主黨派和無黨派人士占 60.1，政協常委中占 65.2，副主席 24 人中占 13 人。民主黨派和無黨派人士還通過多管道、多形式對執政黨的工作實行民主監督。監督的主要內容有：國家憲法和法律法規的實施情況；中國共產

　　基層民主選舉自治組織是二十世紀八〇年代人民公社制度瓦解後在各地陸續開展起來的。一九八七年和一九九八年全國人大常委會先後通過《中華人民共和國村民委員會組織法》試行方案和修訂方案，規定鄉以下村民委員會由農民直接選舉產生。各地農民群眾在實踐中創造了若干種選舉方式，實現了村民自治和管理方式的變革[91]。

黨和政府重要方針政策的制定和貫徹執行情況；中國共產黨組織及黨員領導幹部履行職責、為政清廉等方面的情況。近年來，政府部門和司法機關通過聘請民主黨派成員、無黨派人士擔任特約人員，吸收和組織民主黨派和無黨派人士參加黨風廉政建設情況的檢查、其他專項檢查和執法監督工作，使民主監督的管道進一步拓寬，監督工作不斷加強。民主黨派和無黨派人士積極參與改革開放和現代化建設事業，為推動祖國統一大業和社會全面進步不斷建言獻策。1989 年以來，各民主黨派中央圍繞中國共產黨和國家的工作大局以及事關國計民生的重大問題進行考察調研，特別是圍繞經濟建設、和平統一兩大任務，先後向中共中央、國務院及有關部門提出重大建議近 180 項，地方組織提出各項建議提案 8 萬多件，其中許多都被採納。民主黨派各級地方組織共提供諮詢服務專案 4 萬多個，興辦各級各類學校 1000 餘所，培訓各級各類專業人才約 300 萬人次。見中華人民共和國國務院新聞辦公室：《中國的民主政治建設》（上），《人民日報》2005 年 10 月 20 日第 10 版。

91 各地農民創立的選舉制有「海選」「兩票制」「福建模式」等多種。其中「海選」制為東北地區農民所創，做法是由有選舉權的村民自由提名候選人，上級領導和黨支部不加干涉。兩票制是山西省農民創造的方式，指整個選舉分三個階段、兩次投票進行。第一階段是村幹部、村民代表會議和村民一起提名候選人；第二階段預選確定候選人，第一次投票；第三階段召開選舉大會，正式投票。福建模式是福建全省統一的以預選確定候選人的方式，實行 5 人提名，代表預選。第一步，以 5 人以上選民提名確定候選人，第二步，預選，由選民秘密投票，從初步候選人中選出正式候選人。與此相聯繫，這種方式還規

改革開放以來民主精神發展還有一個很重要的方面，就是思想理論工作者對中國特色社會主義民主理論進行了深入探討。這個探討大體集中在改革開放初、二十世紀八〇年代後期和新世紀以來三個時期。

第一個時期的探討緣起於有關真理標準問題大討論和批判「四人幫」。由於深感「文革」期間黨內和國家民主生活遭到嚴重破壞給民族帶來的災難，不少人撰寫文章，要求真正貫徹民主集中制，保障黨員群眾民主權利、堅持社會主義民主原則、發揚學術民主和藝術民主。有人指出：不能「離開民主講集中」，要全面理解民主內容和形式的關係，反對「形式主義」和「虛無主義」，實現社會主義民主內容和形式的真正統一；要承認資產階級民主和社會主義民主既有區別又有聯繫，即都反對封建專制和個人獨裁，都要講自由、平等和人權，資產階級民主的某些具體形式，可以在改造的前提下為社會主義民主制繼承和利用[92]。

有人針對在民主問題上存在「抽象地談論民主，抽象地提出民主要求」和「無產階級是講專政的，只有資產階級才講民主」

定：選舉前要組織村財務審計以遏制腐敗；取消中心會場，增設投票站，以提高投票率；拒絕委託投票，設立選舉觀察員。村民選舉產生的自治制度通常設立村民大會和村民代表會議制度。村民代表會議類似於一種代議制，職責包括村民委員會成員的選舉、撤換、補選，制定審議發展規劃，簽訂經濟合同，制定修改村規民約，審議村委會報告、收支報告等。這在更大範圍內發揮了村民管理權。參見楊光斌：《中國政府與政治導論》第 8 章第 2 節「農村基層民主」。

92 吳家麟：《關於社會主義民主的幾個問題》，《人民日報》1979 年 5 月 22 日第 3 版。

的認識，指出：馬克思主義「採取分析的態度」對待資產階級民主，「揭露它的階級實質，批判它的狹隘性、虛偽性和欺騙性，而從來沒有否定言論自由、普選制等等口號、原則和形式本身」，「從來沒有說，因為資產階級思想家和政治家提出過這些口號，資產階級法律中有過這些原則，無產階級就不要這些東西」，而是認為，「對於無產階級來說，資產階級民主形式是遠遠『不夠』的，無產階級應當在革命的基礎上，在『深度』和『廣度』方面把民主推向前進[93]」。

有人強調「民主原則與社會主義原則是緊密聯繫的，離開了民主原則，社會主義就會走樣，變質；離開了社會主義原則，民主就失去了目的、方向」，提出社會主義民主必須「堅持」：第一，堅持民主作為一種制度，一種設施，一種方法。「必須以符合社會主義的總利益，以能夠保障大多數人的利益為主要標準」。第二，堅持民主和集中、自由和紀律的統一。「從它們的互相聯繫和互相制約上，來考察如何健全社會主義民主」。第三，堅持民主的形式必須服從內容。「社會主義民主的形式，是由社會主義民主的內容決定的」。「民主既然是一種國家形式，一種國家形態，就應當使它制度化、法律化」。「社會主義法制，應當保障人民的民主權利，同時，發揚社會主義民主，也必須遵循一定的法律程式[94]。」

---

[93] 張顯揚　王貴秀：《無產階級民主和資產階級民主》，《人民日報》1979 年 6 月 9 日第 2 版。

[94] 《堅持社會主義民主的正確方向》，《人民日報》1980 年 1 月 21 日第 1 版。

有人提出把民主看作只是讓人講話，是一種手段、作風、方法，沒有抓住問題的本質。依列寧「民主是一種國家形式，一種國家形態」的論斷，民主是國體和政體的統一，前者涉及無產階級和其他各個階級在國家中的地位問題，後者意味不管採取什麼樣的具體形式，都要「組織得同最完全最徹底地『爭得民主』這點相適應」，就是「要使全體人民享有充分的民主權利，能夠實實在在地行使對國家的管理」，這是完善和加強社會主義民主制度的根本出發點和基本要求[95]。

有文章分析我國政治體制存在弊端的原因，是把社會主義的民主集中制歪曲為封建式家長制和個人集權制，把人民內部矛盾當作敵我矛盾，混淆和顛倒敵我關係，黨和國家領導制度不健全，權力過分集中。提出健全社會主義民主制度，要健全人民代表大會制度、實行黨政分工、切實實行中央統一領導下的地方分權制、發展多種形式的民主管理制度，擴大企業事業單位的自主權、改革幹部制度、健全社會主義法制。關鍵在於加強黨和改善黨的領導，「努力學會運用社會主義民主和法制的原則、手段、程式、方法」，「以身作則」，恢復群眾工作的好傳統，調查研究，密切聯繫群眾，「引導和幫助群眾正確使用民主權利，按照社會主義法制辦事[96]」。

95 特約評論員：《認真實行社會主義民主制 —— 談作為國家形態的民主》，《人民日報》1980 年 9 月 9 日第 5 版。

96 馮文彬：《關於社會主義民主問題》，《人民日報》1980 年 11 月 24 日第 5 版；11 月 25 日第 5 版（續）。

有人提出以「獨立思考──民主──真理」作為「真正發揚民主以臻於真理之域的途徑」，說發揚民主「最重要的在於民主的內容，而不在於徒具民主的形式」。「真正發揚民主，是要使大家經過深思熟慮而後發表自己的意見，體現自己的意志……這樣的民主才能比較接近於真理。真理的呼聲是要通過發揚真正的民主來體現的」。離開了真理、科學、人民群眾的利益，這樣的「民主」沒有價值[97]。

一九八二年中共十二大提出建立高度文明、高度民主的社會目標和第五屆全國人大五次會議修訂憲法，引起人們對社會主義民主法律化問題的關注。張友漁撰文寫道：社會主義民主和法制有十分密切的關係，都是鞏固社會主義經濟基礎、推進社會主義經濟發展的。在這一點上，它們都不是目的，而是手段。但就它們相互關係說，民主是目的，法制是保衛民主的手段，法制必須以民主為基礎，民主有待於法制來保衛。可以說，沒有社會主義法制，也就沒有社會主義民主，而要使社會主義法制徹底生效，又需要依靠人民群眾的民主力量。所以，民主既是出發點，又是歸宿。正因為這樣，要建設社會主義民主，就必須同時健全社會主義法制，把二者緊密結合起來。社會主義民主的制度化、法律化，絕不是限制民主，而是保障民主，表現為：（1）憲法和法律明確規定人民作為國家主人所享有的民主權利的範圍，使人民在行使民主權利時有所遵循，認識到什麼是應當行使的民主權

---

97 敢峰：《民主、思考與真理》，《人民日報》1980 年 12 月 12 日第 8 版。

利，什麼不是。這是為了使正當的民主權利得到確認和充分保障。（2）憲法和法律規定人民行使民主權利的程式。如人民行使國家權力的機關是全國人民代表大會和地方各級人民代表大會。在這個層面，公民依照法定程式選舉代表，組成全國人民代表大會和地方各級人民代表大會，由它們代表人民行使國家權力。而在基層經濟組織中，職工可以直接行使民主權利，在基層群眾性自治組織中，人民直接行使民主權利。其他民主權利也都須經過一定程式。這不是限制人民行使權力，而是保障人民能夠正常地、有效地行使權力。（3）憲法和法律還規定了對人民民主權利的保障措施[98]。

此外，還有人討論公民在法律面前一律平等、通信自由、信仰自由[99]，以及言論自由的關係[100]，民主與權威[101]，政治協商與

---

98 張友漁：《建設高度的社會主義民主》，《人民日報》1982 年 9 月 14 日第 5 版。

99 王桂五：《公民在法律面前一律平等》，《人民日報》1982 年 8 月 6 日第 5 版；《公民的通信自由受法律保護》，《人民日報》1983 年 2 月 23 日第 4 版；王向明：《公民有宗教信仰自由》，《人民日報》1983 年 1 月 27 日第 5 版。

100 劉瀚：《全法制是發展民主的保障》，《人民日報》1981 年 2 月 3 日第 5 版；崔敏：《發展民主健全法制》，《人民日報》1981 年 10 月 12 日第 5 版；姜立：《言論自由必須依法實現》，《人民日報》1981 年 2 月 16 日第 2 版。

101 李洪林：《民主的權威——關於權威的札記》，《人民日報》1982 年 3 月 1 日第 5 版。

民主建設[102]、分權與民主[103]等。

在這一時期，也有一些言論超出社會主義民主的範圍，反對「無產階級專政」，「批判中國共產黨[104]」，「要脫離社會主義的軌道，脫離黨的領導，搞資產階級自由化[105]」，這些言論受到批判。

一九八七年中共十三大提出社會主義初級階段理論。十三大報告指出：要「靠改革和制度建設加強黨的建設，以黨內民主來逐步推動人民民主[106]」，帶動了有關社會主義民主問題的新一輪探索。

有人發表文章指出：要從中國社會主義初級階段實際出發，確定社會主義民主建設的著眼點：第一，社會主義民主的基本制度，如共產黨的領導、人民民主專政、人民代表大會制度等，在總體上是建立在公有制的基礎之上的，是適應生產力發展的，是必須堅持的。第二，社會主義民主的一些具體制度和表現形式，是在特定的歷史環境中形成的，受到當時人們認識水準的限制，適應生產發展水準的時間是有限的，在商品經濟不斷發展、經濟

---

102 孫起孟：《政治協商是發展社會主義民主的好經驗》，《人民日報》1982 年 3 月 16 日第 5 版。

103 許清：《合理分權有利於民主集中制的實行》，《人民日報》1982 年 6 月 18 日第 3 版。

104 鄧小平：《堅持四項基本原則》，《鄧小平文選》（1975-1982），第 160 頁。

105 鄧小平：《關於思想戰線上的問題的談話》，《鄧小平文選》（1975-1982），第 345 頁。

106 《人民日報》1987 年 10 月 27 日第 2 版。

管理體制不斷走向現代化的今天，就要改革。第三，至於那些根源於封建主義和資產階級思想的各種醜惡現象，如官僚主義、家長制、個人崇拜、宗法觀念、等級觀念、專制主義、任人唯親等，是阻礙社會生產力發展的，從來都是同社會主義民主格格不入的，當然非改革不可。文章中還提出從解決實際問題入手加強民主建設的措施：完善選舉制度，加強基層民主建設，開闢社會協商對話管道，實行政務公開，活躍輿論陣地，等等[107]。

七屆人大代表、教科文衛委員會副主任委員、中國新聞學會聯合會會長胡績偉提出：民主理論的研究落後於民主建設的實踐，民主建設的實踐又落後於社會進步和經濟發展對民主的要求，是社會主義初級階段民主建設的癥結所在。在大力推進民主制度改革和完善的同時，應該加強民主理論，如民主的本質和功能，民主與自由、平等的內在聯繫，民主形成的經濟、文化和觀念條件，國家民主與非國家民主的區別和聯繫，民主與法制、民主與專政、民主與集中、民主與效率的關係以及社會主義民主與資產階級民主的異同等的研究，以便在科學的民主理論指導下，有效地在全社會逐步確立和普及民主的觀念，更有膽識地進行民主制度改革的試驗，沿著正確的方向，走出一條真正具有中國特色的社會主義民主建設的道路[108]。

---

107 魯航生、華賢沖：《腳踏實地加強社會主義民主建設》，《人民日報》1987 年 10 月 16 日第 5 版。
108 胡績偉：《加強民主理論的研究》，《人民日報》1988 年 3 月 29 日第 1 版。

中國人民大學教授鄭杭生探討了民主的含義，分析了作為國家形式的政治民主制度的多數原則、程式原則、少數原則及其相互關係，以及政治民主與科學的區別和聯繫、政治民主與社會正義的區別和聯繫等等[109]。這是當時情況下對民主內涵進行深入探討的有代表性的成果。不幸的是由於一九八九年春夏之交政治風波的發生，使這類研究沒有深入下去。

二十世紀九〇年代後期以來有關社會主義民主的探討涉及政治協商、黨內民主、自由、人權等多項內容。

有人提出：民主協商，作為「中國共產黨領導的多黨合作和政治協商制度的具體形式」和「實現決策民主化、科學化重要環節的民主形式」，是「獨樹一幟的社會主義民主的新形式」，「具有中國特色」，「具有強大的政治優勢」，在國家政治生活中發揮著不可替代的作用[110]。

有人指出：民主、自由、人權是人類的共同追求，也是歷史範疇，由於歷史條件和階級利益不同，各國社會制度、文化傳統、經濟發展狀況不同，對於三者的認識和實踐往往不一致，有時甚至將其玷污濫用，因此「科學理解和正確處理民主、自由和人權問題，是社會主義民主建設面臨的重要課題」。民主是國家制度、民主意識和二者的統一。「作為國家制度指按多數人意

---

109 鄭杭生：《試論民主的涵義》，《人民日報》1989 年 5 月 5 日第 6 版。
110 佟一：《獨樹一幟的民主形式 —— 中國共產黨與民主黨派的民主協商》，《人民日報》2000 年 11 月 30 日第 12 版。

志，通過預定程式和決策方式，對國家和社會進行管理。作為意識指對民主制度的認可和把握，對於參與國家和社會管理的自覺要求和覺悟。」「社會主義民主，政治程式和政權性質相一致，經濟基礎和上層建築相協調，是真實、澈底為勞動人民所享有的民主」。隨著生產力的提高和人類文明的進步，社會主義民主必將越來越擴大和完善，其專政的職能也將日益縮小和減弱。社會主義民主的「多數」必須是先進的有凝聚力量和執政能力的多數。如何保證這個「多數」不斷提高文化素質和執政能力，保證這個「多數」選出的代表即各級領導幹部始終代表先進生產力的發展要求，代表先進文化的前進方向，代表最廣大人民的根本利益，是社會主義民主建設的重要任務。

「自由」有「政治上的自由」和「哲學上的自由」兩個涵義，前者是權利，後者是素質和能力。自由和民主的關係是：「民主」是政權的一種構成形式，「自由」則是政權給予公民的政治權利。對於真正的民主政權來說，民主的前提是自由，自由的保障是民主；民主愈澈底，公民便愈自由；公民愈是有獨立人格、自由意志、平等權利，便愈是能夠提高民主品質。社會主義自由解決了三個根本問題：「一是勞動人民當家作主，政權在人民手中，這是最大的政治自由；二是公有制為主體，從經濟基礎上剷除了金錢對自由的驅使和束縛；三是以馬克思主義為指導，開闢了人類自覺創造歷史的新時代，在思想上獲得了空前自由。」而社會主義自由所面臨的問題，「一是政權建設，要處理好民主政權和公民自由的關係，不斷克服官僚主義、家長專制、以權謀私、打擊報復和其他違法行為對於公民自由的踐踏；一是

公民要珍惜手中的權利，不斷提高行使自由權利的能力和覺悟，劃清與抽象自由、絕對自由、任性自由的界限[111]」。社會主義的自由作為人類自由發展的一個歷史階段，仍然無法擺脫人對自然和社會條件的依賴。

　　人權一般指「公民在政治上應該享有的自由和民主權利」。自由以人權為載體，人權以自由為內容，是一個問題的兩個方面。人權概念也在不斷發展變化，主要是從個人人權發展為集體人權，從政治權利發展為經濟、文化權利，從資產階級國家的「專利」發展到為全世界人民包括第三世界國家人民服務。人權的基礎是生命的存在和發展，沒有生存權，其他人權均無從談起；人權不僅受時代和階級的影響，同時也受生產力發展水準的制約，經濟文化落後，即使有了先進的社會制度，人權的實現程度也會受到影響；公民權利的實現和發展，都要通過國家政權，依賴國家政權，沒有國家的獨立和民主自決的權利，公民的人權就沒有保障。

　　民主、自由、人權曾作為資產階級的旗幟推動了歷史前進，也曾將人類推向災難。根本在於資產階級的私有制以及由此決定的政權是維護資產階級私利的工具。無產階級革命的勝利和社會主義制度的確立，澈底改變了政權性質和所有制關係，開闢了民主、自由、人權的新紀元。這三者之中，核心是民主。只要人民掌握政權，鞏固和發展政權，人民就會擁有一切，擁有真正屬於自

---

111 謝宏：《論民主自由和人權》，《人民日報》2000 年 12 月 5 日第 9 版。

己的民主、自由和權利。馬克思所描繪的未來社會全面發展的真正「自由的人」「豐富的人」，是建立在生產力高度發展，社會組織高度完善，徹底消滅了階級差別，人的素質得到極大提高和全面發展的基礎上的人，是我們通向民主自由人權之路的最高理想。

有文章談到黨內民主，指出：發展黨內民主「是加強執政能力建設的關鍵」。發展黨內民主，要完善黨內民主的各種制度和機制，核心是要以完善黨的代表大會制度和黨的委員會制度為重點，建立和完善黨內情況通報制度、情況反映制度和重大決策徵求意見制度[112]。

有文章談到民主執政，提出：民主執政就是堅持為人民執政，靠人民執政，支持和保障人民當家作主。其核心是堅持和完善社會主義民主制度，提高發展社會主義民主政治能力，實行民主執政，堅持和完善人民代表大會制度。要「改進選舉方式，夯實民主執政的制度基礎」。「加強立法工作，優化民主執政的法制環境」，「加強監督工作，健全民主執政的制約機制」。「認真行使人事任免權，落實民主執政的組織保障[113]」。

二〇〇五年十月，由國務院新聞辦公室起草的《中國的民主政治建設》一文在《人民日報》刊出，總結了黨領導革命和建設的歷史經驗和理論成果，從「符合國情的選擇」「中國共產黨領

---

112 譚鐵牛：《從四個方面入手提高「五種能力」》，《人民日報》2004 年 1 月 6 日第 9 版。
113 龐道沐：《推進民主執政》，《人民日報》2004 年 11 月 24 日第 13 版。

導人民當家作主」「人民代表大會制度」「中國共產黨領導的多黨合作和政治協商制度」「民族區域自治制度」「城鄉基層民主」「尊重和保障人權」「中國共產黨民主執政」「政府民主」「司法民主」10 個方面，詳細論述了中國共產黨的民主理念和中國特色社會主義民主政治建設的現狀，為國內外認識和理解中國特色社會主義民主的思想與實踐提供了幫助[114]。

　　總之，新中國成立已有六十多年，中國共產黨領導人民探索中國社會主義建設道路，從力求建立人民當家作主的新國家新制度起，經歷了成功與挫折，終於在改革開放過程中逐漸明確了發展社會主義民主，建設社會主義法制這一中國特色社會主義民主建設的途徑，並在經濟改革過程中逐步推進政治民主化進程，使中華民族傳統的民本思想和現代民主理念結合的社會主義民主精神得到發揚。

114 《中國的民主政治建設》，《人民日報》2005 年 10 月 20 日第 10、11、12 版。

— 第二十四章 —
「放在自己力量的基點上」

　　中共中央總書記胡錦濤曾經指出：「歷史和現實都表明，一個沒有艱苦奮鬥精神作支撐的民族，是難以自立自強的；一個沒有艱苦奮鬥精神作支撐的國家，是難以發展進步的；一個沒有艱苦奮鬥精神作支撐的政黨，是難以興旺發達的[1]。」這從民族、國家和政黨三個方面說明瞭艱苦奮鬥的重要性。任何一個民族，要想自立自強，要想屹立於世界民族之林而永久不衰，就必須艱苦奮鬥，並且把艱苦奮鬥「放在自己力量的基點上[2]」。中國共產黨正是立足於自身，從三大方面弘揚民族精神，維護民族尊嚴，建設有中國特色的社會主義，使中華民族永遠屹立於世界民族之林。

1　四川省社會科學院課題組：《論弘揚和培育民族精神》，《光明日報》2003 年 4 月 16 日。
2　毛澤東：《抗日戰爭勝利後的時局和我們的方針》，《毛澤東選集》第 4 卷，第 1132 頁。

第一節 ▶ 民族尊嚴與民族自信心

自尊心、自信心是一個國家、一個民族興旺強盛的「國魂」「民族魂」和捍衛國家安全的精神長城。任何一個國家和民族只要擁有自尊心與自信心，就擁有無窮的發展動力；否則就會淪為他人的殖民地、附庸國。但是新中國成立初期，「親美、崇美、恐美的人很多，特別是資產階級和知識分子。也有許多勞動群眾，他們不喜歡美國人，但是怕美國人[3]」。因此，中國共產黨的「一個最重要的政治任務，就是要提高全國人民的政治覺悟，掃除帝國主義及其走狗所散佈親美、崇美、恐美的思想毒素」，把「中華民族自尊心和自信心大大地發揚光大起來[4]」。

一、掃除恐美思想，抗美援朝，捍衛民族尊嚴

「中國不侵略別人，對任何國家都不構成威脅，卻受到外國的威脅[5]。」一九五〇年六月，美國發動朝鮮戰爭，把戰火燃到中國東北大門。由於美國是最大的帝國主義強國，許多人恐美，就是中共高層一些領導人也不主張出兵。這給中共和新中國政府提出兩個問題，一是帝國主義者「會自動放棄對中國的侵略，而讓我們『埋頭』建設嗎？」二是「我們能夠戰勝帝國主義的侵

3　毛澤東：《同拉丁美洲一些國家共產黨領導人的談話》，《毛澤東文集》第 8 卷，第 21 頁。

4　《人民日報》1950 年 12 月 28 日社論：《繼續擴大與深入抗美援朝保家衛國運動》。

5　鄧小平：《結束過去，開闢未來》，《鄧小平文選》第 3 卷，第 294 頁。

略，以保障我們祖國的安全嗎？[6]」毛澤東給予莊嚴的回答：「如美帝得勝，就會得意，就會威脅我。」「我們是個大國，不打過去，見死不救，總不行呀[7]！」中華民族是「一個堅決戰鬥的民族」！十月八日，中共中央決定出兵朝鮮，直接同美國這個世界上最強大的帝國主義國家進行較量，轟轟烈烈的抗美援朝運動開展起來了！

在這場運動中，中國共產黨一方面繼承和發揚中華民族的光榮革命傳統，強調中華民族是「一個堅決戰鬥的民族[8]」。在一九五一年元旦之際，《人民日報》發表社論，專門引述了一九三九年在抗日戰爭背景下發表的《中國革命和中國共產黨》歌頌中華民族精神的經典文句，指出「中華民族不但以刻苦耐勞著稱於世，同時又是酷愛自由、富於革命傳統的民族」，強調中華民族對於「外來民族的壓迫，都要用反抗的手段解除這種壓迫。他們贊成平等的聯合，而不贊成互相壓迫[9]」。這就是說，在抗美援朝中要光大和發揚抗日戰爭精神。一九五四年十二月十一日，毛澤東對來訪的緬甸總理吳努指出：中國雖然是個大國，但是並不強。雖然「我們連一輛汽車都出不了，此外連一架飛機都不能造」，但是，「即使我們再弱，美國要把它的意志強加在我們身

6　《人民日報》1951 年 1 月 1 日社論：《在偉大愛國主義旗幟下鞏固我們的偉大祖國》。
7　薄一波：《若干重大決策與事件的回顧》（上卷），第 43 頁。
8　毛澤東：《朝鮮戰局和我們的方針》，《毛澤東文集》第 6 卷，第 92 頁。
9　毛澤東：《中國革命和中國共產黨》，《毛澤東選集》第 2 卷，第 623 頁。

上也是不行的。過去我們在延安，就沒有屈服過。在解放戰爭中，我們也曾把侵入我們地區進行間諜活動的美國人逮捕起來」。他強調：「不論美國多強，能產多少鋼，能出多少輛汽車和多少架飛機，我們也是不會屈服於它的壓迫的[10]。」

另一方面，中國共產黨指出「美帝是外強中乾的，對之謹慎是應該的，害怕則是不對的[11]」，中國人民能夠戰勝美帝國主義的侵略。毛澤東分析了美國的優缺點，指出美國「在軍事只有一個長處，就是鐵多」，卻有三個弱點，即「第一，戰線太長，從德國柏林到朝鮮；第二，運輸路線太遠，隔著兩個大洋，大西洋和太平洋；第三，戰鬥力太弱」。基於這些分析，他指出要敢於面對兇惡的敵人，強調如果美國要打第三次世界大戰，而且打原子彈，「就只好讓你打。你打你的，我打我的，你打原子彈，我打手榴彈，抓住你的弱點，跟著你打，最後打敗你。對戰爭打起來的時候，不是小打而是大打，不是短打而是長打，不是普通的打而是打原子彈，我們要有充分準備。你如果一定要那樣幹，我們就跟上來[12]。」一九五〇年十月八日，他發佈《關於組成中國人民志願軍的命令》，要求「必須深刻地估計到各種可能遇到和必然會遇到的困難情況，並準備用高度的熱情，勇氣，細心和刻

---

10 毛澤東：《同緬甸總理吳努的談話》，《毛澤東文集》第 6 卷，第 379-380、380 頁。

11 《楊尚昆日記》（上），中央文獻出版社 1999 年版，第 379-380 頁。

12 毛澤東：《朝鮮戰局和我們的方針》，《毛澤東文集》第 6 卷，第 93-94 頁。

苦耐勞的精神去克服這些困難」，指出「目前總的國際形勢和國內形勢於我們有利，於侵略者不利，只要同志們堅決勇敢，善於團結當地人民，善於和侵略者作戰，最後勝利就是我們的[13]。」他還特別指出：「美國如果竟敢在此時爆發世界戰爭，則其失敗將更徹底，因為現在美國的軍事準備尚未完成，而和平陣營勢力則大於美英勢力。我們要和平，不要戰爭，但不能聽任美國侵入中朝邊界而置之不理[14]。」他強調在部隊中「進行充分的思想動員，要有同美國人作戰的高度的思想準備，要準備克服各項可能的困難，只要能如此，美國人是可以戰勝的[15]」。

抗美援朝，「實際上是中國和美國打了一仗[16]」。它與土地改革、鎮壓反革命，合稱新中國成立初期的三大運動。「三大運動相互結合，『三套鑼鼓一起敲』，搞得有聲有色，把全國人民的革命激情都動員起來了[17]。」抗美援朝戰爭中的典型戰役是一九五二年十月十四日至十一月二十五日舉行的上甘嶺戰役，我方先後投入兵力四萬人，敵方六萬人。敵方以傷亡二萬五千餘人（其中美軍 5200 餘人）、飛機三百餘架、大口徑火炮六十一門、

13 《關於組成中國人民志願軍的命令》，《建國以來毛澤東文稿》第一冊，中央文獻出版社 1987 年版，第 544 頁。
14 《在中央關於目前時事宣傳指示稿上加寫的一段話》，《建國以來毛澤東文稿》第一冊，第 616 頁。
15 《軍委關於加強同美國軍隊作戰的思想教育的電報》，《建國以來毛澤東文稿》第一冊，第 678 頁。
16 鄧小平：《堅持社會主義，防止和平演變》，《鄧小平文選》第 3 卷，第 345 頁。
17 薄一波：《若干重大決策與事件的回顧》（上卷），第 44 頁。

坦克十四輛之代價，「僅占去我前沿兩個班的陣地[18]。」

「抗美援朝戰爭的勝利，使我們剛剛誕生的人民共和國在與美國為首的外國侵略勢力血與火的較量中，巍然屹立於世界的東方[19]。」上甘嶺戰役後，美國隨軍記者貝文‧亞歷山大在回憶錄中寫道：上甘嶺戰役對中國人來說，不僅是一兩個偉人的勝利，也不僅是幾十個將軍的勝利。當一個輝煌了兩千多年的民族破落後重新找回自信時，這種力量非常可怕！一位參加過朝鮮戰爭的美國軍官，在指出「中國軍人是不可戰勝的，而中國男人更是絕對意義上的真正強者，照這樣下去，這個國家的崛起誰也無法阻擋」之後，強調「假如要瓦解這個國家，必須要瓦解這個國家的民族氣節，首先要從精神上、靈魂上瓦解可怕的中國男人，這是重新戰勝中國的最重要前提」！

值得指出的是，對於蘇聯的軍事威脅，中華民族同樣毫不畏懼。六〇至七〇年代，「在整個中蘇、中蒙邊界上蘇聯加強軍事設施，導彈不斷增加，相當於蘇聯全部導彈的三分之一，軍隊不斷增加，包括派軍隊到蒙古，總數達到了一百萬人[20]」。一九六九年三月，蘇軍多次侵入位於黑龍江省虎林縣境、烏蘇里江主航道中國一側的珍寶島，中國國家安全又一次遭到嚴重威脅。對此，中華民族同樣毫不畏懼。珍寶島守島軍民不畏強暴，英勇反

---

18 國防大學《戰史簡編》編寫組：《中國人民志願軍戰史簡編》，解放軍出版社 1986 年版，第 108 頁。

19 薄一波：《若干重大決策與事件的回顧》（上卷），第 45 頁。

20 鄧小平：《結束過去，開闢未來》，《鄧小平文選》第 3 卷，第 294 頁。

擊，唱響「人不犯我，我不犯人；人若犯我，我必犯人」的捍衛民族尊嚴的凱歌！

如果說二十世紀五〇至七〇年代中國所面臨的威脅特點是強權政治的軍事壓力，那麼八〇年代以來面臨的則是美國為首的西方國家對社會主義國家搞和平演變的圖謀。由於「過去拿武器，用原子彈、氫彈，遭到世界反對」，美國改變方式，以「民主」「自由」「人權」等為旗號，「打一場無硝煙的世界大戰[21]」。在這和平演變下，東歐和蘇聯都出了問題，中國也出現資產階級自由化思潮，並發展為一九八九年夏的反對四項基本原則、以「建立一個完全西方附庸化的資產階級共和國[22]」為目的的暴亂。國際上有些人錯誤地認為，「有些社會主義國家亂得差不多了，中國也只要推一下就倒了[23]。」因此，西方七國首腦會議「譴責」中國平暴是所謂「違反人權的暴力鎮壓」，宣稱要採取中止對華高層接觸和延緩世界銀行對華貸款等一系列制裁措施。這樣，「世界上突然形成一股指責和『制裁』中國的逆流，一下子弄得烏煙瘴氣[24]」。對這股逆流，中國共產黨給予了嚴正的回應：

---

21 鄧小平：《我們有信心把中國的事情做得更好》，《鄧小平文選》第 3 卷，第 325-326 頁。

22 鄧小平：《在接見首都戒嚴部隊軍以上幹部時的講話》，《鄧小平文選》第 3 卷，第 303 頁。

23 江澤民：《香港必須有一個平穩的過渡期》，《江澤民文選》第 1 卷，第 82 頁。

24 江澤民：《中國人歷來是講民族氣節的》，《江澤民文選》第 1 卷，第 70 頁。

其一，雖然兩個超級大國主宰世界的格局已經改變，但是強權政治仍在升級，「霸權主義過去是講美蘇兩家，現在西方七國首腦會議也是霸權主義、強權政治[25]」，中國面臨反霸的艱巨任務。鄧小平尖銳地指出：七國首腦會議宣言要制裁中國，「這意味著他們自認為有至高無上的權力，可以對不聽他們話的國家和人民進行制裁」。「他們不是聯合國，聯合國的決議還要大多數同意才能生效，他們憑什麼干涉中國的內政？誰賦予他們這個權力[26]？」他號召中國人民說：「老殖民主義、新殖民主義、霸權主義、強權主義，真不少啊！現在貧窮弱小的國家，環境比過去更困難一些，需要更多的艱苦奮鬥[27]。」

其二，指出西方所謂「人權論」實際上就是霸權主義的反映，霸權主義者根本沒有什麼資格講人權。鄧小平指出：「他們那一套人權、自由、民主，是維護恃強凌弱的強國、富國的利益，維護霸權主義者、強權主義者利益的[28]。」「搞強權政治的國家根本就沒有資格講人權，他們傷害了世界上多少人的人權！從鴉片戰爭侵略中國開始，他們傷害了中國多少人的人權[29]！」

---

25 鄧小平：《堅持社會主義，防止和平演變》，《鄧小平文選》第 3 卷，第 345 頁。

26 鄧小平：《國家的主權和安全要始終放在第一位》，《鄧小平文選》第 3 卷，第 348 頁。

27 鄧小平：《堅持社會主義，防止和平演變》，《鄧小平文選》第 3 卷，第 344 頁。

28 鄧小平：《堅持社會主義，防止和平演變》，《鄧小平文選》第 3 卷，第 345 頁。

29 鄧小平：《國家的主權和安全要始終放在第一位》，《鄧小平文選》第 3 卷，第 348 頁。

其三，中華民族不畏強權，「中華人民共和國是打了二十二年仗才建立起來的，是在被封鎖、制裁、孤立中成長起來的[30]」，「世界上最不怕孤立、最不怕封鎖、最不怕制裁的就是中國[31]」。鄧小平指出：「我是一個中國人，懂得外國侵略中國的歷史。當我聽到西方七國首腦會議決定要制裁中國，馬上就聯想到一九〇〇年八國聯軍侵略中國的歷史。七國中除加拿大外，其他六國再加上沙俄和奧地利就是當年組織聯軍的八個國家[32]。」他強調：「中國共產黨有志氣，中國人民有志氣」，「外國的侵略、威脅，會激發起中國人民團結、愛國、愛社會主義、愛共產黨的熱情[33]」，任何一個國家都不可能打倒中國。江澤民也指出：「我們的社會主義事業，就是在打破國外敵對勢力對我國的孤立、封鎖和挑釁的過程中鞏固和發展起來的。中國人民從來沒有、今後也決不會屈從於任何外來壓力，決不會放棄社會主義道路和民族獨立來換取別人的施捨[34]。」

其四，直接正對美國的威脅，不怕「打架[35]」。鄧小平指出

---

30 鄧小平：《振興中華民族》，《鄧小平文選》第 3 卷，第 357 頁。
31 鄧小平：《社會主義的中國誰也動搖不了》，《鄧小平文選》第 3 卷，第 329 頁。
32 鄧小平：《振興中華民族》，《鄧小平文選》第 3 卷，第 357-358 頁。其他六國是：美國、英國、法國、日本、聯邦德國、義大利。
33 鄧小平：《社會主義的中國誰也動搖不了》，《鄧小平文選》第 3 卷，第 329 頁。
34 江澤民：《新中國四十年歷史的基本結論》，《江澤民文選》第 1 卷，第 68 頁。
35 鄧小平曾把新時期中美之間矛盾特點形象地概括為「打架」，說：「我

暴亂「是由國際上反共反社會主義的思潮煽動起來的」，批評美國在這個問題上「捲入得太深了」，譴責「『美國之音』太不像話，一批撒謊的人在幹事，連起碼的誠實都沒有[36]」，強調「美國人罵娘，造謠，沒什麼了不起[37]」。

特別要指出的是，中共針對西方所謂「人權論」，提出了著名的「國格論」和「國權論」。關於「國格論」，鄧小平對美國指出：「談到人格，但不要忘記還有一個國格。特別是像我們這樣第三世界的發展中國家，沒有民族自尊心，不珍惜自己民族的獨立，國家是立不起來的。」他就中美關係改善一事指出「美國應該採取主動，也只能由美國採取主動」，強調「中國不可能主動。因為強的是美國，弱的是中國，受害的是中國。要中國來乞求，辦不到。哪怕拖一百年，中國人也不會乞求取消制裁。如果中國不尊重自己，中國就站不住，國格沒有了，關係太大了[38]」。江澤民責問「那些叛逃國外的動亂和暴亂分子」「連國格、人格都不要了，還有什麼資格談愛國、民主、人權！」指出「如果失去了國家主權、民族獨立和國家尊嚴，也就失去了人民

說的打架不是打仗，而是筆頭上和口頭上打架。」見鄧小平：《中美關係終歸要好起來才行》，《鄧小平文選》第 3 卷，第 350 頁。

36 鄧小平：《結束嚴峻的中美關係要由美國採取主動》，《鄧小平文選》第 3 卷，第 331 頁。

37 鄧小平：《第三代領導集體的當務之急》，《鄧小平文選》第 3 卷，第 313 頁。

38 鄧小平：《結束嚴峻的中美關係要由美國採取主動》，《鄧小平文選》第 3 卷，第 331、331-332、332 頁。

民主，並且從根本上失去了人權[39]」。

關於「國權論」，鄧小平強調「國權比人權重要得多。貧弱國家、第三世界國家的國權經常被他們侵犯[40]」。他告誡指出：「國家的主權、國家的安全要始終放在第一位，對這一點我們比過去更清楚了。西方的一些國家拿什麼人權、什麼社會主義制度不合理不合法等做幌子，實際上是要損害我們的國權[41]。」

上述論斷有力地指出了「社會主義的中國誰也動搖不了[42]」，「西方有一些人要推翻中國的社會主義制度，這只能激起中國人民的反感，使中國人奮發圖強[43]。」

二、掃除「唯我獨卑」思想，「把民族自信心提高起來」

新中國成立初期，相當一部分人存在著崇美、媚美的思想。其一，由於「我國過去是殖民地、半殖民地，不是帝國主義，歷來受人欺負。工農業不發達，科學技術水準低，除了地大物博，人口眾多，歷史悠久，以及在文學上有部《紅樓夢》等等以外，

---

39 江澤民：《愛國主義和我國知識分子的使命》，《江澤民文選》第 1 卷，第 123 頁。

40 鄧小平：《堅持社會主義，防止和平演變》，《鄧小平文選》第 3 卷，第 345 頁。

41 鄧小平：《國家的主權和安全要始終放在第一位》，《鄧小平文選》第 3 卷，第 348 頁。

42 鄧小平：《社會主義的中國誰也動搖不了》，《鄧小平文選》第 3 卷，第 329 頁。

43 鄧小平：《結束嚴峻的中美關係要由美國採取主動》，《鄧小平文選》第 3 卷，第 331 頁。

很多地方不如人家，驕傲不起來」。因此，有人「感覺事事不如人，在外國人面前伸不直腰[44]」，有人覺得「外國一切都比中國好，中國什麼也落後。甚至說，我們的鼻子也沒有外國人的高，眼睛頭髮皮膚的顏色也沒有人家的那樣好看」。有人認為「中國雖然革命了，但是外國革命以後會更加高明，中國革了命也不行[45]」。其二，美國一方面「千方百計地宣傳所謂中國人民是落後的，中國的一切都不行，都必須依賴帝國主義外國的『教化』和『援助[46]』」，宣稱「這個世界離開他也就不行[47]」；另一方面「在中國辦了一些教會、醫院和學校，以小恩小惠籠絡人心，散佈了許多崇美鄙華的思想毒素。加以近百年來的反動統治者和買辦階級長期諂媚外國，賤視人民，幫助帝國主義進行思想奴化的工作，甚至不惜歪曲歷史，把美國的侵略說成恩典[48]。」因此，有人疑問「我們能夠不依靠資本主義國家的『援助』而進行自己的建設嗎[49]？」

---

44 《論十大關係》，《建國以來毛澤東文稿》第六冊，中央文獻出版社1992年版，第104頁。

45 顧穆：《怎樣認識我們偉大的祖國》，《新華月報》1951年第3卷第5期，第997頁。

46 《人民日報》1951年1月1日社論：《在偉大愛國主義旗幟下鞏固我們的偉大祖國》。

47 顧穆：《怎樣認識我們偉大的祖國》，《新華月報》1951年第3卷第5期，第998頁。

48 《人民日報》1950年12月28日社論：《繼續擴大與深入抗美援朝保家衛國運動》。

49 《人民日報》1951年1月1日社論：《在偉大愛國主義旗幟下鞏固我們的偉大祖國》。

針對這種情況，中共採取了相應的措施，強調要「發揚民族氣概，克服舊中國上層分子中的媚外思想[50]」。前面所說《人民日報》一九五一年元旦發表的社論，重述了《中國革命和中國共產黨》關於中華文明源遠流長的闡述，強調「中國是世界文明發達最早的國家之一。中國已有了將近五千年的有文字可考的歷史」，我們應該為擁有這樣的祖國和民族而驕傲，而歡呼！鄧小平指出：「鴉片戰爭以來的一個多世紀裡，外國人看不起中國人，侮辱中國人。中華人民共和國建立後，改變了中國的形象。」自此，「凡是中華兒女，不管穿什麼服裝，不管是什麼立場，起碼都有中華民族的自豪感[51]。」《新華月報》載文，從兩方面闡述了如何弘揚民族自信心：從文化發展史來講，「每一個民族都有它豐富的文化遺產和優秀的文化傳統，而中國由於幾千年來歷史發展的結果，文化遺產的內容更是豐富異常，文化傳統也是非常優秀的」。中華文化「在好幾方面都要比其他文明古國發達得更早。而歐洲文化，在歷史上，更不是任何時候都走在中國的前面」，「如果把中國一切東西、任何時期都說成比歐洲落後，那是極端錯誤的」。從現狀來講，「新中國的人民民主制度比起帝國主義國家來，優越萬萬倍。這樣偉大的民族，在這種優越的制度下邊，一定會創造出足以影響世界、改變世界歷史的事業」，「中國人民志願軍在朝鮮的勝利，也就更加強了這種自信

50 《楊尚昆日記》（上），第 379-380 頁。
51 鄧小平：《一個國家，兩種制度》，《鄧小平文選》第 3 卷，第 60 頁。

心與自尊心」。因此，「我們應該有這樣的信心，就是在一切方面不但能夠趕上資本主義國家，而且要超過他們[52]」。

中共經過艱苦細緻的工作，取得了一定的成效。毛澤東形象地說：「崇拜美國的人說美國科學和工業都很發達，了不起，什麼都好，甚至有人說美國的月亮也比中國的好。後來經過慢慢說服，他們知道美國的月亮不一定好，也許中國的月亮還好一點[53]。」

改革開放以來，由於歷史上遺留下來的殖民文化的影響在一些地方沉渣泛起，由於受到外國資產階級腐朽思想作風和生活方式的影響，「計較個人私利而不顧國家、民族整體利益，鄙薄自己的祖國和人民而崇洋媚外等思想傾向滋長了，甚至腐化墮落的不良風氣發生了，建國初期就早已絕跡的種種醜惡現象再度出現了[54]」。「有些青年，有些幹部子女，甚至有些幹部本人，為了出國，為了搞錢，違法亂紀，走私受賄，投機倒把[55]」；在一九八九年，「有極少數人為了一張『綠卡』，不惜要求美國對自己的祖國採取『制裁』措施」。這一切「同中華民族的民族氣節和

---

52 顧穆：《怎樣認識我們偉大的祖國》，《新華月報》1951 年第 3 卷第 5 期，第 997、998 頁。

53 《同拉丁美洲一些國家共產黨領導人的談話》，《毛澤東文集》第 8 卷，第 21 頁。

54 江澤民：《在黨的十三屆四中全會上的講話》，《江澤民文選》第 1 卷，第 60 頁。

55 鄧小平：《黨和國家領導制度的改革》，《鄧小平文選》第 2 卷，第 337-338 頁。

民族自尊極不相稱[56]」。

此種現象引起中共的高度關注。中共把它作為「必須認真解決的一個重大問題[57]」，決心「在全黨和全國範圍內有領導、有計劃地大力提倡社會主義道德風尚，熱愛社會主義祖國，提高民族自尊心，還要進行堅持社會主義道路、反對資本主義腐蝕的革命品質教育[58]」。

其一，強調中國人民有志氣，有能力趕上和超過發達國家。鄧小平指出：「中國人的智力不比外國人差，中國人不是低能的，不要總以為只有外國人才幹得好。要相信我們中國人自己是能幹得好的[59]。」他強調：「絕不允許把我們學習資本主義社會的某些技術和某些管理的經驗，變成了崇拜資本主義外國，受資本主義腐蝕，喪失社會主義中國的民族自豪感和民族自信心[60]。」

其二，明確規定要在全黨全國人民中進行愛國主義教育，「我們國家的每個人包括娃娃都要有愛國主義精神，有民族自尊心[61]。」否則，「我們就不可能建設社會主義，就會被種種資本

56 江澤民：《中國人歷來是講民族氣節的》，《江澤民文選》第 1 卷，第 72 頁。

57 鄧小平：《黨和國家領導制度的改革》，《鄧小平文選》第 2 卷，第 337 頁。

58 鄧小平：《目前的形勢和任務》，《鄧小平文選》第 2 卷，第 262 頁。

59 鄧小平：《一個國家，兩種制度》，《鄧小平文選》第 3 卷，第 60 頁。

60 鄧小平：《目前的形勢和任務》，《鄧小平文選》第 2 卷，第 262 頁。

61 《鄧小平年譜》（下），中央文獻出版社 2004 年版，第 802 頁。

主義勢力所侵蝕腐化[62]。」針對一些人喪失國格、人格，鄧小平特別強調「中國人民有自己的民族自尊心和自豪感，以熱愛祖國，貢獻全部力量建設社會主義祖國為最大光榮，以損害社會主義祖國利益、尊嚴和榮譽為最大恥辱[63]」。這是對當代中國愛國主義基本特徵及其內涵的一個重要概括。一九九四年八月二十三日，中共中央宣傳部頒佈愛國主義教育的綱領性檔《愛國主義教育實施綱要》，對愛國主義教育的基本原則、內容、重點、基本建設、途徑方法等等做了詳細的闡述。二〇〇一年十月，中共中央頒佈《公民道德建設實施綱要》，規定：「愛祖國、愛人民、愛勞動、愛科學、愛社會主義作為公民道德建設的基本要求，是每個公民都應當承擔的法律義務和道德責任。」

其三，強調要「保持清醒的頭腦，堅決抵制外來腐朽思想的侵蝕，決不允許資產階級生活方式在我國氾濫[64]」，為此要搞好黨風以促進社會風氣的好轉。除了對領導幹部要注意並加強反腐倡廉外，更要注意對幹部子女的教育。由於「領導幹部的子女在社會上的言行舉止，群眾是非常關注的」，「領導幹部特別是高級幹部對待子女，一要加強政治、思想、道德教育，提出嚴格要求，防止他們利用自己的職權和影響胡作非為；二要細心明察，

---

62 鄧小平：《貫徹調整方針，保證安定團結》，《鄧小平文選》第 2 卷，第 369 頁。

63 鄧小平：《中國共產黨第十二次全國代表大會開幕詞》，《鄧小平文選》第 3 卷，第 3 頁。

64 鄧小平：《中國共產黨第十二次全國代表大會開幕詞》，《鄧小平文選》第 3 卷，第 3 頁。

發現問題的苗頭，就要及時加以制止和糾正；三要不徇私情，對他們的違紀違法行為要及時向組織報告，決不祖護[65]」。

　　總之，中國共產黨圍繞掃除恐美、崇外媚外的思想觀念，強調自信、自尊、自強的民族精神是中華民族的靈魂，強調中國「作為一個大國有自己的尊嚴」，中國人民要「站在我們民族的立場，維護民族的大局，民族的尊嚴[66]」，維護祖國的安全。中國人民有信心、有志氣建設自己的社會主義祖國。

第二節 ▶ 自力更生精神的光大

　　自古以來，獨立自主、自力更生就是中華民族的立國之本和堅不可摧的精神力量。在這個精神力量的鼓舞下，一方面「中國作為人類文明發祥地之一，在幾千年的歷史進程中，文化傳統始終獨立自主」。這同許多已經消失了的文明相比是根本不同的。另一方面，「近代中國雖屢遭列強欺淩，國勢衰敗，但經過全民族的百年抗爭，又以巨人的姿態重新站立起來[67]。」這在世界上也是很獨特的。

---

65 江澤民：《領導幹部要帶頭樹立好的家風》，《江澤民文選》第 2 卷，第 188、189 頁。

66 鄧小平：《保持香港的繁榮和穩定》，《鄧小平文選》第 3 卷，第 73、75 頁。

67 江澤民：《增進相互瞭解，加強友好合作》，《江澤民文選》第 2 卷，第 61 頁。

因此，對民族精神的弘揚極為重視的中共，自然把自力更生為主同時不放鬆爭取外援作為自己革命和建設的基本方針。在抗戰時期，中共就強調「中國無論何時也應以自力更生為基本立腳點[68]」，堅信「中國依靠自力更生，能夠而且應該會在這個世界戰爭和混亂的時期中戰勝日本[69]」。同時，由於日本有其盟國德國與義大利，為了儘快戰勝日本帝國主義的入侵，中國也必須爭取別國的支持與幫助。新中國成立後，中共繼續強調要「自力更生地解決自己的事情[70]」，毛澤東闡述說：「要以自力更生為主，爭取外援為輔。對外援要爭取，但哪個為主，要考慮。自力更生好辦事，主動[71]。」本著自力更生的決心與意志，中共在各個時期戰勝了許多難以克服的困難。

新中國成立初期，中共戰勝經濟困難，穩定社會秩序，恢復國民經濟。可以說，中共當時所面臨的困難是前所未有的。且不說物價暴漲、市場蕭條這類眾所周知的困難，自然災害也非常嚴重。一九四九年，「中國各地區都有異常嚴重的災害。自春至秋，旱、凍、蟲、風、雹、水、疫等災相繼發生，尤以水災為最嚴重。全國被淹耕地約一萬萬畝，減產糧食約一百二十萬萬市斤，災民（包括輕重受災人民在內）約四千萬人。僅華東區被淹

68　《中共中央檔選集》第 11 冊，第 635 頁。
69　《毛澤東自述》，人民出版社 1996 年版，第 144 頁。
70　《楊尚昆日記》（上），第 379-380 頁。
71　毛澤東：《中尼邊界要永遠和平友好》，《毛澤東文集》第 8 卷，第 158 頁。

面積即達五千餘萬畝，減產七十餘萬萬斤，災民一千六百萬人[72]。」災民，加上難民、貧民、煙民、散兵游勇、無業遊民、失業人員、無依無靠的孤老殘幼等等，一塊擺在中共的面前。這一切在帝國主義的封鎖下變得更為嚴重。顯然「這是我們黨從推翻國民黨政府到掌握全國政權過程中所面臨的新課題，也是對我們黨執政能力的一次考驗」。國內外敵對勢力宣稱：「共產黨馬上得天下，不能馬上治天下[73]。」

在這些困難面前，中共毫不懼怕。毛澤東指出，我們有困難，但「我們確實有辦法克服困難[74]」，這個辦法就是自力更生。他指出，要「認真的從自力更生打算，不但叫，而且認真著手做（毛主席說，更主要的從長遠的新民主主義建設著眼來提出這個問題[75]）」。他相信：依靠自力更生，「在三年五年的時間內，我們的經濟事業可以完全恢復；在十年八年的時間內，我們的經濟就可以得到巨大的發展[76]。」這樣，「不但可以立於堅固的基礎之上，而且才有可能迫使帝國主義就我之範[77]」。

72 《政務院關於生產救災指示》，《新華月報》1950年第1卷第3期，第671頁。
73 薄一波：《若干重大決策與事件的回顧》（上卷），第67頁。
74 毛澤東：《有困難，有辦法，有希望》，《毛澤東文集》第6卷，第24頁。
75 鄧小平：《打破帝國主義封鎖之道》，《鄧小平文選》第1卷，第134頁。
76 毛澤東：《有困難，有辦法，有希望》，《毛澤東文集》第6卷，第24頁。
77 鄧小平：《打破帝國主義封鎖之道》，《鄧小平文選》第1卷，第134頁。

　　在這個方針的指引下，中共和新中國政府採取了一系列有效措施，主要有：其一，從一九四九年冬起，進行中國有史以來第一次全國規模的糧食及其他物資的大調運，統一向市場拋售，解決物價飛漲；其二，沒收官僚資本，掌握國家經濟命脈；其三，採取「依靠群眾、依靠集體、生產自救、互助互濟」大方針，一方面開展城鄉社會救濟工作，一方面「生產自救，渡過災荒[78]」；其四，從一九五〇年秋開始，對新解放區有計劃地分期分批開展土地改革運動，解放農村生產力。這些措施構成一套完整的體系，「不出一年時間，我們就把通貨膨脹基本上制止了，把經濟也初步穩定下來了，並奠定了新中國經濟管理體制的基礎，把國民經濟引上了逐步恢復和發展的道路[79]」。

　　在此成效的基礎上，中共於一九五〇年六月上旬召開了新中國成立後的首次中央全會即七屆三中全會，明確規定她在國民經濟恢復時期的主要任務是「為爭取國家財政經濟狀況的根本好轉而鬥爭」。毛澤東指出要實現這一目標，需要三個條件，即「土地改革的完成」「現有工商業的合理調整」和「國家機構所需經費的大量節減」。為此，要在三年時間裡做好土改、調整稅收與工商業、整編行政機構、改革舊有文化教育事業、救濟失業人員、團結各界民主人士、肅清反革命、進行全黨整風等八方面的

---

78 《生產自救，渡過災荒》，《新華月報》1950 年第 1 卷第 3 期，第 672 頁。

79 薄一波：《若干重大決策與事件的回顧》（上卷），第 67 頁。

工作。完成了這些工作,「我們就可以看見我們國家整個財政經濟狀況的根本好轉了」毛澤東:《為爭取國家財政經濟狀況的基本好轉而鬥爭[80]》,。這一目標,到一九五二年實現了!

二十世紀五〇年代中期後,在中蘇關係變壞的背景下,中華民族的自力更生精神又一次高揚。

中蘇關係惡化前,有人希望蘇聯的援助「最好是無代價的,要什麼有什麼[81]」。針對這一錯誤觀念,毛澤東再次強調「中國的革命和中國的建設,都是依靠發揮中國人民自己的力量為主,以爭取外國援助為輔」。他指出,在正確處理好自力更生與爭取外援兩者之間關係問題上,必須弄清楚兩點:其一,「那種喪失信心,以為自己什麼也不行,決定中國命運的不是中國人自己,因而一切依賴外國的援助,這種思想是完全錯誤的」。其二,在以自力更生為立足點的同時,「應當繼續努力同蘇聯和一切兄弟國家團結一致,繼續努力同世界上一切兄弟黨、人民革命政黨和廣大人民群眾團結一致,取得他們的同情和援助。如果我們不肯定這一點,那也是完全錯誤的[82]」。

五〇年代後期,中蘇兩黨在意識形態上發生嚴重分歧,蘇共領導人赫魯雪夫把這個分歧擴展到兩國關係中。一九六〇年七月

---

80 《毛澤東文集》第 6 卷,第 70 頁。

81 顧穆:《怎樣認識我們偉大的祖國》,《新華月報》1951 年第 3 卷第 5 期,第 997 頁。

82 《對中共八大政治報告稿的批語和修改》,《建國以來毛澤東文稿》第六冊,第 148 頁。

十六日，蘇聯政府照會中國政府，聲稱要撤走全部在華專家。自七月二十八日至九月一日，蘇方共撤回專家一千三百九十人，終止派遣專家九百多名。同時，撕毀三百四十三份專家合同和合同補充書，廢除二百五十七個科學技術合作項目。蘇聯專家撤走時，帶走全部圖紙、計畫和資料，導致中國二百多個企事業的建設處於停頓或半停頓狀態，嚴重打亂中國經濟發展計畫，給中國的建設造成重大損失，加重了經濟困難。鄧小平向蘇方指出：「中國人民決心把這一損失吞下去，用自己的雙手和勞動來彌補這一損失。任何壓力都是無用的[83]。」

經過兩年半的自力更生，一九六二年下半年的糧食比一九六〇年增產一千多萬噸，工業建設也「搞出了許多自己的經驗」。一九六三年九月三日，毛澤東對外國客人指出蘇聯的做法「對我們有好處。我們沒辦法，就靠自己，靠自己兩隻手」，強調「離開了先生，學生就自己學。有先生有好處，也有壞處。不要先生，自己讀書，自己寫字，自己想問題。這是一條真理[84]」。

南京長江大橋的修建，典型地反映了毛澤東這段話的含義。南京長江大橋是我國第一座規模最大的鐵路、公路兩用橋，全系我國自行設計、自行施工建造。一九六〇年一月十八日開工，一九六八年十二月二十九日建成。它開創了我國自力更生修建大型

---

83 《楊尚昆日記》（上），第 546 頁。

84 毛澤東：《革命和建設都要靠自己》，《毛澤東文集》第 8 卷，第 338 頁。

橋樑的新紀元。《十萬個為什麼》上登載了一篇關於《南京長江大橋為什麼採用連續梁？》的文章。文章說：

「南京長江大橋建設需要強度高、韌性好的鋼材。最初，我國曾向蘇聯訂貨，進口一種低合金高強度鋼材。但是蘇修（指修正主義）提供的鋼材根本不符合要求，後來竟停止供貨，妄圖破壞大橋建設。但是這難不倒用馬列主義、毛澤東思想武裝起來的中國工人階級。英雄的鞍鋼工人遵照毛主席的指示，花了很短的時間，便煉出了優質低合金橋梁鋼，這種鋼還有較多的金屬錳，可承受的拉力比武漢長江大橋的鋼材提高了百分之四十，給了蘇修一個響亮的耳光！」

這段敘述雖然帶有濃厚的時代特色，但是恰如其分地反映了中共當時在反帝反修的背景下以自力更生，振奮整個國家奮發圖強的堅強意志克服各種困難。鄧小平一九八二年五月六日在對來訪的賴比瑞亞國家元首多伊總結這段歷史時指出，「中國的經驗第一條就是自力更生為主」，「從五十年代中期到七十年代，即在建國三十二年多的時間裡大體有二十幾年，我們完全或基本上處於沒有外援的狀況，主要靠自力更生。沒有外援也有好處，迫使我們奮發努力。在這種精神的激勵下，我們在此期間搞出了原子彈、氫彈、導彈，發射了人造衛星等等[85]」。

如果說二十世紀八〇年代以前的特點是基本上處於沒有外援

---

85 鄧小平：《我國經濟建設的歷史經驗》，《鄧小平文選》第 2 卷，第 406 頁。

即與世隔絕的狀態下對自力更生精神的弘揚，那麼可以說二十世紀八〇年代以來的特點，就是在以「一個中心、兩個基本點」建設有中國特色的社會主義的背景下對自力更生精神的弘揚。

「一個中心、兩個基本點」，就是以經濟建設為中心，堅持四項基本原則，堅持改革開放。它們之間的相互關係，從對外開放角度來說就是：其一，中國的對外開放，是歷史發展的必然。現在的世界是開放的世界，任何一個國家都不可能長期地孤立、隔絕於世界歷史進程之外。中國只有同世界生產發生密切聯繫，利用外國的資金和技術來加速經濟發展，才能發展自己。鄧小平總結歷史經驗說：「中國長期處於停滯和落後狀態的一個重要原因是閉關自守。經驗證明，關起門來搞建設是不能成功的，中國的發展離不開世界[86]。」因此，中國必須「實行經濟開放政策，爭取利用國際上的資金和先進技術」，要批判地、有選擇地吸收和借鑒當今世界各國包括資本主義發達國家的一切反映現代社會化生產規律的先進經營方式和管理方法，「來幫助我們發展經濟[87]」。當然，「這種幫助不是單方面的」，因為「中國取得了國際的特別是發達國家的資金和技術，中國對國際的經濟也會做出較多的貢獻[88]」。其二，中國的對外開放，是服務於建設有中國

---

[86] 鄧小平：《我們的宏偉目標和根本政策》，《鄧小平文選》第 3 卷，第 78 頁。

[87] 鄧小平：《我國經濟建設的歷史經驗》，《鄧小平文選》第 2 卷，第 405 頁。

[88] 鄧小平：《我們的宏偉目標和根本政策》，《鄧小平文選》第 3 卷，第 79 頁。

特色的社會主義的對外開放，「是中國社會主義制度的自我完善和發展[89]」，是堅持四項基本原則的改革開放，絕對不容許那種背棄四項基本原則、資本主義化的「改革開放[90]」。

但是，要做到這兩點很不容易，因為「有那麼一些人還是老殖民主義者的頭腦，他們企圖卡住我們窮國的脖子，不願意我們得到發展[91]」。在這種情況下「不靠自己不行，主要靠自己[92]」，必須「堅持建國以來毛澤東主席一貫宣導的自力更生為主的方針」，「在自力更生的基礎上爭取外援[93]」。在對外開放與自力更生兩者之間的關係上，中共強調指出：「獨立自主不是閉關自守，自力更生不是盲目排外。講獨立自主、自力更生，絕不是要閉關鎖國、關起門來搞建設，而是要把對外開放提高到一個新的更高水準[94]」，即由於「我們窮，底子薄，教育、科學、文化都落後」，「要有一股艱苦奮鬥的創業精神[95]」，而對外開放就

89 江澤民：《增進相互瞭解，加強友好合作》，《江澤民文選》第 2 卷，第 62 頁。

90 江澤民：《在黨的十三屆四中全會上的講話》，《江澤民文選》第 1 卷，第 60 頁。

91 鄧小平：《我國經濟建設的歷史經驗》，《鄧小平文選》第 2 卷，第 405-406 頁。

92 鄧小平：《我們的宏偉目標和根本政策》，《鄧小平文選》第 3 卷，第 78 頁。

93 鄧小平：《我國經濟建設的歷史經驗》，《鄧小平文選》第 2 卷，第 406 頁。

94 江澤民：《正確處理社會主義現代化建設中的若干重大關係》，《江澤民文選》第 1 卷，第 471 頁。

95 鄧小平：《目前的形勢和任務》，《鄧小平文選》第 3 卷，第 257 頁。

是「中華民族自強不息和變革創新精神在當代的集中體現和創造性發展[96]」。這樣的獨立自主、自力更生，「才是真正地堅持了馬克思主義[97]」。

這樣，自力更生隨著時代的發展而具有新的特色，即是對外開放的自力更生。這樣的自力更生，同愛國主義結合在一起，成為中華民族建設有中國特色的社會主義現代化的強大精神力量[98]。鄧小平一九九二年初指出：「資本主義發展幾百年了，我們幹社會主義才多長時間！何況我們自己還耽誤了二十年。如果從建國起，用一百年時間把我國建設成中等水準的發達國家，那就很了不起！從現在起到下世紀中葉，將是很要緊的時期，我們要埋頭苦幹。我們肩膀上的擔子重，責任大啊[99]！」

以上是從經濟發展的角度闡述中國共產黨對自力更生精神的弘揚和光大，「中國的事情要按照中國的情況來辦，要依靠中國人自己的力量來辦。獨立自主，自力更生，無論過去、現在和將來，都是我們的立足點[100]。」對獨立自主精神的弘揚和光大，在

---

96 江澤民：《增進相互瞭解，加強友好合作》，《江澤民文選》第 2 卷，第 62 頁。

97 鄧小平：《用堅定的信念把人民團結起來》，《鄧小平文選》第 3 卷，第 191 頁。

98 江澤民：《新中國四十年歷史的基本結論》，《江澤民文選》第 1 卷，第 68 頁。

99 鄧小平：《在武昌、深圳、珠海、上海等地的談話要點》，《鄧小平文選》第 3 卷，第 383 頁。

100 鄧小平：《中國共產黨第十二次全國代表大會開幕詞》，《鄧小平文選》第 3 卷，第 3 頁。

外交上也得到恰如其分的體現。

「中國是個貧弱國家，但是個獨立自主的國家[101]。」。第二次世界大戰結束後，冷戰格局形成。在這個背景下誕生的新中國，走什麼樣的外交路線，令人關注。中共把自己在長期革命鬥爭中形成的獨立自主的原則運用到中國的對外關係，創建新型外交。其基本含義是：中華民族按照自己的國家利益原則處理對外關係，絕不屈服於任何外來壓力，絕不允許外國干涉中國內政，絕不做任何國家的附庸。

要創立獨立自主的新型外交，首先要掃除帝國主義在華特權。毛澤東指出，由於「舊中國是一個被帝國主義所控制的半殖民地國家」，「我們可以採取和應當採取有步驟地徹底地摧毀帝國主義在中國的控制權的方針[102]」，即「另起爐灶」和「打掃乾淨屋子再請客」。「另起爐灶」，指「不受過去任何屈辱的外交傳統所束縛[103]」，在互相尊重主權和平等互利基礎上與世界各國建立新型外交關係，恢復國家主權和民族尊嚴。「打掃乾淨屋子再請客」，有兩方面含義，之一「就是要在澈底清除舊中國遺留下來的帝國主義在華特權和影響之後，再讓外國客人進來，以免它們『鑽進來』利用在華特權和影響進行搗亂[104]」；之二是以中國

101 鄧小平：《結束過去，開闢未來》，《鄧小平文選》第 3 卷，第 294 頁。
102 毛澤東：《在中國共產黨第七屆中央委員會第二次全體會議上的報告》，《毛澤東選集》第 4 卷，第 1434 頁。
103 《中共中央檔選集》第 18 冊，中共中央黨校出版社 1992 年版，第 44 頁。
104 呂乃澄、周衛平主編：《大棋局——中日美關係風雲五十年》，當代世

的建設和發展為基礎，建立與美國的完全不同於舊中國的平等關係。一九五九年三月，毛澤東在一次對外國客人的談話中形象地說：「我們國家沒有美國的外交代表，我們很舒服。大概是因為我們破破爛爛，客人不想來。他們要等我們建設好了才來。比如說，美國現在年產一億多噸鋼，大概要等到我們年產兩億噸鋼的時候才來。那時，我就要跟各位商量商量中國的外交政策問題。」他還強調說：「過了十年十五年，我們的房子打掃得更乾淨了，可以迎接客人，也可以建造大房子，因為有了更多的鋼鐵[105]。」

由於美國對新中國的威脅和封鎖，中國共產黨提出了「倒向社會主義一邊」的「一邊倒」的外交政策，宣佈：「我們在國際上是屬於以蘇聯為首的反帝國主義戰線一方面的，真正的友誼的援助只能向這一方面去找，而不能向帝國主義戰線一方面去找[106]。」根據這一政策，《中蘇友好同盟條約》於一九五〇年二月十四日簽訂。而該條約的簽訂，一方面「在國際上我們可以有更大的政治資本去對付帝國主義國家，去審查過去中國和各帝國主義國家所訂的條約[107]」，一方面「使我們能夠放手地和較快地

界出版社 2001 年版，第 25 頁。

105 毛澤東：《同拉丁美洲一些國家共產黨領導人的談話》，《毛澤東文集》第 8 卷，第 18、18-19 頁。

106 毛澤東：《論人民民主專政》，《毛澤東選集》第 4 卷，人民出版社 1991 年版，第 1475 頁。

107 毛澤東：《準備簽訂新的中蘇友好同盟條約》，《毛澤東文集》第 6 卷，第 39 頁。

進行國內的建設工作[108]」。

「一邊倒」並不意味著要聽命於蘇聯。毛澤東指出「一邊倒」之目的是在「保障人民革命勝利成果和反對內外敵人復辟陰謀的鬥爭不致處於孤立地位[109]」，強調「要用自己的腦袋思考，要用自己的腿走路」。周恩來也指出：「我們對外交問題有一個基本的立場，即中華民族獨立的立場，獨立自主、自力更生的立場，任何國家都不能干涉中國的內政[110]。」本著這一立場，中共斷然拒絕了蘇聯提出的有損於中國主權的一系列要求，比如一九五八年提出的在中國建立長波電臺和中蘇聯合潛艇艦隊的要求。同時，中共還批評蘇聯企圖凌駕於社會主義國家之上的大國沙文主義做法。當蘇共把兩黨之間意識形態上的分歧擴大到國家關係上並企圖逼迫中國就範時，中共並未被嚇倒，反而更加堅定地奉行獨立自主的對外方針。

在推行「一邊倒」的對外政策過程中，新中國逐漸確立了自己又一獨特的處理國與國之間關係的準則，即和平共處五項原則。一九五三年十二月三十一日，周恩來總理在接見印度政府代表團時建議把互相尊重主權和領土完整、互不侵犯、互不干涉內政、平等互利與和平共處五項原則，作為處理兩國關係的準則。

---

108 毛澤東：《為爭取國家財政經濟狀況的基本好轉而鬥爭》，《毛澤東文集》第 6 卷，第 67 頁。
109 毛澤東：《中國人民站起來了》。
110 韓念龍主編：《當代中國的外交》，中國社會科學出版社 1987 年版，第 30 頁。

一九五四年六月，周恩來先後訪問印度、緬甸，在同兩國總理分別發表聯合聲明中重申與確認五項原則，並提出這些原則不僅適用於各國之間，而且適用於一般國際關係中。在一九五五年四月舉行的印尼萬隆亞非會議上，五項原則得到與會各國確認，並被發展成為指導各國和平共處、友好合作的「萬隆十項原則」。一九五六年十一月十一日，新中國政府針對社會主義國家間發生的問題，發表聲明，第一次提出社會主義國家間的關係更應該按照五項原則來處理，否則制度相同的國家間也會發生對抗，甚至發生嚴重衝突。一九七二年二月，中美《上海公報》宣佈：「各國不論社會制度如何，都應根據尊重各國主權和領土完整、不侵犯別國、不干涉別國內政，平等互利、和平共處的原則來處理國與國之間的關係。」這是美國第一次公開承認五項原則，同意以五項原則來處理中美兩國之間關係。從這個基本歷程中，可以看出和平共處五項原則不僅是新中國獨立自主外交政策的具體體現，而且「得到國際社會普遍贊同，已經成為處理國家關係的基本準則[111]」。這是中華民族對國際政治與國家關係沿著和平軌道發展做出的巨大貢獻。

　　二十世紀八〇年代以來，中共在建設有中國特色的社會主義道路上繼續遵循和發展獨立自主的外交政策。綜合來看，具有如下特色：

---

111 江澤民：《同周邊國家發展睦鄰友好關係》，《江澤民文選》第 3 卷，第 315 頁。

其一，維護國家的主權和領土完整，維護民族團結，實現祖國統一，仍然是獨立自主外交的根本原則和出發點。在改革開放開始後不久的一九八二年九月召開的中共十二大上，鄧小平莊嚴宣佈：「中國人民珍惜同其他國家和人民的友誼和合作，更加珍惜自己經過長期奮鬥而得來的獨立自主權利。任何外國不要指望中國做他們的附庸，不要指望中國會吞下損害我國利益的苦果[112]。」一九八九年十月三十一日，他在會見美國前總統尼克森時，坦率地表明自己維護國家利益和國家主權的原則立場：「我知道你是反對共產主義的，而我是共產主義者。我們都是以自己的國家利益為最高準則來談問題和處理問題的[113]。」

針對西方一些國家動不動藉口人權、社會制度問題，對我國進行所謂的經濟制裁，鄧小平義正辭嚴地指出「中國永遠不會接受別人干涉內政」，「我們的社會制度是根據自己的情況決定的，人民擁護，怎麼能夠接受外國干涉加以改變呢。國際關係新秩序的最主要的原則，應該是不干涉別國的內政，不干涉別國的社會制度[114]」。他深刻揭露了西方某些國家企圖干涉中國內政的別有用心，一針見血地指出：他們「拿什麼人權、什麼社會主義制度不合理不合法等做幌子，實際上是要損害我們的國權」。他宣

---

112 鄧小平：《中國共產黨第十二次全國代表大會開幕詞》，《鄧小平文選》第 3 卷，第 3 頁。

113 鄧小平：《結束嚴峻的中美關係要由美國採取主動》，《鄧小平文選》第 3 卷，第 330 頁。

114 鄧小平：《中國永遠不允許別國干涉內政》，《鄧小平文選》第 3 卷，第 359 頁。

佈，「任何違反國際關係準則的行動，中國人民永遠不會接受，也不會在壓力下屈服[115]。」

其二，與上列原則相聯繫的是反對霸權主義，既維護中國的國家利益，又「伸張正義，為廣大發展中國家講話[116]」。今天，霸權主義和強權政治仍然是世界動盪不安的重要因素。「人權外交」「經濟制裁」，成為霸權主義向別國施壓和干涉內政的重要手段，甚至以「人道主義」為藉口，對一個主權國家進行軍事打擊。因此，反對霸權主義，維護世界和平仍是中國外交的一項艱巨任務。一九八四年五月二十九日，鄧小平會見巴西總統菲格雷多時強調：「中國的對外政策，主要是兩句話。一句話是反對霸權主義，維護世界和平，另一句話是中國永遠屬於第三世界[117]。」一九八五年六月四日，他在軍委擴大會議上指出：「我們奉行獨立自主的正確的外交路線和對外政策，高舉反對霸權主義、維護世界和平的旗幟，堅定地站在和平力量一邊，誰搞霸權就反對誰，誰搞戰爭就反對誰[118]。」一九八九年三月二十三日，他對來訪的烏干達總統穆塞韋尼指出：「霸權主義和帝國主義總

---

[115] 鄧小平：《國家的主權和安全要始終放在第一位》，《鄧小平文選》第3卷，第348頁。

[116] 江澤民：《在新世紀把建設有中國特色社會主義事業繼續推向前進》，《江澤民文選》第3卷，第126頁。

[117] 鄧小平：《維護世界和平，搞好國內建設》，《鄧小平文選》第3卷，第56頁。

[118] 鄧小平：《在軍委擴大會議上的講話》，《鄧小平文選》第3卷，第128頁。

是欺侮包括非洲國家在內的發展中國家，經常干預這些國家為擺脫控制、發展經濟、爭取政治獨立與自主所作的努力。」就中國而言，「有的大國的議會今天通過這樣一個決議，明天通過那樣一個決議，干涉我們的內政」。因此，反對霸權主義「這個任務還沒有結束，可能至少還要進行一個世紀的鬥爭[119]」。

其三，奉行不結盟政策，「不參加任何集團[120]」。鄧小平指出：「中國本來是個窮國，為什麼有中美蘇『大三角』的說法？就是因為中國是獨立自主的國家。為什麼說我們是獨立自主的？就是因為我們堅持有中國特色的社會主義道路。否則，只能是看著美國人的臉色行事，看著發達國家的臉色行事，或者看著蘇聯人的臉色行事，那還有什麼獨立性啊[121]！」「世界上都在說蘇、美、中『大三角』。我們不講這個話，我們對自己力量的估計是清醒的，但是我們也相信中國在國際事務裡面是有足夠分量的[122]。」「中國的對外政策是獨立自主的，是真正的不結盟。中國不打美國牌，也不打蘇聯牌，中國也不允許別人打中國牌[123]。」根據這個政策「我們同美蘇兩個超級大國都改善關係，

119 鄧小平：《保持艱苦奮鬥的傳統》，《鄧小平文選》第 3 卷，第 289 頁。
120 鄧小平：《爭取整個中華民族的大團結》，《鄧小平文選》第 3 卷，第 162 頁。
121 鄧小平：《第三代領導集體的當務之急》，《鄧小平文選》第 3 卷，第 311 頁。
122 鄧小平：《在軍委擴大會議上的講話》，《鄧小平文選》第 3 卷，第 128 頁。
123 鄧小平：《維護世界和平，搞好國內建設》，《鄧小平文選》第 3 卷，第 57 頁。

但是他們哪件事做得不對，我們就批評，就不投贊成票。我們不能坐到別人的車子上去。」這種獨立自主的外交政策「最有利於世界和平**124**」，「增強了中國在國際上的地位，增強了中國在國際問題上的發言權**125**」。

其四，堅持睦鄰友好。江澤民對此作了專門的闡述，核心是兩點：（1）「睦鄰友好是我國獨立自主的和平外交政策的重要組成部分，也是中華民族的優秀傳統」，《左傳》就說「親仁善鄰，國之寶也」。（2）在具體做法上，一方面「要從大局出發，堅持原則，加強交流，求同存異，增加信任，發展合作，努力尋求和擴大共同利益的匯合點」；一方面「對於損害我們國家利益的行徑，要堅持原則，進行有理、有利、有節的鬥爭」。總之，「同鄰國的關係搞好了，對國家的利益極大**126**」。

綜上所述，堅持獨立自主的和平外交政策，在和平共處五項原則的基礎上發展同一切國家的友好關係，反對霸權主義和強權政治，支持被壓迫民族和被壓迫人民的正義鬥爭，維護世界和平和促進人類進步，是建設有中國特色社會主義的原則在外交上的體現。

---

124 鄧小平：《拿事實來說話》，《鄧小平文選》第 3 卷，第 156 頁。

125 鄧小平：《在軍委擴大會議上的講話》，《鄧小平文選》第 3 卷，第 128 頁。

126 江澤民：《同周邊國家發展睦鄰友好關係》，《江澤民文選》第 3 卷，第 314、315、314 頁。

第三節 ▶ 自立於世界民族之林

新中國的成立，標誌著「我們的民族將再也不是一個被人侮辱的民族了，我們已經站起來了[127]」。中華民族「既然有能力站起來，就一定有能力永遠巋然屹立於世界民族之林[128]」。綜觀新中國成立以來的歷史，中共是從三方面來努力的。

（一）在政治上探索並堅持走有中國特色的社會主義道路，解決中華民族的奮鬥方向和道路問題

從根本來說，「今天中國所選擇的社會制度和發展道路」，「既有現實的根據，又有歷史的淵源；既符合人類歷史發展的趨勢和時代潮流，又具有中華民族自己的特色；既符合中國人民的根本利益，又有利於世界的和平、穩定、繁榮、進步[129]」。這是中華民族屹立於世界民族之林根本的政治保證。

新中國成立初期，雖然「由於我們沒有管理全國經濟的經驗，所以第一個五年計劃的建設，不能不基本上照抄蘇聯的辦法[130]」，但是反對照搬蘇聯建設經驗，力圖打破蘇聯框框，獨立自主地尋找一條適合中國特點的社會主義新路。蘇聯《政治經濟

---

127 《中國人民站立起來了》，《建國以來毛澤東文稿》第一冊，第6頁。
128 鄧小平：《致中共中央政治局的信》，《鄧小平文選》第3卷，第323頁。
129 江澤民：《增進相互瞭解，加強友好合作》，《江澤民文選》第2卷，第63頁。
130 《讀蘇聯〈政治經濟學教科書〉的談話（節選）》，《毛澤東文集》第8卷，第117頁。

學教科書》有一段話這麼說：「各國的社會主義革命雖然在主要方面和基本方面是一致的，但是它在每一個脫離了帝國主義體系的國家中必然具有自己特別的具體的社會主義建設的形式和方法，這些形式和方法是由每一個國家發展的歷史、民族、經濟、政治和文化條件，人民的傳統，以及某一個時期的國際環境產生的[131]。」毛澤東稱讚「這個提法好[132]」。這就是說，中國的社會主義建設道路是從本國具體實際出發的，「與蘇聯不完全一樣，一開始就有區別[133]」。這一時期的探索，可作如下分析：

其一，中國歷史發展的必然選擇是，「既然是新民主主義革命，它的續篇就只能是社會主義，或者說必然以社會主義為其發展前途」。經過幾年國民經濟的恢復，中共認識到「如果我們不適時地把社會主義改造的任務提到議事日程上來，私人資本主義企業的盲目生產和盲目經營，就會妨礙我國經濟建設有計劃（按比例）地發展；資產階級惟利是圖的本性，就會加劇國營經濟和工人階級之間的矛盾，從而阻礙社會主義經濟成分的順利擴大[134]」，因此決定進行社會主義改造。毛澤東一九五四年九月十五日在全國人大一屆一次會議上宣佈：「我們有充分的信心，克

---

[131] 蘇聯《政治經濟學教科書》（下冊），人民出版社 1959 年版，第 329 頁。

[132] 《讀蘇聯〈政治經濟學教科書〉的談話（節選）》，《毛澤東文集》第 8 卷，第 116 頁。

[133] 鄧小平：《社會主義也可以搞市場經濟》，《鄧小平文選》第 2 卷，第 235 頁。

[134] 薄一波：《若干重大決策與事件的回顧》（上卷），第 227 頁。

服一切艱難困苦，將我國建設成為一個偉大的社會主義共和國。」他堅定地指出：「我們正在做我們的前人從來沒有做過的極其光榮偉大的事業。」「我們的目的一定要達到。」「我們的目的一定能夠達到[135]。」

其二，鄧小平曾經指出：「我國資本主義工商業社會主義改造的勝利完成，是我國和世界社會主義歷史上最光輝的勝利之一。這個勝利的取得，是由於中國共產黨領導全體工人階級執行了毛澤東同志根據我國情況制定的馬克思主義政策，同時，資本家階級中的進步分子和大多數人在接受改造方面也起了有益的配合作用[136]。」這說明，對資本主義工商業的改造是中共具體探索的深刻體現，而其勝利的取得，主要是因為中共把馬克思列寧主義同中國的具體實際結合起來，走自己的社會主義建設道路，也因為大多數資產階級分子在當時的歷史環境下願意接受改造。

的確，中共對資本家的政策不同於蘇聯，即採取的「不是剝奪的政策[137]」，不是把資本家趕走，而是通過國家資本主義形式，把資本主義所有制逐步改變為社會主義的全民所有制。一九五五年十一月，中共中央制定通過《關於資本主義工商業改造問題的決議（草案）》，規定對資產階級改造的態度，「第一是用贖

---

135 《為建設一個偉大的社會主義國家而奮鬥》，《建國以來毛澤東文稿》
　　第四冊，中央文獻出版社 1990 年版，第 554 頁。
136 鄧小平：《新時期的統一戰線和人民政協的任務》，《鄧小平文選》第
　　2 卷，第 186 頁。
137 鄧小平：《社會主義也可以搞市場經濟》，《鄧小平文選》第 2 卷，第
　　235 頁。

第五編・新中國：中國的崛起與中華民族精神的新發展

買和國家資本主義的方法，有償地而不是無償地，逐步地而不是突然地改變資產階級的所有制；第二是在改造他們的同時，給予他們以必要的工作安排；第三是不剝奪資產階級的選舉權，並且對於他們中間積極擁護社會主義改造而在這個改造事業中有所貢獻的代表人物給以恰當的政治安排[138]」。關於資本家及其代理人的處理，毛澤東特別指出資產階級「作為一個階級是要消滅的，但人都包下來。工商業者不是國家的負擔，而是一筆財富，過去和現在都起了積極作用。中國資產階級在經濟上是現代化的，不是手工業的」，因此，「對資本家要解決的兩個問題，一個是物質問題，一個是思想問題。物質問題就是有職有權，有工資可拿，拿到工資能生活。思想問題是要資本家改造自己，發揮他們的作用，不但使用老經驗，而且使得他們能夠發展新經驗。譬如榮毅仁年紀輕輕的，這種人來日方長，還可以學新的經驗[139]」。資產階級作為階級要消滅，作為個人要包下來，發揮他們的作用，這是中共的一大創造。一九五六年底，改造基本完成，實現了馬克思和列寧曾經設想過的對資產階級的和平贖買。整個贖買，共花了三十二點五億人民幣。毛澤東高興地指出：「花這麼點錢，買了一個階級，值[140]！」

　　以上說明，「中國消滅資產階級，搞社會主義改造，非常順

138 蕭心力主編：《毛澤東與共和國重大歷史事件》，人民出版社 2001 年版，第 93 頁。

139 薄一波：《若干重大決策與事件的回顧》（上卷），第 435 頁。

140 蕭心力主編：《毛澤東與共和國重大歷史事件》，第 94 頁。

利，整個國民經濟沒有受任何影響[141]」。改造完成後，中共「創造性地實現了由新民主主義到社會主義的轉變，全面確立了社會主義基本制度，使占世界人口四分之一的東方大國進入了社會主義社會[142]」，一個社會主義的新中國屹立在世界民族之林！

　　然而從一九五八年開始，中共沒有按照中國社會經濟發展規律建設社會主義，而是搞「大躍進」、人民公社。「文化大革命」中又出現「寧要窮的社會主義，不要富的資本主義」極左的錯誤思想，致使社會主義建設遭到重大挫折。不過，這給建設具有中國特色社會主義提供了寶貴的經驗教訓，鄧小平從一九七八年開始認真總結，得出一條真理，即「社會主義要消滅貧窮。貧窮不是社會主義，更不是共產主義[143]」。他強調指出建設社會主義，「要注意學習和借鑒外國經驗」。但是，「照抄照搬別國經驗、別國模式，從來不能得到成功[144]」。「馬克思主義必須是同中國實際相結合的馬克思主義，社會主義必須是切合中國實際的有中國特色的社會主義[145]」。這裡的特色，在如下兩點得到深刻體現：

141 鄧小平：《社會主義也可以搞市場經濟》，《鄧小平文選》第 2 卷，第 235 頁。

142 江澤民：《在慶祝中國共產黨成立八十周年大會上的講話》，《江澤民文選》第 3 卷，第 267 頁。

143 鄧小平：《建設有中國特色的社會主義》，《鄧小平文選》第 3 卷，第 63-64 頁。

144 鄧小平：《中國共產黨第十二次全國代表大會開幕詞》，《鄧小平文選》第 3 卷，第 3 頁。

145 鄧小平：《建設有中國特色的社會主義》，《鄧小平文選》第 3 卷，第 63 頁。

其一，社會主義的本質是發展生產力。鄧小平指出：「我們要發達的、生產力發展的、使國家富強的社會主義。我們相信社會主義比資本主義的制度優越。它的優越性應該表現在比資本主義有更好的條件發展社會生產力[146]。」他強調：「馬克思主義最注重發展生產力」，所以「社會主義階段的最根本任務就是發展生產力，社會主義的優越性歸根到底要體現在它的生產力比資本主義發展得更快一些、更高一些，並且在發展生產力的基礎上不斷改善人民的物質文化生活[147]」。一九九〇年十二月三十日，中共十三屆七中全會明確規定，堅持把發展社會生產力作為社會主義的根本任務，專心致志地搞好現代化建設，不斷提高人民的物質文化生活水準，是建設有中國特色社會主義的一大原則。

其二，堅持以社會主義公有制為主體的多種經濟成分並存的所有制結構和逐步實現共同富裕，是建設有中國特色的社會主義兩大原則。鄧小平指出：「社會主義究竟是個什麼樣子，蘇聯搞了很多年，也並沒有完全搞清楚。」其實，「社會主義有兩個非常重要的方面，一是以公有制為主體，二是不搞兩極分化」，這樣做，就是堅持社會主義。關於前者，「公有制包括全民所有制和集體所有制，現在占整個經濟的百分之九十以上。同時，發展一點個體經濟，吸收外國的資金和技術，歡迎中外合資合作，甚

---

146 鄧小平：《社會主義也可以搞市場經濟》，《鄧小平文選》第 2 卷，第 231 頁。
147 鄧小平：《建設有中國特色的社會主義》，《鄧小平文選》第 3 卷，第 63 頁。

至歡迎外國獨資到中國辦工廠，這些都是對社會主義經濟的補充[148]。關於後者，「鼓勵一部分地區、一部分人先富裕起來，也正是為了帶動越來越多的人富裕起來，達到共同富裕的目的[149]」。「正因為如此，所以我們的政策是不使社會導致兩極分化，就是說，不會導致富的越富，貧的越貧。坦率地說，我們不會容許產生新的資產階級[150]。」一九九四年四月和一九九六年十月，中共中央、國務院先後頒佈《國家扶貧攻堅計畫》《關於儘快解決農村貧困人口溫飽問題的決定》，規定沿海地區對口幫扶西部地區，力爭用七年時間，基本解決農村貧困人口的溫飽問題。

經過多年探索，中共形成了一條建設有中國特色社會主義的基本路線，即：領導和團結全國各族人民，以經濟建設為中心，堅持四項基本原則，堅持改革開放，自力更生，艱苦創業，為把我國建設成為富強、民主、文明的社會主義現代化國家而奮鬥。在它的指引下，中國發展非常快，「人民高興，世界矚目[151]」。

西方國家對社會主義的中國屹立在世界民族之林一直心懷叵

---

148 鄧小平：《改革是中國發展生產力的必由之路》，《鄧小平文選》第 3 卷，第 139、138 頁。

149 鄧小平：《在中國共產黨全國代表會議上的講話》，《鄧小平文選》第 3 卷，第 142 頁。

150 鄧小平：《答美國記者邁克‧華萊士問》，《鄧小平文選》第 3 卷，第 172 頁。

151 鄧小平：《在武昌、深圳、珠海、上海等地的談話要點》，《鄧小平文選》第 3 卷，第 371 頁。

測。在相當長的一段時期裡，孤立和敵視新中國，拒絕承認。從一九七二年起，美國實行接觸政策，企圖對新中國進行「和平演變」。前面所說的一九八九年春夏之交的政治風波就是在這個背景下發生的。美國興高采烈，其前總統尼克森就稱：「如果沒有一九七二年的打開對華關係，就不會有一九八九年天安門廣場的示威遊行[152]。」可見，「不管是採取『遏制政策』還是所謂『接觸政策』，萬變不離其宗，目的都是企圖改變我國的社會主義制度，最終將我國納入西方資本主義體系[153]」。

　　中共對此給予有力的回答。鄧小平堅定地指出：現在的問題是中國的旗幟倒不倒。中國要想旗幟不倒，就只有「沿著自己選擇的社會主義道路走到底」。只要如此，「誰也壓不垮我們。只要中國不垮，世界上就有五分之一的人口在堅持社會主義[154]」。他還強調指出：「如果沒有改革開放的成果，『六四』這個關我們闖不過。」因此，「不堅持社會主義，不改革開放，不發展經濟，不改善人民生活，只能是死路一條。基本路線要管一百年，

152 轉引自徐達深：《論「和平演變」與反對「和平演變」的鬥爭》，當代思潮雜誌社編：《社會主義若干問題講座》，紅旗出版社 1990 年版，第 85 頁。

153 江澤民：《當前的國際形勢和我們的外交工作》，《江澤民文選》第 2 卷，第 197 頁。

154 鄧小平：《改革開放政策穩定，中國大有希望》，《鄧小平文選》第 3 卷，第 321 頁。

動搖不得[155]。」可見,「中國的社會主義是變不了的[156]」,中共「更加堅定不移地把馬克思主義普遍真理同我國具體實際結合起來,走自己的路,建設有中國特色的社會主義[157]」。

(二) 文化上「建設民族的科學的大眾的社會主義文化」,光大中華文化,建設社會主義精神文明

中共認識到,世界各個民族「都有它的長處[158]」,否則就要被消滅,「一個民族只有在努力發展經濟的同時,保持和發揚自己的民族文化特色,才能真正自立於世界民族之林[159]」,究其原因有三:其一,「當今各國特別是大國之間的關係,集中表現為包括經濟實力、科技實力、國防實力、民族凝聚力在內的綜合國力的較量與競爭。這種全球政治和經濟發展的特點,在二十一世紀將持續很長一段時間[160]」。而「文化的力量,深深熔鑄在民族的生命力、創造力和凝聚力之中」,「在綜合國力競爭中的地位

---

155 鄧小平:《在武昌、深圳、珠海、上海等地的談話要點》,《鄧小平文選》第 3 卷,第 371、370 頁。

156 鄧小平:《改革開放政策穩定,中國大有希望》,《鄧小平文選》第 3 卷,第 320-321 頁。

157 江澤民:《新中國四十年歷史的基本結論》,《江澤民文選》第 1 卷,第 69 頁。

158 毛澤東:《同日本國會議員訪華團的談話》,《毛澤東文集》第 6 卷,第 482 頁。

159 江澤民:《宣傳思想戰線的主要任務》,《江澤民文選》第 1 卷,第 507 頁。

160 江澤民:《論黨的建設》,中央文獻出版社 2001 年版,第 418 頁。

和作用越來越突出[161]」。其二,「帝國主義者及其走狗曾經狂妄地企圖抹煞約占全人類四分之一的中國人民在世界上的地位,並且進而抹煞中國歷史在世界歷史上的地位[162]」。因此,「弘揚民族文化是振奮民族精神,提高民族自尊心和自信心,發揚愛國主義精神,頂住一切外來壓力的重要條件[163]」。其三,「在文化方面,各國人民應該根據本民族的特點,對人類有所貢獻[164]」。中國作為「一個具有九百六十萬平方公里土地和六萬萬人口的國家」,「應當對於人類有較大的貢獻[165]」。基於這些看法,中共把中華文化的建設和發揚光大提到前所未有的戰略高度,強調:「我們能不能繼承和發揚中華民族的優秀文化傳統,吸收世界各國的優秀文化成果,建設有中國特色社會主義的文化,這是事關中華民族振興的大問題,事關建設有中國特色社會主義事業取得全面勝利的大問題[166]。」圍繞這一戰略高度,中共確定中華文化建設的是「繼承和發揚中華民族的優秀文化傳統,借鑒世界各國

---

161 江澤民:《全面建設小康社會,開創中國特色社會主義事業新局面》,《江澤民文選》第 3 卷,第 558 頁。
162 《人民日報》1951 年 1 月 1 日社論:《在偉大愛國主義旗幟下鞏固我們的偉大祖國》。
163 李瑞環 1951 年 1 月在全國文化藝術工作情況交流座談會上的講話。
164 毛澤東:《應當充分地批判地利用文化遺產》,《毛澤東文集》第 8 卷,第 226 頁。
165 毛澤東:《紀念孫中山先生》,《毛澤東文集》第 7 卷,第 156-157、157 頁。
166 江澤民:《宣傳思想戰線的主要任務》,《江澤民文選》第 1 卷,第 507 頁。

的優秀文明成果，建設民族的科學的大眾的社會主義文化[167]」。

在這裡，中共提出了「民族的科學的大眾的社會主義文化」的概念。要弄清這個概念的內涵，有必要追述抗戰時期提出的中華民族新文化即「民族的科學的大眾的新民主主義文化」。由於當時中共的主要任務是完成民族獨立，反對日本帝國主義的侵略，毛澤東指出「民族的科學的大眾的文化，就是人民大眾反帝反封建的文化」。「民族的」強調新民主主義文化是「是反對帝國主義壓迫，主張中華民族的尊嚴和獨立的。它是我們這個民族的，帶有我們民族的特性」。新民主主義的文化是「科學的」，因為「它是反對一切封建思想和迷信思想，主張實事求是，主張客觀真理，主張理論和實踐一致的」。「大眾」即「全民族中百分之九十以上的工農勞苦民眾」，他們是民族獨立的主力軍，「大眾的」就指新民主主義文化應為他們服務，「並逐漸成為他們的文化[168]」。在這個文化戰略的指引下，中共完成了新民主主義革命，成立了新中國。

如果說「民族的科學的大眾的新民主主義文化」是民主革命時期的人民大眾反帝反封建的文化，那麼「民族的科學的大眾的社會主義文化」就是當代建設有中國特色的社會主義文化。雖然迄今為止還未看到中共中央對這個文化概念作出專門的闡釋，但

---

167 江澤民：《始終做到「三個代表」是我們黨的立黨之本、執政之基、力量之源》，《江澤民文選》第 3 卷，第 10 頁。

168 毛澤東：《新民主主義論》，《毛澤東選集》第 2 卷，第 708、706、707、708 頁。

是基本含義非常清楚。其中,「大眾的」當然是指社會主義文化是今天全體中國人民的,是為中華民族的發展服務的。這一含義很清晰,毋庸贅述。至於「民族的」「科學的」,可以分別作如下分析:

「民族的」含義有二:其一,建設有中國特色的社會主義文化同新民主主義文化一樣,同樣「是我們這個民族的,帶有我們民族的特性」。毛澤東批評有些人「看不起自己國家的文化遺產,拼命地去抄襲西方[169]」,指出「說中國民族的東西沒有規律,這是否定中國的東西,是不對的」,強調「中國的語言、音樂、繪畫,都有它自己的規律」。他以音樂為例指出,雖然「音樂可以採取外國的合理原則,也可以用外國樂器」,但是「作曲不能照抄外國」,「總要有民族特色,要有自己的特殊風格,獨樹一幟」,「作為中國人,不提倡中國的民族音樂是不行的[170]」。其二,學習其他國家、民族的優秀文化,是要「用來改進和發揚中國的東西」,「創造出中國自己的、有獨特的民族風格的東西」。毛澤東指出,「中國的和外國的要有機地結合,而不是套用外國的東西」,這猶如「學外國織帽子的方法要織中國的帽子[171]」。他強調「各國文化有共同點但也有差別。共同點是

---

169 毛澤東:《應當充分地批判地利用文化遺產》,《毛澤東文集》第 8 卷,第 226 頁。

170 毛澤東:《同音樂工作者的談話》,《建國以來毛澤東文稿》第六冊,中央文獻出版社 1992 年版,第 175、176、175-176、176 頁。

171 毛澤東:《同音樂工作者的談話》,《建國以來毛澤東文稿》第六冊,第 181、183、181 頁。

都在同一時代，都處於二十世紀的下半個世紀，總有共同點。但是如果大家都畫一樣的畫，都唱一樣的曲調，千篇一律就不好了，就沒有人看，沒有人聽，沒有人欣賞[172]」。鄧小平要求文藝工作者「認真鑽研、吸收、融化和發展古今中外藝術技巧中一切好的東西，創造出具有民族風格和時代特點的完美的藝術形式[173]」。

「科學的」，除了同新民主主義文化中所講的具有一致性外，還特指科學技術。在這個問題上，中共強調兩點：其一，由於我們中國「還是經濟落後、文化落後的國家[174]」，要改變這種落後狀態，就「要學習每個民族的長處」即科學技術，中國的發展和進步，離不開世界各國的文明成果。毛澤東指出：「尖端科學，蘇聯、美國、英國有，我們沒有，這就要向它們學習。」他還特別指出：「我不是反對西方的一切，而只是反對那些帝國主義壓迫人、欺侮人的東西。它們的文化科學我們要學習[175]。」鄧小平指出：「科學技術是人類共同創造的財富。任何一個民族、一個國家，都需要學習別的民族、別的國家的長處，學習人家的

---

172 毛澤東：《應當充分地批判地利用文化遺產》，《毛澤東文集》第 8 卷，第 226 頁。

173 鄧小平：《在中國文學藝術工作者第四次代表大會上的祝詞》，《鄧小平文選》第 2 卷，第 212 頁。

174 毛澤東：《同日本國會議員訪華團的談話》，《毛澤東文集》第 6 卷，第 482 頁。

175 毛澤東：《中尼邊界要永遠和平友好》，《毛澤東文集》第 8 卷，第 158、159 頁。

先進科學技術。我們不僅因為今天科學技術落後，需要努力向外國學習，即使我們的科學技術趕上了世界先進水準，也還要學習人家的長處[176]」。其二，學習外國先進科學技術，是建設有中國特色的社會主義、使中華民族永遠屹立於世界民族之林的必然要求。這就是說，「社會主義要贏得與資本主義相比較的優勢，就必須大膽吸收和借鑒人類社會創造的一切文明成果，吸收和借鑒當今世界各國包括資本主義發達國家的一切反映現代社會化生產規律的先進經營方式、管理方法[177]」，以增強中華民族自力更生的能力，加快中國的發展。

由此可見，這樣一種具有中國特色的社會主義文化是前所未有的，是先進文化的代表。為建設這種文化，中共確立了一條基本原則，即「牢牢把握中國先進文化的發展趨勢和要求，堅持以馬克思列寧主義、毛澤東思想、鄧小平理論為指導[178]」，「繼承發揚民族優秀傳統文化而又充分體現社會主義時代精神，立足本國而又充分吸收世界文化優秀成果[179]」。根據這一原則，中共一方面努力繼承傳統優秀文化，推陳出新，與時俱進。毛澤東指

---

176 鄧小平：《在全國科學大會開幕式上的講話》，《鄧小平文選》第 2 卷，第 91 頁。
177 鄧小平：《在武昌、深圳、珠海、上海等地的談話要點》，《鄧小平文選》第 3 卷，第 373 頁。
178 江澤民：《在慶祝中國共產黨成立八十周年大會上的講話》，《人民日報》2001 年 7 月 2 日第 1 版。
179 江澤民：《在慶祝中國共產黨成立 70 周年大會上的講話》，《人民日報》1991 年 7 月 2 日第 1 版。

出，文化的民族化是要用現代科學的觀點整理中華文化遺產[180]，使之現代化。他舉例說：「軍樂隊總不能用嗩吶、胡琴，這等於我們穿軍裝，還是穿現在這種樣式的，總不能把那種胸前背後寫著『勇』字的褂子穿起。民族化也不能那樣化[181]。」江澤民也指出，「對民族傳統文化要取其精華、去其糟粕，並結合時代的特點加以發展，推陳出新，使它不斷發揚光大[182]」。另一方面，「立足於建設有中國特色社會主義的實踐，著眼於世界科學文化發展的前沿，不斷發展健康向上、豐富多彩的，具有中國風格、中國特色的社會主義文化[183]」。這就是說，學習世界文化，並不是要重複先進文化產生、發展的道路，而是要緊跟時代發展，以世界眼光，「把世界一切先進技術、先進成果作為我們發展的起點[184]」，「使我們自己的東西有一個躍進[185]」。同時，學習必須立足於國情，取其精華，去其糟粕，抵禦腐朽思想的影響，批判地吸收。鄧小平特別強調：「閉關自守、故步自封是愚蠢的。但

180 毛澤東：《應當充分地批判地利用文化遺產》，《毛澤東文集》第 8 卷，第 226 頁。
181 毛澤東：《同音樂工作者的談話》，《建國以來毛澤東文稿》第六冊，第 176 頁。
182 江澤民：《在慶祝中國共產黨成立 70 周年大會上的講話》，《人民日報》1991 年 7 月 2 日第 1 版。
183 江澤民：《在慶祝中國共產黨成立八十周年大會上的講話》，《人民日報》2001 年 7 月 2 日第 1 版。
184 鄧小平：《實現四化，永不稱霸》，《鄧小平文選》第 2 卷，第 111 頁。
185 毛澤東：《同音樂工作者的談話》，《建國以來毛澤東文稿》第六冊，第 183 頁。

是，屬於文化領域的東西，一定要用馬克思主義對它們的思想內容和表現方法進行分析、鑒別和批判[186]。」

總之，堅持以馬列主義、毛澤東思想為指導，繼承和發揚祖國優秀文化遺產，借鑒和吸收世界上一切優秀文化成果，不斷提高全民族的思想道德和文化素質，建設社會主義精神文明，是建設有中國特色社會主義在文化上的體現。對於中華民族在文化上屹立於世界民族之林，中共充滿信心。江澤民在新中國成立五十周年慶祝大會上就指出，在過去五千年的歷史長河中「中華民族以自己的聰明才智和卓越創造，為世界文明作出了不可磨滅的貢獻」，「在新的千年中，中華民族必將以自己新的燦爛成就，為世界文明作出更大貢獻[187]」。

（三）「中國必須在世界高科技領域佔有一席之地」，走一條具有中國特色的科技強國之路

中共認識到，科學技術在綜合國力中「是關係我們的國防、經濟和文化各方面的有決定性的因素[188]」。而高科技的發展如何，不但「反映一個民族的能力，也是一個民族、一個國家興旺發達的標誌」。因此，中共極為強調「過去也好，今天也好，將

---

186 鄧小平：《黨在組織戰線和思想戰線上的迫切任務》，《鄧小平文選》第 3 卷，第 44 頁。

187 江澤民：《在慶祝中華人民共和國成立五十周年大會上的講話》，《江澤民文選》第 2 卷，第 419 頁。

188 周恩來：《關於知識分子問題的報告》，《周恩來選集》（下卷），第 181 頁。

來也好，中國必須發展自己的高科技，在世界高科技領域佔有一席之地[189]」，否則中華民族也不能屹立於世界民族之林。

二十世紀五六十年代，科學技術發展的緊迫性任務擺在中共面前：一方面，中國的科學技術極為落後，一九五二年底全國總人口五點七五億人中僅有科技人員四十二點五萬人，科學研究人員僅有八千人[190]！另一方面，核武器是美國政府在新中國面前晃來晃去的王牌。一九五〇年十一月，杜魯門揚言要在朝鮮戰場上使用核武器。一九五五年，艾森豪宣稱如果遠東發生戰爭，美國當然要使用某些小型戰術核武器。接著，美蘇兩個超級大國展開太空競爭。一九五七年十月四日和十一月三日，蘇聯連續發射兩顆衛星。一九五八年一月三十一日，美國的第一顆人造衛星上天。一九六一年四月十二日，蘇聯東方1號載人飛船首發升空，宇航員尤里·加加林成為世界上第一個進入太空的人類！一九六九年七月二十日，美國阿波羅11號飛船在月球表面成功著陸，太空人阿姆斯壯和奧爾德林第一次將人類的腳印留在月球上。這一切，給中共以極大觸動。毛澤東感慨地指出：我們怎能算是強國？我們甚至無法將一顆土豆送上太空！他強調世界格局和科學的發展使我們進入了「鑽現代化的國防，並且開始要鑽原子能這樣的歷史新時期」，「現在到時候了，該抓了[191]」。

189 《中國必須在世界高科技領域佔有一席之地》，《鄧小平文選》第3卷，第279頁。

190 薄一波：《若干重大決策與事件的回顧》（上卷），第499頁。

191 薄一波：《若干重大決策與事件的回顧》（上卷），第500、499頁。

中共第一代領導集體向科學進軍有兩項重大部署，即一九五六年一月召開的知識分子會議和《1956-1967年科學技術發展遠景規劃》。毛澤東在會議上宣佈「要有計劃地在科學技術上趕超世界水準[192]」。他發出號召：「我們需要知識，需要發展科學，強大科學的隊伍，六億人口的中國人，應當有那樣的志氣，在短期內變為有高度科學水準的國家[193]。」根據毛澤東的指示，國務院制定了「12年科技規劃」。周恩來指出：「必須按照可能和需要，把世界科學的最先進的成就盡可能迅速地介紹到我國的科學部門、國防部門、生產部門和教育部門中來，把我國科學界所最短缺而又是國家建設所最急需的門類盡可能迅速地補足起來，使十二年後，我國這些門類的科學和技術水準可以接近蘇聯和其他世界大國[194]。」這是制定科技發展遠景規劃的指導思想，其中心是瞄準世界高科技，「重點發展，迎頭趕上」。據此制定的「12年科技規劃」，確定了十二個重點項目，即：「（1）原子能的和平利用；（2）電子學方面的半導體、超高頻技術、電子電腦、遙控技術；（3）噴氣技術；（4）生產過程自動化和精密儀器；（5）石油等奇缺資源的勘探，開礦基地的確定；（6）建立我國自己的合金系統，探尋新冶金技術；（7）綜合利用燃料，發展重有機合成；（8）新型動力機械和大型機械；（9）黃河、長江

---

192 薄一波：《若干重大決策與事件的回顧》（上卷），第507頁。
193 《楊尚昆日記》（上），第231頁。
194 周恩來：《關於知識分子問題的報告》，《周恩來選集》（下卷），第184頁。

的綜合開發；（10）農業的化學化、機械化和電氣化；（11）危害人民健康最大的幾種主要疾病的防治和消滅；（12）自然科學中若干重要的基本理論問題[195]。」

這兩項重大部署的實施，使新中國取得了巨大的科技成果，其標誌就是「兩彈一星」。鄧小平一針見血地指出：「如果六十年代以來中國沒有原子彈、氫彈，沒有發射衛星，中國就不能叫有重要影響的大國，就沒有現在這樣的國際地位。這些東西反映一個民族的能力，也是一個民族、一個國家興旺發達的標誌[196]。」

對於在國際上被威脅、孤立和封鎖的中國來說，只有先發展國防科技，發展「兩彈一星」，才能爭取有利的和平環境。毛澤東下決心搞核武器，指出：「我們現在工業、農業、文化、軍事還都不行，帝國主義估量你只有那麼一點東西，就來欺負我們。他們說『你有幾顆原子彈？』但他們對我們的估計有一條是失算的，就是中國現在的潛在力量將來發揮出來是驚人的[197]。」他強調：我們「不但要有更多的飛機和大炮，而且還要有原子彈。在今天的世界上，我們要不受人家欺負，就不能沒有這個東西[198]」。蘇美衛星先後上天后，毛澤東在一九五八年五月十七日

195 薄一波：《若干重大決策與事件的回顧》（上卷），第 513 頁。
196 鄧小平：《中國必須在世界高科技領域佔有一席之地》，《鄧小平文選》第 3 卷，第 279 頁。
197 毛澤東：《在國防委員會第一次會議上的講話》，《毛澤東文集》第 6 卷，第 357 頁。
198 毛澤東：《論十大關係》，《毛澤東文集》第 7 卷，第 27 頁。

的中共八大二次會議上又宣佈：「蘇聯去年把衛星拋上了天，美國在幾個月前也把衛星拋上了天。那麼，我們怎麼辦？」「我們也要搞人造衛星！」

新中國的核技術發展，最初得到蘇聯的一些幫助。但在進行中，蘇聯一九五九年六月以「中國生產核武器會和其他國家生產核武器一樣給西方以藉口」為由，單方面撕毀一九五七年十月簽訂的中蘇兩國國防新技術協定，拒絕向中國提供原子彈樣品和生產原子彈的技術資料，致使正在施工的專案成為半截子工程，已經安裝的設備運轉不起來。國際輿論指出，蘇聯此舉是對中國核工業的毀滅性打擊。這更加激發了中共的志氣和信心，毛澤東沉重地指出：「科學技術這一仗，一定要打，而且必須打好[199]。」他堅信，中國人民有志氣，有能力，一定要在不遠的將來，趕上和超過世界先進水準！

一九六年八月二十日，主管國防工業的聶榮臻作出《導彈、原子彈應堅持攻關的報告》，指出完全有可能在三五年內突破。一九六二年九月，第二機械工業部向中共中央提交軍令狀《關於自力更生建設原子能工業情況的報告》，爭取在一九六四年最遲一九六五年上半年實現第一顆原子彈爆炸的奮鬥目標。一九六二年十月，中共中央成立一個由總理、七名副總理、七名政府和軍隊部長級幹部共十五名組成的專門委員會。從這時起，原子彈工

---

[199] 《不搞科學技術，生產力無法提高》，《毛澤東文集》第 8 卷，第 351 頁。

程成為打通一切環節、讓所有專案為其讓步、暢通全國上下的
「綠燈戶」。一批優秀科學家朱光亞、鄧稼先、周光召等和數十
名大學畢業生在艱難困苦的環境下開展了原子彈研究工作。參加
研究的科學家孫清和回憶指出「艱苦」二字有著深刻的含義：其
一，任務艱苦。「那時候我國的原子能事業幾近空白，再加上蘇
聯單方面撕毀合同，中斷了計畫中的技術援助。」很難想像，安
裝在我國第一顆原子彈裡的精密零部件的形狀和體積，竟然是靠
那些簡單的手搖計算器甚至算盤計算出來的。更難想像的是，當
時試驗的工具，居然是我們日常生活中所使用的盆盆罐罐。其
二，生活艱苦。「工作開始的第一年頭，他們工作、生活的環境
連起碼的取暖設備都沒有，這在北京的隆冬之苦，自不待言。第
二、第三個年頭，又適逢我國三年自然災害，食品供應與北京市
民一樣，半數工作人員因營養不良而浮腫之情景無需贅述。」「就
是在這雙重艱苦的工作環境下，他們通宵達旦，每天工作十二個
小時，緊張階段高達十六個小時，根本沒有休息日。可以說，夜
以繼日的工作，在不折不扣的執行著毛澤東主席的『我看我國搞
一點原子彈、氫彈有十年工夫完全可能』的時間表[200]。」

　　一九六四年十月十六日 14 時 59 分 50 秒，原子彈爆炸。一
九六五年元旦，毛澤東對建設核研製與試驗基地的工程兵司令陳

---

200 孫清和：《難忘的日日夜夜——記 1958 年在北京開始的原子彈研究設
計工作》，《北京文史資料》第 53 輯，北京出版社 1996 年版，第 167-
168 頁。

士榘、原子彈爆炸現場總指揮張愛萍說：「我們中國人說話開始算數了，你們都立了大功[201]！」接著，毛澤東提出要求：原子彈要有，氫彈也要有。一九六七年六月十七日，氫彈爆炸。「美蘇兩國由擁有原子彈到爆炸氫彈，都用了十年時間，而我們只用了三年[202]。」在艱苦環境下打破蘇美兩個超級大國的核訛詐、核壟斷，具有特別的意義，這正如鄧小平所指出的：「蘇聯撕毀合同很好，不然，說不清。今天我們應給赫魯雪夫一個一噸重的獎章[203]。」

接著，中華民族的空間技術有了質的突破。酒泉衛星發射中心，「是我國航太事業的發祥地，也是向世界展示我國經濟實力、國防實力、民族凝聚力的一個重要視窗[204]」：一九六〇年九月十日，在這裡首次成功發射近程彈道導彈；一九七〇年四月二十四日，中國第一顆人造地球衛星「東方紅一號」在這裡升空；一九七一年三月三日，中國第一顆科學實驗人造地球衛星發射成功；一九七五年，又發射了科學探測和技術試驗衛星，並掌握了衛星回收技術。

這樣，以「兩彈一星」為標誌的中國高科技發展階段告一段

---

201 《從井岡山走進中南海：陳士榘將軍回憶毛澤東》，中共中央黨校出版社 1993 年版，第 316 頁。
202 薄一波：《若干重大決策與事件的回顧》（上卷），第 516 頁。
203 孫清和：《難忘的日日夜夜——記 1958 年在北京開始的原子彈研究設計工作》，《北京文史資料》第 53 輯，第 168 頁。
204 江澤民：《加快我國航太事業發展步伐》，《江澤民文選》第 3 卷，第 469 頁。

落。溫家寶指出：「『12 年科技規劃』的實施，產生了以『兩彈一星』為標誌的一系列重大成果，創造了我國科技發展史上輝煌燦爛的篇章，極大地振奮了民族精神，提高了我國的國際地位，同時也為我國凝聚和培養了大批一流科學家[205]。」

進入二十世紀八〇年代以來，科學技術競爭更為激烈，各主要大國「都在調整自己的發展戰略，把發展現代技術尤其是高技術作為增強綜合國力和國防實力的關鍵措施」。如果一個國家「在現代技術尤其是高技術條件下的作戰能力不強，一旦戰爭發生，往往陷於被動挨打的地位，國家利益、民族尊嚴和國際威望就要受到極大損害[206]」。新一輪的高科技競爭，又一次擺在中共的面前。

中共第二代領導集體清楚地認識到雖然「文革」期間中國努力排除干擾，取得了發射人造地球衛星這樣的技術，但是中國科技發展與世界先進國家相比不是縮小而是拉大了。隨著「文革」的結束和思想大解放，中共吹響新一輪向科學技術現代化進軍的號角。一九七八年三月，中國召開全國科學大會。鄧小平指出「我們現在在科學技術方面的創造，同我們這樣一個社會主義國家的地位是很不相稱的」，提出必須「迅速掌握世界最新的科學技術」，「要有一支浩浩蕩蕩的工人階級的又紅又專的科學技術

---

[205] 溫家寶：《認真實施科技發展規劃開創我國科技發展的新局面》，《求是》2006 年第 3 期，第 4 頁。
[206] 江澤民：《國際形勢和軍事戰略方針》，《江澤民文選》第 1 卷，第 285 頁。

大軍，要有一大批世界第一流的科學家、工程技術專家[207]」。一九八六年十一月，中共中央、國務院批准實施《高技術研究發展計畫綱要》，選擇對中國未來經濟和社會發展具有重大影響的生物技術、航太技術、資訊技術、先進防禦技術、自動化技術、能源技術和新材料技術等一些領域作為突破重點，在幾個重要的高新技術領域跟蹤和領先世界水準。一九八八年九月，鄧小平提出了「科學技術是第一生產力」的著名論斷，強調「世界在變化，我們的思想和行動也要隨之而變」，認為「馬克思講過科學技術是生產力，這是非常正確的，現在看來這樣說可能不夠，恐怕是第一生產力[208]」。這標誌中共隨著世界形勢的變化，「對科學技術在經濟社會發展中的地位和作用的認識有了新的飛躍[209]」。新一輪進軍號角吹響後短短的十餘年，中國取得了一系列可喜成就。

其一，在太空領域，中國發射衛星的成功率很高：一九八一年九月二十日，中國首次成功用一枚火箭發射了三顆空間物理探測衛星，這使中國繼美、蘇、法三國之後成為第四個掌握一箭多星發射技術的國家。一九八四年四月八日，中國成功發射第一顆同步定點試驗通信衛星，這使中國成為世界上第五個自行發射地

---

207 鄧小平：《在全國科學大會開幕式上的講話》，《鄧小平文選》第 2 卷，第 90、91 頁。

208 鄧小平：《科學技術是第一生產力》，《鄧小平文選》第 3 卷，第 274、275 頁。

209 江澤民：《提高全民族的科學素質》，《江澤民文選》第 2 卷，第 491 頁。

球靜止軌道衛星的國家。一九八八年九月七日，中國成功發射第一顆氣象衛星「風雲一號」，這標誌中國的航太技術應用達到國際先進水準。

其二，「在以電腦為代表的不少資訊技術領域，都有處於世界領先水準的成果[210]」：一九八三年十二月，中國第一個巨型機系統「銀河」超高速電子電腦系統研製成功，這使中國跨入世界研製巨型電子電腦行列。一九八五年十月十五日，中國第一台全數字模擬電腦誕生，這使中國較早地進入世界研製全數字模擬電腦的行列。一九八六年下半年，中國第一台海洋機器人「海人一號」通過試驗，其功能和控制系統已和世界水準相當。

其三，特別值得一提的是，一九八八年十月十六日的正負電子對撞機成功實現電子對撞，這是繼「兩彈一星」之後中國科技史上又一重大成就，標誌著中國的加速器技術進入世界先進行列。

這一系列成就奠定了中國的國際地位。鄧小平一九九〇年特別指出：「中國人是很聰明的，雖然科學家研究條件差，生活待遇不高，但他們還是取得了很大成績」，中國「現在已經是一個政治大國了[211]」！

自二十世紀九〇年代，特別是進入新世紀以來，第三輪向科

---

210 江澤民：《機械化和資訊化是我軍建設的雙重歷史任務》，《江澤民文選》第 3 卷，第 163 頁。

211 鄧小平：《振興中華民族》，《鄧小平文選》第 3 卷，第 358 頁。

學技術進軍的號角吹響，其特點是：其一，立足自身，緊抓科技創新。由於「國際競爭從根本上說是科技的競爭，是自主創新能力的競爭[212]」，由於「科技創新越來越成為當今社會生產力解放和發展的重要基礎和標誌，越來越決定著一個國家、一個民族的發展進程。如果不能創新，一個民族就難以興盛，難以屹立於世界民族之林」，中共中央強調「必須把以科技創新為先導促進生產力發展的質的飛躍，擺在經濟建設的首要地位」，指出：「我國是一個發展中的社會主義大國，在一些戰略性、基礎性的重大科技項目上，必須依靠自己，必須擁有自主創新能力和自主智慧財產權。不能靠別人，靠別人是靠不住的[213]。」其二，著眼於國家安全保障和軍事威懾力量，把科教興國戰略放在十分突出的戰略位置，「下大氣力把一些『殺手鐧』武器裝備搞上去，推進科技強軍[214]」。從美國對伊拉克的海灣戰爭中，中共認識到「雖然世界大戰一下子打不起來，但這個世界並不太平」，「我們不能缺少國防觀念這根弦[215]」，必須「抓住幾個真正具有決定性意義的項目，儘快形成我們自己的高技術武器裝備的『殺手

---

212 溫家寶：《認真實施科技發展規劃開創我國科技發展的新局面》，《求是》2006 年第 3 期，第 3 頁。
213 江澤民：《加強技術創新》，《江澤民文選》第 2 卷，第 392、396 頁。
214 江澤民：《在新世紀把建設有中國特色社會主義事業繼續推向前進》，《江澤民文選》第 3 卷，第 125 頁。
215 江澤民：《關於軍事戰略方針和國防科技問題》，《江澤民文選》第 1 卷，第 142 頁。

鋼[216]』」。

　　在這一背景下，國務院從二〇〇三年六月開始組織制定了指導未來十五年中國科技發展的綱領性檔——《國家中長期科學和技術發展規劃綱要》，以「自主創新、重點跨越、支撐發展、引領未來」為指導方針，規定以下五個為戰略重點，迎接挑戰：「一是把發展能源資源和環境保護技術放在優先位置」；「二是把掌握裝備製造業和資訊產業核心技術的自主智慧財產權，作為提高我國產業競爭力的突破口」；「三是把生物技術作為未來高技術產業迎頭趕上的重點」；「四是加快發展空天和海洋技術」；「五是加強基礎科學和前沿技術研究[217]」。

　　太空是「幾個真正具有決定性意義的項目」之一。中國第一顆人造地球衛星上天後，中共曾打算發展載人航太事業，毛澤東最終認為先把地球上的事搞好，地球外的事往後放放。周恩來解釋說：我們不與蘇美搞太空競賽，要搞國家建設急需的應用衛星。但是在新時期，情況大為不同，中共認識到「太空將成為國際軍事競爭新的戰略制高點」，「美俄等軍事大國大力發展軍用航空航太技術和空間戰武器系統，加強太空戰場建設，推動太空軍事力量向空天一體、攻防兼備的方向發展[218]」，中國如果在這

216 江澤民：《走出一條投入較少、效益較高的軍隊現代化建設的路子》，《江澤民文選》第 2 卷，第 269 頁。

217 溫家寶：《認真實施科技發展規劃開創我國科技發展的新局面》，《求是》2006 年第 3 期，第 4、6 頁。

218 江澤民：《論中國特色軍事變革》，《江澤民文選》第 3 卷，第 581 頁。

方面不能走在世界前列，必將受制於人。因此，大力發展航空航太事業，不僅是重大科技專案攻關，而且是中國特色軍事變革之一，中共決定「以載人航太、軌道空間站、天地往返運輸系統等先進空天技術開發為重點，加強空間資源開發利用[219]」。

在此戰略決策下，中國取得可喜成就。一九九九年十一月二十日，成功發射第一艘神舟試驗飛船。二〇〇三年十月十五日，「神舟五號」載人飛船，飛上太空。這使中國成為世界上第三個獨立掌握載人航太技術的國家，「標誌著我國在載人航太技術領域又邁出了堅實的一步，實現了新的突破[220]」。二〇〇五年十月十二日，「神舟六號」載人飛船以其新的突破性成就發射成功！其意義非常重大，胡錦濤指出：「我們僅用兩年時間就實現了從神舟五號『一人一天』航太飛行到神舟六號『多人多天』航太飛行的重大跨越，標誌著我國在發展載人航太技術方面取得了又一個具有里程碑意義的重大勝利。」這不但「是我國改革開放二十多年來綜合國力不斷增強、科技水準不斷提高的重要體現」，並且「再一次雄辯地向世人昭示：勤勞智慧的中國人民有志氣、有信心、有能力屹立於世界先進民族之林，有志氣、有信心、有能力在攀登現代科技高峰的道路上不斷創造非凡的業績[221]」。

219 溫家寶：《認真實施科技發展規劃開創我國科技發展的新局面》，《求是》2006 年第 3 期，第 6 頁。

220 江澤民：《加快我國航太事業發展步伐》，《江澤民文選》第 3 卷，第 469 頁。

221 胡錦濤：《神六昭示中華民族有能力屹立於世界先進民族之林》，新華社北京 2005 年 11 月 26 日電。

綜上所述，中共在政治上努力探索出一條有中國特色的社會主義建設之路，確保一個社會主義的中國永遠屹立在世界東方。在文化上繼承和發揚民族文化優良傳統，學習他國優秀文化，建設「民族的科學的大眾的社會主義文化」。在科學技術尤其是高科技方面，不斷吹響進軍的號角，有力應付外來挑戰，使中華民族在國際競爭中永遠立於不敗之地。這三個方面相互聯繫，不可分割，向世人有力彰顯了中華民族「既然有能力站起來，就一定有能力永遠巋然屹立於世界民族之林[222]」。

222 鄧小平：《致中共中央政治局的信》，《鄧小平文選》第 3 卷，第 323 頁。

歷史視野下的中華民族精神　下冊

— 第二十五章 —
開拓創新、走向世界

　　中國人的生活環境和生活方式陶冶了中國文化的實用理性。它表現出兩種傾向：一是保守的。當生活狀態比較穩定時，傾向於保持以往的生存方式、價值觀念，缺少西方文化純粹理性的思考（即對與社會生活沒有直接關係的自然界本身內在規律的細緻觀察概括，並由之產生深刻的認識和嚴謹的邏輯思維），因而不容易產生科學思想及其革命。董仲舒說「天不變，道亦不變」，是這種傾向的典型表述；自秦至清，兩千年大一統封建皇權制度一成不變，社會經濟發展遲緩，自漢代至清末儒家思想作為各朝的意識形態或主流價值觀念一直沒有實質改變，是這種保守性的社會和文化表現。二是進取的。一方面，人們在既定的自然環境、社會秩序下，為求得衣食豐足或滿足情趣，不時要改進生產工具和生活觀念，因而有技術層面的創造革新，如四大發明、地動儀、圓周率、中醫療法，以及散文、賦、駢文、詩、詞、曲、小說等文學形式和書法、繪畫、陶瓷工藝、剪紙、雜技等藝術，乃至茶道、飲食等的技藝改進；另一方面，當自然和社會環境較大變動時，中國人較少受西方文化特別是宗教意識中神聖的價值原則束縛，傾向於根據變動的形勢，適應變化的需要，提出變化的主張，推動思想觀念、生產方式以至社會制度更新。從周代封

建制到秦郡縣制的變化，不同時期土地制和稅收方式的變化，文化上從百家爭鳴到獨尊儒術，從儒學到理學、再到漢學考據的變化，體現了國人在不同時代不同領域創新的努力。尤其是近代以來，西力東侵，西學東漸，造成深重的民族恥辱感，同時也打開了國人眼界，激發國人洗刷恥辱，趕超先進，走向世界的願望，促進一代代有志之士為救國救民、更新民族生命、推動社會進步、重振大國雄風，銳意維新、革命、創造、改革，不停探索民族獨立、富強和現代化道路。新中國的成立是在這一百多年國人思想更新進步的大背景下中國共產黨領導人民探索奮鬥創新的偉大結晶，她也為創新精神的進一步發揚提供了現代舞臺和環境。

第一節 ▶「創新是一個民族進步的靈魂」

新中國的締造者和塑造者——中國共產黨是以創新的科學理論為指導，有著創新的政治理想目標的現代政黨。黨的指導思想馬克思主義是人類歷史上集科學性、革命性、實踐性於一身，將歷史、現實和未來，政治、經濟與文化，理論、實際和行動完整結合在一起的科學的世界觀和方法論。它的這些特性無不帶著創新的要求。正是這種創新品格產生了列寧主義和科學社會主義在俄國的偉大實踐；也正是在馬克思列寧主義指導下，產生了中國共產黨。中國共產黨以實事求是的科學態度，創造性地將馬克思主義運用於中國實踐，領導人民大眾奪取了反帝反封建的新民主主義革命勝利。黨的目標是要在中國實現人類的崇高理想共產主

義。這是前無古人的偉大事業，需要不斷探索、開拓，這決定了創新對於這個政黨的重要性。翻閱中國共產黨的文獻，「革命」「進步」「改革」「創新」一直是最為活躍、崇高、神聖的名詞。在中國歷史上沒有哪一個時代、哪一個政治組織或社會組織，像中國共產黨一樣具有這樣積極的主動的鮮明的創新意識。

這種積極主動鮮明的創新意識首先集中體現在黨的幾代領導者的身上及其創造的馬克思主義中國化理論上。

毛澤東青少年時期就經歷了近現代中國重大深刻的歷史變動。他在家鄉湖南受到注重經世致用的湖湘文化薰陶，也受宋明理學影響，注重實踐，同時強調「心力」。這些傳統文化的因素與辯證的歷史唯物主義相結合，構成他獨特的哲學思維體系和價值取向特徵。他堅持實事求是，但強調發揮人的主觀能動作用，善於一分為二看問題，但強調暴露事物的矛盾，重視對抗及鬥爭在事物發展中的地位，反對平衡調和。這一思維結構使他具有強烈的創新意識。在中國共產黨內，他最早宣導實事求是，把馬克思主義普遍真理運用於中國實際，解決中國問題，開創中國的發展道路。對於新中國，早在二十世紀四〇年代他闡述新民主主義理論時就提出，它首先應當成為一個新民主主義的國家。它的政治形態、經濟形態、文化形態都呈現新民主主義特點、具有新民主主義內涵，不同於歐美資產階級民主主義，也不同於蘇聯社會主義。新中國成立後，他根據三年國民經濟恢復各方面工作取得完滿成果的大好形勢，果斷提出向社會主義過渡，積極推動這項工作在三年半時間裡提前完成。其後，他根據蘇聯和國際共產主義運動中出現的問題，創造性地提出了社會主義社會矛盾理論。

指出社會主義社會仍存在「生產關係和生產力之間」，「上層建築和經濟基礎之間」的「根本矛盾」，長期存在「社會生產和社會需要之間的矛盾」，存在「敵我之間」和「人民內部」兩類不同性質的矛盾，存在「資產階級意識形態」「國家機構中某些官僚主義作風」「國家制度中某些環節上缺陷」與「社會主義經濟基礎」的矛盾。要發展生產，批判資產階級意識形態、加強執政黨建設、反對官僚主義，解決這些矛盾；要用批評—團結—批評的公式和「懲前毖後，治病救人」的方針解決人民內部矛盾；要把解決人民內部矛盾作為國家政治生活中的一件大事；等等[1]。這些思想豐富了馬克思主義關於社會主義社會矛盾的思想，為中國共產黨建立社會主義制度後承認社會矛盾、積極解決矛盾、推動社會繼續發展提供了理論指導和方法原則。此外，毛澤東和劉少奇、周恩來、陳雲等還在執政黨建設，統一戰線理論與策略、中國社會主義建設道路和發展階段與戰略，以及社會主義經濟、政治、文化、國防建設與對外關係等多領域提出許多創新思想主張[2]。這些思想有些在實踐中取得巨大成就，推動了社會政治經濟文化發展，有些沒有認真貫徹落實，有些則引發了一些社會矛盾，甚至造成長時期的社會動亂。應當承認，創新和探索的成功

1　參見毛澤東：《關於正確處理人民內部矛盾的問題》，《毛澤東文集》第 7 卷，第 204、214、215 頁。
2　參見教育部社會科學研究與思想政治工作司組編：《毛澤東思想概論》，高等教育出版社 2003 年版；張靜如主編：《毛澤東思想概論》，高等教育出版社 1993 年版；沙健孫主編《毛澤東思想概論》，北京出版社 1999 年版。

常以失敗為代價，自然科學研究和科技創新如此，社會科學研究和制度建設與社會管理的創新也如此。

鄧小平作為黨的第一代領導集體成員和第二代領導核心，曾多年在黨內擔任秘書長職務[3]，這使他更傾向於務實，注重效果。在新中國歷史轉折時期，他痛感二十年「左」傾教條主義、個人迷信的危害，指出：「馬克思主義理論從來不是教條，而是行動的指南。它要求人們根據它的基本原則和基本方法，不斷結合變化著的實際，探索解決新問題的答案，從而也發展馬克思主義理論本身[4]。」為此，他倡導解放思想，批判「兩個凡是」，走出對毛澤東個人的崇拜迷信，將黨的路線從「以階級鬥爭為綱」轉向以經濟建設為中心，堅持四項基本原則，堅持改革開放，創造性地提出「中國特色社會主義」命題，從實踐到理論對「什麼是社會主義、怎樣建設社會主義」這個關係到社會主義本質的問題，做了認真探索，指出「社會主義的本質，是解放生產力，發

3　鄧小平 1927 年底至 1929 年夏首次任中共中央秘書長，1931 年在中央革命根據地短期任中央軍委總政治部秘書長，1934 年底再任中共中央秘書長，1954 年第三次出任中共中央秘書長。由於多次擔任秘書長一職，當 1956 年 9 月中共七屆七次會議上毛澤東提議他擔任中共中央總書記時，他當場表示「還是比較安於擔任秘書長這個職務」，以致毛澤東解釋：「秘書長改為總書記，那只是中國話變成外國話……」參見於俊道、鄒洋編：《鄧小平交往錄》，四川人民出版社、新疆人民出版社 1996 年版，第 8 頁。

4　鄧小平：《在中國共產黨全國代表會議上的講話》，《鄧小平文選》第 3 卷，第 146 頁。

展生產力，消滅剝削，消除兩極分化，最終達到共同富裕[5]」；又提出社會主義初級階段理論，對從一九五六年建立社會主義制度到改革開放，以及長期處於初級發展階段，需要推進政策制度不斷改革的歷史的和邏輯的關係做出合理解釋。二十世紀八〇年代末九〇年代初蘇聯解體和東歐社會主義國家發生劇變之後，鄧小平進一步提出社會主義市場經濟理論，為深入開展經濟體制改革，推進經濟按其自身規律走向長期健康穩定發展，中國經濟與全球化世界經濟體系接軌，開通了道路。圍繞改革開放論、社會主義本質論、社會主義初級階段論、社會主義市場經濟論這幾個重大理論問題，以鄧小平為核心的黨的第二代中央領導集體對黨在新時期的基本路線和基本綱領、發展戰略、初級階段所有制結構和分配制度、市場經濟、對外關係、民主政治與法制、精神文明建設、和平統一和「一國兩制」、領導核心和依靠力量等方面提出一套系統的理論，構築中國特色社會主義理論體系最初的內容框架[6]。這是針對新中國建立社會主義制度以來黨的指導思想的重大創新發展，它指導中國走上改革開放和中國特色社會主義現代化建設的發展道路，將中國從封閉、僵化、停滯、貧窮引向開放、活躍、發展、富強。

5　鄧小平：《在武昌、深圳、珠海、上海等地的談話要點》，《鄧小平文選》第 3 卷，第 373 頁。

6　參見吳樹青主編：《鄧小平理論概論》，遼寧教育出版社 1998 年版；鄭必堅等主編：《鄧小平理論基本問題》，中共中央黨校出版社 2001 年版；徐志宏、秦宣主編：《鄧小平理論和「三個代表」重要思想概論》，中國人民大學出版社 2003 年版。

以江澤民為核心的黨的第三代中央領導集體，面對蘇聯解體、東歐劇變、經濟全球化浪潮帶來的世界政治格局變化和經濟發展新趨勢，深感全面創新發展的重要，總結中國共產黨革命鬥爭史、新中國成立以來社會主義發展史和改革開放以來中國特色社會主義現代化建設的經驗教訓，提出「三個代表」重要思想，圍繞「始終代表中國先進生產力的發展要求，代表中國先進文化的前進方向，代表中國最廣大人民的根本利益」這樣一個根本性要求，從如何建設中國特色社會主義政治、經濟、文化三個方面，進一步探討了「什麼是社會主義、怎樣建設社會主義」問題，特別是創造性地回答了「建設什麼樣的黨、怎樣建設黨」的問題，並在思想路線、發展道路、發展階段和發展戰略、根本任務、改革、對外開放、經濟建設、政治建設、文化建設、軍隊建設、堅持和發展愛國統一戰線、推進祖國完全統一、外交和國際戰略、領導核心、執政黨建設、根本目的等十六個方面[7]進一步闡述了「三個代表」重要思想的內容，發展了中國特色社會主義理論。

　　以胡錦濤為總書記的黨中央領導集體，針對改革開放取得重大成果，我國經濟體制深刻變革、社會結構深刻變動、利益格局深刻調整、思想觀念深刻變化，世界政局發生重大變動，中國加入世貿組織進入全球化經濟體系後面臨前所未有的新挑戰和新機

7　參見中宣部：《「三個代表」重要思想學習綱要》，學習出版社 2003 年版。

遇，以及執政黨在新的世紀肩負又好又快地推進社會主義現代化、全面建設小康社會的歷史任務，進一步提出以人為本，全面、協調、可持續發展，實現城鄉、區域、經濟與社會、人與自然、國內發展和對外開放五個方面統籌兼顧的科學發展觀。強調保持黨的先進性、加強黨的執政能力建設，努力構建社會主義和諧社會，並將和諧社會思想納入對社會主義本質的認識中，從而使中國特色社會主義理論體系得到進一步發展。

以上從毛澤東為首的中國共產黨第一代領導人提出建立一個強大的社會主義新中國，並對中國社會主義改造和建設展開初步探索，到鄧小平提出建設中國特色社會主義並在改革開放實踐中創造一套引導中國走上社會主義現代化道路的新理論，再到江澤民、胡錦濤相繼提出「三個代表」重要思想和「科學發展觀」，黨的指導思想與時俱進，洋溢著活躍的創新精神，這正是新中國民族創新精神的集中表現和強大動力。它指導新中國人民為追求富強進步，在自力更生、艱苦奮鬥、開拓創新道路上不斷前進。

新中國的發展歷程，可以改革開放為界分為兩個時期，第一個時期可稱之為「努力創建現代社會主義國家」時期，第二個時期可稱之為「改革開放開創中國特色社會主義現代化道路」時期。

在第一個時期，中國共產黨以建設「偉大的社會主義國家[8]」為目標，組織人民群眾，動員各方力量，在政治、經濟、

8　毛澤東：《關於中華人民共和國憲法草案》，《毛澤東文集》第6卷，第329頁。

科學技術、社會、文化幾個方面做了大量創新工作。

在政治方面最突出的創新成果是建立了中國共產黨領導的統一的多民族現代國家，創立了中國共產黨領導下的多黨合作的政治協商制、人民代表大會制和民族區域自治的基本政治制度。這不僅是中國政治史上一個重大創新，而且與二十世紀出現的以蘇聯為首的各社會主義國家相比較，也具有顯著的特點。眾所周知，近現代西方國家制度大體上為兩黨或多黨輪流執政和立法司法行政三權分立制度。馬克思主義者根據巴黎公社經驗提出建立議行合一的人民代表大會制以實現無產階級專政。列寧和史達林領導蘇聯革命過程中建立了共產黨領導的工兵蘇維埃制度。中國情況則不同，在反帝反封建鬥爭中，資產階級成為革命的同盟者。集中於一九四○年代中期成立延續下來的民主黨派，作為資產階級的政治代表，他們的政治主張雖與中國共產黨有所不同，但在爭取民族獨立，反對國民黨一黨專制等方面與共產黨站在一起。新中國建立前夕，這些民主黨派響應共產黨號召參加中國人民政治協商會議，他們中一些人還擔負了國家政府的領導工作。社會主義改造完成之後，中國共產黨沒有取消民主黨派，而是支援並幫助他們完善組織，改進工作，提高積極性，繼續與中共合作，長期一道擔負領導國家的責任。以中共和各民主黨派及其他社會團體為主組成的中國人民政治協商會議成為中國政治體制中的一個重要機構。它不擔負歐美國家類似議會的立法之類工作，而是主要起政治協商和政治監督作用。一九五七年毛澤東提出中國共產黨與民主黨派「長期共存，互相監督」；二十世紀九○年代，江澤民進一步提出中國共產黨與民主黨派要建立「長期共

存、互相監督、肝膽相照、榮辱與共」的關係。民主黨派通過議政監督及其成員參與人大和政府具體領導工作成為參政黨，而不是「在野黨」。中國既不是蘇聯和東歐社會主義國家那樣的共產黨一黨執政，也不是歐美等國的那種多黨制。這是中國政治史上的一大創新。

經濟方面的創新，新中國成立最初幾年，在新民主主義方針指導下，一度形成國營經濟、合作社經濟、農民和手工業者的個體經濟、私人資本主義經濟和國家資本主義經濟五種經濟並存的狀態。一九五三年實施過渡時期總路線，採取社會主義建設和社會主義改造同時並舉的方式向社會主義過渡。特別是通過國家資本主義的途徑，採取對資本家團結、教育、改造，在政治待遇、生活、工作等方面做出妥善安排，經濟上對資本主義經濟利用、限制、改造，實行逐步過渡，實現了馬克思、恩格斯列寧提出但沒有做到的對資產階級和平贖買，豐富和發展了馬列主義關於國家資本主義的學說，實現了國際共產主義運動史上的一個創舉。經過三大改造建立的社會主義制度，儘管後來證明很不完善，因為多種原因走過不少彎路，但它在中國歷史上第一次代替了封建地主、官僚買辦、資本家的剝削制度，使幾億人民體驗了翻身解放當家作主的感受。

此外，經濟方面的創新還體現在生產技術和管理方式的改進方面。早在新中國成立初期，就有從東北解放區開展進而推向全國各地區各行業的「創新紀錄」和勞動競賽、技術革新等運動。一九四九年初起，《人民日報》陸續報導華北辛集永和廠工人

「趕制慰勞毛巾創新紀錄[9]」、津鄭鐵路發揮機車效能,「牽引力與速度創新紀錄[10]」等消息。十月,中共中央東北局、東北人民政府工業部「號召東北工人階級創造生產新紀錄,迎接全國經濟建設的新高潮」。當月下旬形成「從工廠到礦山、從重工業到輕工業、從鐵路到貿易部門」,「有數十萬勞動大軍參加的、轟轟烈烈的創造新紀錄的群眾運動[11]」。「創新紀錄運動」最初主要是提高產量,逐漸推向技術、工具、管理方式的改進,推動了各項技術革新和勞動競賽。如西北鋼鐵公司煉鋼部為創新冶煉時間紀錄將「冷裝」煉鋼改成「熱裝」煉鋼[12];機器製造行業「推行高速切削法」使生產水準「飛躍提高[13]」;南京大學機械工廠「工人和教授」自製成功「比西門子的產品質高而成本低」的汽輪機葉汽[14];等等。一九五三年十月中華全國總工會提出把勞動競賽從合理化建議與推廣先進經驗的群眾運動引導到以技術革新為主要內容的方向上來。此後,「技術革新」成為勞動競賽的重要內容[15]。從二十世紀五〇至七〇年代全國各行各業持續開展多種技術革新運動,湧現出許多技術革新能手,他們在各自勞動崗位上

9 《人民日報》1949 年 2 月 21 日第 2 版。
10 《人民日報》1949 年 6 月 19 日第 1 版。
11 田流:《燎原的火焰——創新紀錄運動烈火是怎樣點燃起來的》,《人民日報》1949 年 11 月 13 日第 2 版。
12 《人民日報》1950 年 4 月 8 日第 2 版。
13 《人民日報》1951 年 9 月 29 日第 2 版。
14 《人民日報》1951 年 10 月 24 日第 6 版。
15 《勞動競賽已經開始走上一個新的階段——技術革新》,《人民日報》1954 年 5 月 27 日第 1 版。

創新技術、提高技能，也參與了生產組織管理的創新實驗。突出的是二十世紀六〇年代初鞍山鋼鐵廠在技術革新生產過程中創造了一套幹部參加勞動、工人參加管理，改革不合理的規章制度，在技術革新和技術革命中實現企業領導幹部、技術人員、工人結合的「兩參一改三結合」企業管理制度，毛澤東譽為「鞍鋼憲法[16]」，在全國推廣，甚至被國外一些企業借鑒。

在科技創新方面，二十世紀五〇年代中期中央領導人就注意到世界高新科技發展的動向。周恩來一九五六年初在中共中央召開的關於知識分子問題的會議上明確指出：「現代科學技術正在一日千里地突飛猛進」，「人類面臨著一個新的科學技術和工業革命的前夕」，「我們必須趕上這個世界先進科學水準」，並強調「有一定的理論科學的研究作基礎」，才可能在技術上有「根本性質的進步和革新[17]」。隨後中央制定《1956-1967 年科學技術發展遠景規劃綱要》，提出「向科學進軍」的口號，有力激發了科技工作者的創造熱情和創新精神，促進科技創新取得不少重大成果。如著名地質學家李四光等運用我國獨創的地質力學方法，研究地殼運動和油氣聚集規律，揭示了我國東部「新華夏構造體系」的三個沉降地帶具有廣闊的含油前景，經過勘察、鑽探，相繼發現並開發了大慶、大港、勝利等大油田，推翻了「中國貧

---

16 參見教育部社會科學研究與思想政治工作司組編：《毛澤東思想概論》，第 204 頁。

17 周恩來：《關於知識分子問題的報告》，《周恩來選集》（下卷），第 181、182、183 頁。

油」的觀點，一九六三年實現了我國石油自給[18]。原子能專家和技術人員依靠自己力量解決氟油、真空閥門、高能炸藥三大關鍵技術問題，相繼於一九六四、一九六六、一九六七、一九七〇年成功研製原子彈、攜帶核彈頭的地地導彈、氫彈和人造地球衛星[19]。著名雜交水稻專家袁隆平培育出具有根系發達、分蘗力強、穗大、粒多、產量高等優點的強優勢雜交水稻，並進一步形成一套秈型雜交水稻技術，大規模推廣，使我國成為世界上第一個利用雜交優勢取得水稻連續高產的國家。上海生物化學研究所等單位組成的協作組成功地實現了人工合成具有天然生物活力的蛋白質——結晶牛胰島素，獲得新中國第一個居世界領先水準的基礎理論研究成果。在數學研究方面，王元於一九五八年證明了（2+3），使中國科學家在哥德巴赫猜想問題的研究上首次處於領先地位，潘承洞和王元隨後於一九六二年分別證明了（1+5）和（1+4）；中國科學院數學研究所陳景潤進而創造性地提出並巧妙地運用「加權篩法」，引進一個轉換原理建立了一類新型的「均值定理」，從而取得證明哥德巴赫猜想（1+2）的「陳氏定理[20]」。

　　新中國社會方面的創新，一方面體現在建國初期黨和政府下

18 薄一波：《若干重大決策與事件的回顧》（上卷），第 515 頁。須指出的是，所謂「實現石油自給」，應放在當時歷史條件下認識，不能用今天的標準衡量。
19 張勁夫：《請歷史記住他們》，《中國高校技術市場》1999 年第 7 期。
20 艾素珍：《新中國科學技術重大成就》，《中國科技史料》1999 年第 4 期。

大力氣清除了土匪、幫會及包工頭、把頭等惡霸，提倡移風易俗，取締妓院，禁止賣淫嫖娼、販毒吸毒、聚眾賭博，廢除包辦婚姻，實行普及識字的「掃盲」運動，宣導和推行破除迷信、追求科學、平等、互助、愛國家、愛集體、愛勞動、為人民服務等新的社會風尚。一方面體現在黨建立從中央到地方省、市、地區、縣、鎮（公社）、街道或鄉（生產大隊）、居民組（生產隊）的行政管理系統，利用戶籍管理、工作單位所屬，以及共青團、工會、婦聯、少先隊等各級各類社會團體，並將黨的基層支部設立在企業廠礦車間（班組）、村（生產大隊或生產隊）、街道，領導或協助各基層政府機構、企事業單位、鄉村農民和城市居民組或委員會，實現對全社會自上而下的有效組織。又借助報紙、廣播、電話等現代通訊傳媒設施，形成中國有史以來最廣泛最有效的社會動員網路，為組織數億人口的現代公民社會生活與交往創造了條件。特別是一九五八年在完成農業社會主義改造實現全國農民合作化基礎上建立人民公社制度，作為中國農村社會主義建設道路的一種創新嘗試，雖然沒有取得成功，但它在一段時間裡起到的組織全國農民並一定程度上改變傳統落後農村面貌的作用，其歷史上的積極意義是不容忽視的。

新中國文化方面的創新，在兩個方面特別突出：一是在意識形態領域，馬克思主義取代各種非馬克思主義觀念，成為文學、藝術、新聞、出版、教育、科學等各個領域的指導思想。經過二十世紀五〇年代初的知識分子思想改造、思想領域的一系列批判，也通過新中國成立以來在全國高等學校和其他各級各類學校普遍開設政治理論與思想教育課，學習馬克思主義，樹立無產階

級世界觀、人生觀，運用歷史唯物主義和辯證唯物主義原理指導科學研究，馬克思主義一度成為國家領導者和知識精英認識真理的根本標準和全國人民思想和行為的指導方針。這不僅是對儒家思想占主導地位的傳統文化的更新，也是對國民黨統治下企圖建立「儒化」三民主義意識形態或主流價值觀的更新。

二是大眾文化得到前所未有的重視。毛澤東一九四〇年發表《新民主主義論》提出新民主主義文化「應為全民族中百分之九十以上的工農勞苦民眾服務，並逐漸成為他們的文化[21]」和《在延安文藝座談會上的講話》中提出的文藝為工農兵服務、為無產階級服務，「向工農兵普及」「從工農兵提高」的方針[22]得到貫徹。在其指導下，新中國的文學藝術創作向以工農兵生活為原型，以歌頌黨和社會主義新時代新風尚為內容方向發展；教育領域提倡「為無產階級政治服務」「與生產勞動相結合」方針，從大辦工農速成學校，為工農群眾子女受教育創造更多機會，到開辦半工半讀學校，探索「兩種教育制度、兩種勞動制度」即全日制學校教育制度、半工半讀的教育制度和八小時工作的勞動制度、半工半讀的勞動制度。設想；體育領域提倡「發展體育運動，增強人民體質」，實行「勞衛制」，廣泛開展群眾性體育活動；醫療衛生為工農群眾服務，大力宣傳健康衛生常識、實行全

21 毛澤東：《新民主主義論》，《毛澤東選集》第 2 卷，第 708 頁。
22 毛澤東：《在延安文藝座談會上的講話》，《毛澤東選集》第 3 卷，第 859 頁。

民保健、公費醫療與合作醫療，一度「赤腳醫生」遍佈全國鄉村……這使億萬人民群眾第一次走進文化和現代文明。這是中華民族有史以來從不曾有過的事情。

總之，在建設偉大社會主義強國口號下，中國共產黨領導人民群眾開展了全面革新民族生存狀態和生活面貌的偉大歷史活動。這些創新雖然沒有使中國儘快擺脫貧窮落後面貌，但畢竟對古老的東方大國向現代社會轉型做出第一步努力，使我們的多民族人民在一個現代統一國家旗幟下凝聚成一個集體，演繹了「創新是一個民族進步的靈魂[23]」這一道理。

不過也不能否認，改革開放前三十年的創新探索經歷了不少挫折。歷史告訴後人，那些挫折是教條式理解馬克思主義，長期任由「左」的思想流行，強化意識形態作用，對社會主義求大求全求純的結果，是個人獨斷、長官意志、迷信崇拜造成的惡果。當一九七六年黨和國家第一代核心領袖毛澤東逝世的時候，十年「文革」的動亂已使國家經濟瀕臨崩潰的邊緣，全國政治思想的混亂僵化也達到了前所未有的程度。歷史提出進步的新要求，理性揭示了中華民族的進步必須從破除迷信教條，解放思想，打破閉關自守，走向現代化、走向世界開始，以新時代為起點繼續創新。

一九七八年十二月召開的中共十一屆三中全會，實現了建國以後中國共產黨歷史上具有深遠意義的偉大轉折。新時期的改革

---

23 江澤民：《創新的關鍵在人才》，《江澤民文選》第 2 卷，第 132 頁。

開放實踐，從發揮普通農民的首創精神，打破平均主義「大鍋飯」，實行聯產承包責任制開其端緒。這項工作的推進導致二十世紀八〇年代中期人民公社體制的變革[24]。城市的經濟體制改革自擴大企業自主權、實行政企分開起步，經過了指導思想從「實行計劃經濟，同時發揮市場調節的輔助作用[25]」，到一九八四年十二屆三中全會通過《關於經濟體制改革的決定》，突破把計劃經濟和商品經濟對立起來的傳統觀點，確認「公有制基礎上的有計劃商品經濟」，再到十三大提出建立有計劃商品經濟新體制，最後於一九九二年中共十四大確定實行社會主義市場經濟體制的發展[26]。其間圍繞轉變企業經營機制，建立現代企業制度，培育社會主義市場體系，深化國有資產管理體制改革，探索公有制特別是國有制的多種有效實現形式，促進非公有制經濟的發展，健全和完善宏觀調控體系，改革和完善社會保障制度，直至確定建立公有制為主體多種所有制經濟共同發展的基本經濟制度和按勞分配為主體多種分配方式並存的分配制度，實現了我國社會主義市場經濟體制的重大創新。

經過一系列經濟體制改革和建立社會主義市場經濟體制探

---

24 1983 年 10 月中共中央、國務院發佈《關於實行政社分開建立鄉政府的通知》。到 1984 年底，全國基本完成了政社分設，建立了 9.1 萬個鄉鎮政府，92.6 萬個村民委員會，人民公社不復存在。見胡繩：《中國共產黨的七十年》，中共黨史出版社，第 511 頁。這個體制至今無大變化。

25 《中國共產黨中央委員會關於建國以來黨的若干歷史問題的決議》。

26 參見徐志宏、秦宣主編：《鄧小平理論和「三個代表」重要思想概論》，第 187-189 頁。

索，逐步形成以公有制為主體多種所有制共同發展的中國特色社會主義經濟制度。這一制度既不同於西方國家的資本主義市場經濟制度，也不同於改革開放前單純強調公有制和計劃經濟的僵化制度，也不是新中國成立初期多種經濟成分共存的新民主主義制度的簡單恢復。它是建立在社會主義初級階段，與全球經濟接軌，堅持改革開放、有利於在中國特色社會主義現代化建設道路上不斷解放生產力發展生產力的經濟體制，是適應國情和發展階段，有利於吸收世界發達國家先進經驗，充滿創新活力的體制。

在學術領域，早在三中全會結束後不久，就有敏銳的學者感受到一個新的創新時代開始[27]。二十世紀八〇年代初興起的方法論創新討論，從理論界很快波及史學、哲學、經濟學等各學科領域，連帶其後持續引進國際學術新觀念，推動了國內學術研究方法、內容、價值取向等多方面的創新變化。近三十年來，整個哲學社會科學領域，先後經歷了方法論、價值觀、語言學的更新；恢復了一度取消的美學、法學、政治學、社會學等，建立了諸如管理、傳媒、行政、民俗、市場經濟、行銷、廣告、國際政治、金融、軍事等多種新學術門類、學科或分支學科，完成了與國際學術規範和評估體系的接軌；通過大量翻譯出版或介紹世界各國

27　《人民日報》相繼發表了盧嘉錫的《百家爭鳴勇於創新》（1977 年 10 月 23 日第 2 版）、黃烈的《郭老治史的創新精神》（1980 年 5 月 26 日第 5 版）、任清的《讀書·調查·創新——顧炎武的治學方法》（1980 年 12 月 18 日第 5 版）、馮牧的《關於文學的創新問題》（1981 年 2 月 11 日第 5 版）等文。

特別是西方古典、近代和現當代的重要學術著作，頻繁的國際學術對話交流，引進、借鑒和創新理論、方法、觀念和話語形式，追蹤當今世界學術的前沿話題，關注當下中國經濟、政治、文化和社會發展的實踐進程，哲學和社會科學不斷開闢新的研究論域，在人學、價值學、現代化、全球化、闡釋學及後現代主義等當代西方哲學、國學與傳統文化、文化史、社會史、史學史和史學理論、文學評論、文論、教育法、教育技術、資訊技術、環境資源、國際政治等諸多學科領域及針對我國社會主義市場經濟建設與運作一系列問題的研究中，取得前所未有的大量創新成果。新視野、新思想、新方法、新觀點、新議論層出不窮。創新成為當代中國哲學社會科學研究的主動追求和鮮明特徵，有學者喊出「不創新，毋寧死[28]」的口號。

在自然科學與技術領域，圍繞借鑒國際上第二次世界大戰以來持續發展的現代高科技成果，逐步提高科技創新能力，建立和完善國家創新體系，國家有關部門、專家學者和一些企業部門做了大量工作。一九七八至一九九五年，主要致力於探索國家計畫主導下的科技創新發展模式，出臺了諸如國家重點科技攻關、高技術發展（863）、火炬、星火等一系列國家科技發展計畫。一九九五至一九九八年，隨著社會主義市場經濟改革目標確立，日益突出了企業在科技進步和創新中的重要作用。一九九五年，國家啟動「科教興國」戰略。一九九六年啟動重點為提高企業技術

---

28 鄧偉志：《不創新，毋寧死》，上海大學出版社 2006 年版。

創新能力的《技術創新工程》。一九九七年十二月，中國科學院提交《迎接知識經濟時代，建設國家創新體系》的報告，提出面向知識經濟時代的國家創新體系具體包括知識創新系統、技術創新系統、知識傳播系統和知識應用系統。一九九八年六月，國務院通過中國科學院關於開展知識創新工程試點工作的彙報提綱，決定由中國科學院先行啟動知識創新工程，作為國家創新體系試點。國家「十五」計畫《綱要》首次正式提出「建設國家創新體系」「建立國家知識創新體系，促進知識創新工程」的戰略任務。二〇〇六年一月，中共中央國務院做出《關於實施科技規劃綱要增強自主創新能力的決定》，組織實施《國家中長期科學和技術發展規劃綱要（2006-2020 年）》，對增強自主創新能力、建設創新型國家做出全面部署，提出要「有效整合全社會科技資源，推動經濟與科技的緊密結合，形成技術創新、知識創新、國防科技創新、區域創新、科技仲介服務等相互促進、充滿活力的國家創新體系」，「在實踐中走出中國特色自主創新道路[29]」。

伴隨國家創新體系建設的逐步探索和不斷完善，科技領域取得眾多創新成果。一九八一年十一月二十日，我國學者繼人工合成結晶牛胰島素後成功實現酵母丙氨酸轉核糖核酸的人工全合成，在生命科學領域人工合成生物大分子研究方面繼續領先世界。一九八三年，中國科學院物理研究所和電子學研究所開始共

---

29 《自主創新與建設創新型國家學習參考》，中共黨史出版社 2006 年版，第 36、37 頁。

同研製第三代稀土永磁材料，十月獲得試驗成功樣品，次年找到了用國產廉價低純度釹稀土鐵合金取代高純度釹生產第三代稀土永磁材料的新途徑，並籌建了全國第一條釹鐵硼生產線，九〇年代末，所屬三環公司發展成為我國最大的釹鐵硼生產出口企業，年生產能力超過一千噸，在世界同類企業中名列第三。一九八四年，科研人員吳自良等人協作攻關，發明了氣體擴散法分離鈾同位素的關鍵部件「甲種分離膜」的製造技術，創造性地生產出高品質分離元件，為我國原子能工業發展作出重要貢獻。一九八五年二月十五日，我國第一個南極科學考察基地——中國南極長城站在南極洲喬治島建成。一九八七年二月，中國科學院物理研究所趙忠賢等人員獨立發現了 Y—Ba—Cu—O 超導體的元素構成，推動了國內外的高溫超導體研究，使人們夢寐以求的液氮溫區超導體真正成為現實，樹立了超導研究發展史上一個新的里程碑[30]。一九八一年後，電腦漢字雷射排版技術創始人王選主持研製成功的漢字雷射排版系統、方正彩色出版系統相繼推出並得到大規模應用，實現了中國出版印刷行業「告別鉛與火、迎來光與電」的技術革命。一九九八年，「雜交水稻之父」袁隆平提出選育超級雜交水稻的研究課題，經過一年的努力獲得成功，使中國雜交水稻育種研究繼續領先世界。二〇〇〇年，中國科學家完成了人類基因組計畫的百分之一基因繪製圖，兩年後加入國際人類

---

30 參見艾素珍：《新中國科學技術重大成就》，《中國科技史料》1999 年第 4 期。

基因組單體形圖計畫，承擔百分之十的測序任務，使中國基因研究邁上新臺階。二〇〇三年，中國加入國際人類蛋白質組計畫，並承擔其中的人類肝臟蛋白質組計畫的領導工作，首次領銜國際重大科技協作計畫。同期，我國研製出運算速度高達每秒四萬億次的超級電腦深騰 6800，並實現通用處理器從無到有的飛躍，龍芯 2 號增強型處理器達到中檔奔騰 IV 處理器的性能，標誌著我們掌握了高性能通用處理器的核心技術，在國際資訊技術前沿佔有了一席之地。二〇〇三年至二〇〇五年，神舟五號、六號載人飛船相繼發射成功並順利返回，表明我們迅速跨越美、俄兩國四十餘年載人飛船技術的發展歷程，一躍成為世界上第三個能夠獨立把人送上太空的國家。二〇〇七年十月二十四日，中國自主研發的第一顆繞月探測衛星「嫦娥一號」成功發射升空，實現在深空探測領域「零的突破」。

同時，越來越多的企業成為自主創新的重要主體取得眾多成果。北京信威通信技術股份有限公司自主研發的同步碼分多址 SCDMA 無線接入系統是第一個中國人完全擁有自主智慧財產權的無線通訊技術標準，在此基礎上建立的 TD-SCDMA 被確立為第三代移動通信國際標準。致力於「造老百姓買得起的好車」的吉利集團相繼研發出具有國際先進水準的五速、六速手動變速器，三擋、四擋自動變速器，電動助力轉向系統等汽車核心部件，掌握了超大升功率發動機的設計製造技術，其自主研發並投入生產的 4G18 自然進氣汽油發動機達到世界領先水準。二〇〇五年，海信集團成功研發了中國第一塊具有自主智慧財產權的高清晰度影像處理晶片——「信芯」，結束了中國彩電沒有自己的

核心晶片的歷史。以 ZPMC 品牌聞名世界的上海振華港機集團公司成功地將美國全球衛星定位系統 GPS 應用到港口集裝箱起重機中，解決了起重機的跑偏和堆場箱位管理問題，依靠這一技術成為世界集裝箱起重機領域的領跑者。二〇〇五年該公司的產品佔領了世界集裝箱機械市場百分之七十的份額，使我國從大型集裝箱起重機進口國變為最大的出口國[31]。

創新的實踐來自創新的意識和改革開放帶來的社會生活發展要求，同時也推動創新的理論自覺。在世紀之交改革開放取得重大成就，也面臨新的巨大挑戰之時，以江澤民、胡錦濤為代表的黨的中央領導集體在提出「三個代表」重要思想和科學發展觀同時，形成了一整套創新思想。

這套創新思想涉及創新在人類歷史上的價值，創新與中華民族精神、創新與馬克思主義的關係，當代創新的內涵、方向和目標，創新與黨領導改革實踐的關係等內容。

關於創新在歷史上的價值：創新是人類歷史發展的動力，「整個人類歷史，就是一個不斷創新、不斷進步的過程。沒有創新，就沒有人類的進步，就沒有人類的未來[32]」，「實踐沒有止境，創新也沒有止境[33]」。

31 參見張景安主編：《激揚創新精神：中宣部科技部自主創新報告團演講錄》，知識出版社 2006 年版。
32 江澤民：《科學的本質就是創新》，《江澤民文選》第 3 卷，第 103 頁。
33 江澤民：《全面建設小康社會，開創中國特色社會主義事業新局面》，《江澤民文選》第 3 卷，第 538 頁。

關於創新與民族精神：「創新是一個民族進步的靈魂，是一個國家興旺發達的不竭動力[34]。」「中華民族是具有非凡智慧和偉大創造力的民族[35]」。中華文化歷來包含鼓勵創新的豐富內涵，強調推陳出新、革故鼎新，強調「天行健，君子以自強不息[36]」。新時期改革開放就是「中華民族自強不息和變革創新精神在當代的集中體現和創造性發展[37]」。「必須把增強民族創新能力提到關係中華民族興衰存亡的高度來認識[38]。」

關於創新與馬克思主義、社會主義的關係：馬克思主義和社會主義都是最講科學和創新的，「馬克思主義理論的每一次重大突破，社會主義實踐的每一次歷史性飛躍，都是馬克思主義基本原理同具體實踐相結合進行理論創新的結果。馬克思、恩格斯、列寧和毛澤東同志、鄧小平同志都是理論創新的典範[39]」。「堅持馬克思主義，最重要的就是要堅持馬克思主義的科學原理和科學精神、創新精神[40]。」要繼承和創新馬克思主義，「繼承是創

---

34 江澤民：《科學的本質就是創新》，《江澤民文選》第 3 卷，第 103 頁。

35 《十六大以來重要文獻選編》（上），中央文獻出版社 2005 年版，第 488 頁。

36 《自主創新與建設創新型國家學習參考》，中共黨史出版社 2006 年版，第 12-13 頁。

37 江澤民：《增進相互瞭解，加強友好合作》，《江澤民文選》第 2 卷，第 62 頁。

38 江澤民：《教育必須以提高國民素質為根本宗旨》，《江澤民文選》第 2 卷，第 334 頁。

39 江澤民：《在新世紀把建設有中國特色社會主義事業繼續推向前進》，《江澤民文選》第 3 卷，第 131 頁。

40 江澤民：《在全黨全社會大力弘揚科學精神和創新精神》，《江澤民文選》第 3 卷，第 37 頁。

新的前提，創新是最好的繼承[41]」。「必須使全黨始終保持與時俱進的精神狀態，不斷開拓馬克思主義理論發展的新境界[42]」。

當代中國創新的內涵、方向和目標：創新內涵包括「科技創新」「體制創新」「理論創新」「文化創新」等幾個層次：「科技創新，就是要使科學技術成為我國跨世紀發展的強大推動力量」；「體制創新，就是要不斷完善適應發展社會主義市場經濟、全面建設有中國特色社會主義要求的各方面的體制」；理論創新，就是要使「黨的基本理論在繼承的基礎上不斷吸取新的實踐經驗、新的思想而向前發展[43]」。文化創新就是「大力弘揚以愛國主義為核心的民族精神和以改革創新為核心的時代精神」，「在全社會培育創新意識，倡導創新精神，完善創新機制，大力提倡敢為人先、敢冒風險的精神，大力倡導敢於創新、勇於競爭和寬容失敗的精神，努力營造鼓勵科技人員創新、支持科技人員實現創新的有利條件」，「培養創新意識和實踐能力[44]」。

創新的方向是大力提高自主創新能力特別是原始性創新能力。自主創新，就是「擁有強大的科技創新能力，擁有自主的智

41 江澤民：《關於堅持四項基本原則》，《江澤民文選》第 3 卷，第 229 頁。
42 江澤民：《全面建設小康社會，開創中國特色社會主義事業新局面》，《江澤民文選》第 3 卷，第 537 頁。
43 江澤民：《不斷根據實踐的要求進行創新》，《江澤民文選》第 3 卷，第 65、66 頁。
44 《自主創新與建設創新型國家學習參考》，第 12-13 頁。

慧財產權[45]」;「大力開發具有自主智慧財產權的關鍵技術和核心技術,努力提高原始創新、集成創新和引進消化吸收再創新的能力[46]」。把「自主創新能力」視為「國家核心競爭力的決定性因素[47]」,將自主創新視為「支撐一個國家崛起的筋骨[48]」。

自主創新的目標是「建設創新型國家[49]」。其「核心就是把增強自主創新能力作為發展科學技術的戰略基點,走出中國特色自主創新道路,推動科學技術的跨越式發展」;「把增強自主創新能力作為調整產業結構、轉變增長方式的中心環節,建設資源節約型、環境友好型社會,推動國民經濟又快又好發展」;「把增強自主創新能力作為國家戰略,貫穿到現代化建設各個方面,激發全民族創新精神,培養高水準創新人才,形成有利於自主創新的體制機制,大力推進理論創新、制度創新、科技創新,不斷鞏固和發展中國特色社會主義偉大事業[50]」。

創新與黨領導改革實踐的關係是:黨要「善於根據客觀情況的變化,及時察覺和研究前進中的新情況新問題,不斷從人民群眾在實踐中創造的新鮮經驗中吸取營養[51]」,在改革實踐基礎上

---

45 《自主創新與建設創新型國家學習參考》,第31頁。
46 《十六大以來重要文獻選編》(中),中央文獻出版社2006年版,第1052頁。
47 《十六大以來重要文獻選編》(中),第119頁。
48 《自主創新與建設創新型國家學習參考》,第31頁。
49 《十六大以來重要文獻選編》(中),第1052頁。
50 《自主創新與建設創新型國家學習參考》,第5-7頁。
51 江澤民:《在全黨全社會大力弘揚科學精神和創新精神》,《江澤民文選》第3卷,第37頁。

進行理論創新；以實踐基礎上的理論創新作為社會發展和變革的先導，推動制度創新、科技創新、文化創新以及其他各方面的創新；又不斷在實踐中探索前進，永不自滿，永不懈怠。以此作為長期的「治黨治國之道[52]」。

上述以江澤民和胡錦濤為核心的黨的中央領導集體對創新問題的系統論述，將毛澤東、鄧小平時代黨的創新意識和創新精神，提到嶄新高度，形成了中國共產黨的創新思想體系，進一步推動了黨的思想理論發展和全民族創新精神的發揚。中共十七大在進一步完善全面建設社會主義和諧社會思想的同時，提出構建中國特色社會主義理論體系和當代中國社會主流價值觀，將「以改革創新為核心的時代精神」作為主流價值觀的內容之一。

如果說，一九四九至一九七八年中國共產黨領導人民建立起中國歷史上從未有過的嶄新社會主義國家，是遵循馬克思列寧主義理論在中國實現共產主義理想的初步努力，那麼，改革開放以來黨領導全社會進行的開創中國特色社會主義現代化道路的努力，便是在遵循馬克思列寧主義理論原則基礎上引導中國走向現代、走向世界的偉大創新實踐。六十年的實踐證明創新是中華民族進步的靈魂，而中國共產黨對創新認識的提高和創新理論體系的形成，則昇華為當代中華民族的創新理性，成為當代創新精神的內核和強大動力，將引導和推動中國繼續迅速發展前進。

---

52 江澤民：《全面建設小康社會，開創中國特色社會主義事業新局面》，《江澤民文選》第 3 卷，第 538 頁。

第二節 ▶ 中華氣度：走向世界

　　中華文明之邦，本有恢宏的大國氣度。中外往來自西漢張騫出使和絲綢之路開通，隋唐與朝鮮、日本、印度、巴基斯坦、阿富汗、伊朗、阿拉伯等國發展外交關係，到宋明絲綢之路重開、鄭和七下西洋、天主教傳教士來華，顯示了中國人瞭解世界、交往天下的胸懷。但明末至清初閉關鎖國，未能擴大對外交流，當西方發達國家進入資本主義迅速發展的軌道，攜堅船利炮東來叩關之時，緩慢發展的老大中國已經顯出明顯落後之勢。從文化社會學的角度看，鴉片戰爭以來近一百七十年是中國走向現代化的歷史，這是一個從反侵略到民族獨立進而中國走向世界的過程。在這個過程的前一百多年間，列強入侵，一方面給中國帶來深重災難，另一方面也使向來以天朝大國自居的國人以新的眼光看世界。從師夷長技到變法圖強，從出國留學到引進文化，反映了進步知識分子對西方文明認知的步步加深。而中外經濟、文化的接觸，催生了現代工商業和城市化，以及現代教育、科技、傳媒、學術，使中國社會和人們生活日益染上世界現代文明色彩，展示了現代中國漸漸融入世界的傾向。

　　實際上，中國共產黨及其領導的中國革命也是現代世界文明影響下的結果，同時也決定了新中國走向世界的道路。

　　中國共產黨從領導革命到改革開放之前是基於馬克思列寧主義世界無產階級革命、被壓迫民族、人民反對帝國主義和國際霸權主義的意識來處理國際事務，決定對外方針的。黨的早期成員包括周恩來、鄧小平等曾留學法國和蘇聯，親身感受到資本主義

和新生的蘇維埃文明；中國共產黨一度作為共產國際的支部，深受蘇聯共產黨和國際共產主義運動的影響。抗日戰爭時期，中共領導人巧妙地將世界反法西斯主義、國內統一抗戰、無產階級世界革命及中國新民主主義革命等思想冶於一爐，形成新民主主義理論，同時通過與美國政府代表及民間記者接觸，做出獨立的外交努力，擴大共產黨領導的紅色革命在世界的影響[53]。第二次世界大戰結束後國際出現冷戰局面，中國共產黨採取「一邊倒」方針，毛澤東訪蘇，中蘇簽訂《中蘇友好同盟互助條約》，使新中國作為社會主義陣營中的重要成員進入國際舞臺。

儘管如此，中國共產黨及其領導的人民政府堅持獨立自主原則，採取積極的外交方針[54]，二十世紀五〇年代相繼與蘇聯、東歐社會主義和人民民主國家，以及印度、印尼、緬甸、巴基斯坦、阿富汗、尼泊爾、瑞典、丹麥、瑞士、芬蘭、挪威、埃及、敘利亞、葉門等不同制度的國家建立外交關係，與英國、荷蘭互

---

53 1944 年 11 月中共中央與訪問延安的美國總統特使赫爾利商擬關於國共關係的「五點建議」，是前者的體現，愛德加・斯諾和阿格尼斯・史沫特來等人在延安與中共高層領導接觸是後者的體現。參見〔美〕費正清、費維愷編：《劍橋中華民國史》（下冊），中國社會科學出版社 1994 年版，第 814-816 頁。

54 新中國成立初期，中國政府的外交方針除了「一邊倒」，還有「另起爐灶」，即「不承認國民黨政府同各國建立的舊的外交關係，而要在新的基礎上同各國另行建立新的外交關係」和「打掃乾淨屋子再請客」，即在考慮與西方資本主義國家建立關係之前，有步驟地「先把帝國主義在我國的殘餘勢力清除一下」的方針。見《我們的外交方針和任務》，《周恩來選集》（下卷），第 85、87 頁。

設代辦處，一九六四年與法國建立外交關係。同時，在平等互利原則基礎上與建交或未建交國家加強經濟、文化友好往來[55]，初步打開了新中國走向世界的外交大門。

一九五三年周恩來總理在會見參加中印關係談判的印度代表時提出互相尊重領土主權、互不侵犯、互不干涉內政、平等互利、和平共處五項原則，將這五項原則作為處理中印、中緬關係的基本準則，並在一九五五年召開的萬隆會議倡導這一原則，擴大了國際影響。次年，中華人民共和國政府代表團赴日內瓦參加關於朝鮮問題和恢復印度支那和平問題會議，第一次與蘇美英法等大國代表坐在一起討論國際重大問題。周恩來總理與會期間會見了美國國務卿杜勒斯，表現出東方大國一代領導人的卓然風度。

蘇共二十大以後，中國共產黨吸取蘇聯教訓，意識到在現代世界中向所有民族國家特別是發達國家學習的重要性。毛澤東在《論十大關係》中寫道：「向外國學習……要有一點勇氣……每個民族都有它的長處」，「我們的方針是，一切民族、一切國家的長處都要學，政治、經濟、科學、技術、文學、藝術的一切真正好的東西都要學[56]」。對比一九四〇年《新民主主義論》裡所

---

55 參見裴堅章主編：《中華人民共和國外交史（1949—1956）》，世界知識出版社 1994 年版，第 3、4、5、10、11 章；謝益顯主編：《中國外交史（中華人民共和國時期 1949—1979）》，河南人民出版社 1988 年版，第 313 頁。

56 毛澤東：《論十大關係》，《毛澤東文集》第 7 卷，第 41 頁。

說「吸收外國的進步文化」，指社會主義和新民主主義文化和「資本主義國家啟蒙時代的文化[57]」而言，這裡的「一切國家」顯然包括了西方現代國家，表達了中國共產黨從建設現代國家的需要出發，借鑒世界文明特別是發達國家現代文明的願望。

由於中蘇兩黨兩國意識形態分歧並發展為對立，中國逐漸走出蘇聯的影響，開始以完全獨立的大國姿態日益引起各國注目。

然而，從二十世紀五〇年代起，美國為首的西方國家藉口朝鮮戰爭以及企圖製造「兩個中國」或「一中一臺」，阻撓中華人民共和國進入聯合國。在長達二十餘年時間裡，中國被拒絕加入或自動退出若干世界性組織。到一九六六年，與中國建交和半建交的國家只有四十餘個。加之一九五七年後中國共產黨內持續二十年「左」傾，特別是十年「文革」的破壞，嚴重遲滯了中國走向世界的步伐。

儘管如此，在此期間黨和政府堅持局部範圍的國際文化交流，推動了亞洲第一屆新興力量運動會的舉行，並自二十世紀六〇年代初起連續在乒乓球世界錦標賽上獲得冠軍，同時在支持越南、古巴和亞非拉美其他一些國家的反侵略反霸權鬥爭中表現了一個大國的嚴正立場。

一九七〇年前後，中國在修復因「文革」造成破壞的與一些國家外交關係的同時，同亞、非、美、歐的科威特、土耳其、奈

---

57 毛澤東：《新民主主義論》，《毛澤東選集》第 2 卷，第 706-707 頁。

及利亞、秘魯、比利時、加拿大等二十五國建交[58]，國際上要求恢復中華人民共和國聯合國合法席位的呼聲日高。一九七一年十月二十五日第二十六屆聯合國大會以七十三票對二十五票壓倒多數通過恢復中華人民共和國在聯合國的一切合法權利，將臺灣當局從聯合國一切機構清除出去的議案[59]。一九七二年，美國總統尼克森和日本首相田中角榮先後訪華，確立了中美、中日建交的基礎。一九七四年四月鄧小平在聯合國大會上闡述了毛澤東提出的「三個世界」理論。這個理論雖然仍是在全球戰略的角度理解世界格局，確定外交方針，但為改革開放後完全改變中國與西方國家的對抗狀態，確定全新的國際合作發展方針走出關鍵一步。

一九七八年中共十一屆三中全會確定改革開放，中國真正走向世界。這要歸功於中國共產黨幾代新的領導集體走向世界的胸懷和立足於時代高度放眼未來的遠見。同時，也充分體現出中華民族新一代人的開放精神。

曾留法勤工儉學、在蘇聯莫斯科中山大學學習，又有著豐富外交鬥爭經驗的鄧小平[60]具有現代開放意識。還在一九七五年主

---

58 參見謝益顯主編：《中國外交史（中華人民共和國時期 1949—1979）》，第 392 頁。

59 參見楊奎松主編：《冷戰時期中國對外關係》，北京大學出版社 2006 年版，第 239 頁。

60 鄧小平 1920 年赴法，1926 年初赴莫斯科，不久，進入中山大學，1926 年底回國。見毛毛《我的父親鄧小平》第 12、21 節，中央文獻出版社 1993 年版。澳大利亞學者大衛・古德曼在《鄧小平政治評傳》（中共中央黨校出版社 1995 年版）中多次提到鄧小平的外交經驗，如說到 1954 年赫魯雪夫訪北京期間與中共領導人就兩黨關係進行「第一

持「整頓」期間，他就注意到各國引進新技術、新設備和在製造方面的協作性，要求擴大進出口，引進「高、精、尖的技術和設備[61]」。改革開放後，他親自部署對外開放工作，支援榮毅仁創辦了中國國際信託投資公司，倡辦經濟特區，推動沿海、珠三角、上海和長三角，及內陸城市的開放[62]，逐漸形成「和平和發展是當代世界的兩大問題[63]」的看法，改變了此前中國共產黨長期堅持的戰爭與革命思維。又總結一九五七年後「左」的錯誤的實質「就是對外封閉，對內以階級鬥爭為綱，忽視發展生產力[64]」。提出要發展經濟，就「要擴大對外開放[65]」，「要謀求發展，擺脫貧窮和落後，就必須開放[66]」，「閉關自守不行」「開放

輪談判」時，鄧小平「是五個談判成員之一」（該書第 130 頁）；又說1956—1963 年，鄧多次出訪莫斯科，60 年代中蘇兩黨論戰公開化時，「鄧是中共中央委員會寫作組的正式首腦」（該書第 129 頁）。總的說，外交事務是鄧小平「具有一定經驗和專長的政策領域」之一（該書第167 頁）。

61 鄧小平：《關於發展工業的幾點意見》，《鄧小平文選》（1975-1982），第 29 頁。

62 王炳林：《從封閉到開放——中國的歷程》，安徽人民出版社 1998 年版，第 49、50 頁。

63 鄧小平：《和平和發展是當代世界的兩大問題》，《鄧小平文選》第 3卷，第 104 頁，中共十三大在此思想基礎上提出「和平與發展是當代世界的主題」的論斷。

64 鄧小平：《形勢迫使我們進一步改革開放》，《鄧小平文選》第 3 卷，第269 頁。

65 鄧小平：《利用外國智力和擴大對外開放》，《鄧小平文選》第 3 卷，第32 頁。

66 鄧小平：《要吸收國際的經驗》，《鄧小平文選》第 3 卷，第 266 頁。

不堅決不行[67]」，「開放是對世界所有國家開放，對各種類型的國家開放[68]」。歡迎發展中國家，也歡迎發達國家同中國合作[69]。在反對霸權主義、強權政治的前提下改善與美國、歐洲國家的關係，希望各國認識到「中國的發展，對世界有利[70]」；主張以和平共處五項原則為準則，通過「南南合作」推動「南北合作[71]」，「建立國際政治新秩序和經濟新秩序[72]」。

中國的傳統和現實表明，執政者的思想和決策導向決定民族精神和社會心理的趨向。正是在鄧小平開放思想的指導下，黨和政府在國內改革進程中不斷擴大經濟、文化領域的對外開放，以新的姿態走上國際政治舞臺，推動中國全方位走向世界。

現代中國真正走向世界是從建立經濟特區開始的。一九七九年七月，中共中央國務院批轉廣東、福建兩省請求利用地近港澳、華僑多、資源豐富的條件，試辦出口特區、利用外資加快經濟發展的報告，決定在深圳、珠海試辦特區[73]。次年，決定建立

---

67 鄧小平：《視察上海時的談話》，《鄧小平文選》第 3 卷，第 367 頁。

68 鄧小平：《改革的步子要加快》《鄧小平文選》第 3 卷，第 237 頁。

69 參見鄧小平：《以和平共處五項原則為準則建立國際新秩序》，《鄧小平文選》第 3 卷，第 282 頁。

70 鄧小平：《我們的宏偉目標和根本政策》，《鄧小平文選》第 3 卷，第 79 頁。

71 鄧小平：《和平共處原則具有強大生命力》，《鄧小平文選》第 3 卷，第 96 頁。

72 鄧小平：《國際形勢和經濟問題》，《鄧小平文選》第 3 卷，第 353 頁。

73 《對外開放政策文獻彙編（1979 年 7 月-1985 年 4 月）》，中共中央黨校出版社 1985 年版，第 35 頁。

汕頭和廈門經濟特區。一九八八年決定建制海南省，作為最大的經濟特區。

　　經濟特區最初的功能是利用國家政府給予的特殊經濟政策和不同於內地的經濟管理體制，吸收外資，後逐漸成為反映世界經濟動態的「視窗」，成為引進技術、加工生產、方便進出口、實驗市場管理和高速度發展的以工業為主、工貿技相結合、外向型、多功能的綜合性經濟區域。以影響最大的深圳特區為例，僅自一九八一年到一九八六年五年裡，就以一個無名的邊陲小縣發展為具有六十餘萬人口，九百多家企業，總產值二十六點五億元，聞名全國的開放前沿城市。一九八九年該市工商企業更達六千四百七十家，國民生產總值九十三億多元，出口貿易額達二十一點七四億美元，電話可直撥國內上百個城市和中國香港、東南亞、美國、西歐等地，成為中國最先跨入現代化的城市和對外開放的視窗。而海南省洋浦經濟開發區關於可以向外商一次性出讓土地使用權，可以設立外商銀行和其他金融機構，實行封閉式隔離管理和保稅區⁷⁴政策，則將特區開放推向新高度。

　　一九八四年五月，中共中央和國務院批轉《沿海部分城市座談會紀要》，決定開放大連、秦皇島、天津、煙臺、青島、連雲港、南通、上海、寧波、溫州、福州、廣州、湛江、北海十四個

---

74 保稅區享有比經濟特區更特殊的「自由貿易區」的優惠政策，包括免除進出口關稅、進出口貨物許可證，設立轉口貿易機構、現匯管理和企業外匯金額留成、貨品交易等。

沿海城市，擴大這些城市對外開展經濟活動的權力，以優惠政策加速引進資金、技術、人才，抓好現有企業的技術改造，提高經營管理水準，開發新產品新技術，發展重點產業，擴大出口創匯，吸引外來投資開工廠，並在有條件的情況下興辦經濟技術開發區[75]。一九八八年到二十世紀九〇年代，在陸續實現全國內陸所有省會和自治區首府開放的同時，北京、武漢、瀋陽、天津、上海、南京等大中城市設立高新技術開發區，應對世界高新技術革命的挑戰，利用知識技術密集的優點，從事高新技術開發，推動中國高新技術生產國際化。

一九八五年二月開始，中央以建立沿海開放區和沿海開放帶為目標，開闢長江三角洲、珠江三角洲和閩南廈漳泉三角地帶為開放區。一九八八年把遼東半島、膠東半島、河北環渤海地區列為開放區，加上同年開放的海南省，這一片區域最後形成包括數十個省級直轄市、二百餘市縣的沿海經濟開放帶。一九九〇年中央決定建立上海浦東新區，一九九二年開放蕪湖、九江、武漢、岳陽、重慶五個長江沿岸城市。與此同時，為加強與周邊地區毗鄰國家的貿易和技術合作，擴大國內各省對外交流，開放了黑龍江、吉林、內蒙古、新疆、廣西、雲南、西藏、遼寧等省和自治

---

75 經濟技術開發區是指在開放城市中劃出相對獨立的區域，實行經濟特區的某些優惠政策，引進國內急需的先進技術，集中興辦中外合資、合作、外商獨資企業和中外合作的科研開發新技術、新產品，促進原有技術改造、高速產業結構，提高這些城市的對外開放能力，加速其經濟發展和輻射腹地的能力。到 20 世紀 90 年代中期，這類經濟技術開發區就達到了幾十個。見王炳林：《中國開放史》，第 122、125 頁。

區的多個邊境市縣，發展邊貿、旅遊，組織勞務輸出等，從而形成有重點、有層次，由點到面、逐步推進、全面展開的全國對外開放格局。

不斷加大對外開放力度，推動了外貿、技術引進、外資利用、國際勞務合作和旅遊業的發展。我國進出口貿易總額「文革」前最高年份是一九五九年的 43.8 億美元，一九七八年為 206.4 億美元，一九八九年達到 116.8 億美元，一九九七年達到 3251 億美元[76]。到二〇〇八年，進口 11511 億美元、出口 14105 億美元，總額達到 25000 億美元以上，進出口總額僅次於美、德兩國，居世界第三位，出口額為世界第一[77]。利用外資，一九八三年不到 19 億美元，一九八八年即達 102 億美元，一九九二至一九九七年六年間實際利用外資額為 2683.12 億美元，[78] 平均每年達 400 億美元以上[79]；二〇〇二年以來，中國利用外資的數額

---

76 吳樹青主編：《鄧小平理論概論》，遼寧教育出版社 1997 年版，第 216 頁。

77 《新京報》2009 年 3 月 29 日 B02-03 版。

78 吳樹青主編：《鄧小平理論概論》，第 216、219 頁。

79 吳樹青主編：《鄧小平理論概論》，第 221 頁。利用外資引進創新的一個典型是廣東大亞灣核電站的建立。1985 年 1 月，廣東省電力公司同香港中華電力公司簽訂合營合同，從英法銀行貸款 40 億美元，建立大亞灣核電站。1994 年正式建成發電，到 2008 年 7 月，該項目還清貸款共 56.72 億美元，「完成了在建規模從『零』到『世界第一』的跨越」。由該電站起步建立的廣東核電集團總資產達到 893 億美元，保證了國有資產的保值增值，「標誌著引進國外資金、技術和管理，高起點起步、跨越式發展核電取得巨大成功」。這是中國改革開放後引進外資促進發展的典型案例，反映了中國走向世界的一個側面。

一直居於世界前三位[80]。新中國第一家證券交易所上海證券交易和深圳證券交易所也於二十世紀九〇年代初成立。近年來，中國一些公司在海外上市，並開始投資國外證券市場。全國對外承包工程和勞務合作簽訂合同的國家和地區一九七六至一九七八年只有2個，一九八九年達到124個，合同金額一九九六至一九七八年只有0.02億美元，一九八九年達到22.12億美元；一九九七年同我國簽訂勞務合作合同的國家和地區達178個，實際完成營業額達到482.51億美元[81]。國際旅遊業1988年我國接待國際遊客、華僑及港澳和臺灣地區同胞570萬人，旅遊外匯收入6.17億美元，1997年接待人數增至5759萬人次，外匯收入達到121億美元[82]。

更為重要的是，積極對外開放有力推動了國內經濟體制從計劃經濟向市場經濟的轉軌。

一九五七年我國按照蘇聯模式建立了政治經濟高度集權的社會主義制度，實行黨委領導、政企合一、統一計畫的經濟體制。這種體制有利於發揮落後國家集中資源加快建設的長處，也帶來僵化和閉關保守的弊端。改革開放後，黨和政府先後提出「計劃經濟為主、市場調節為輔」「公有制基礎上的有計劃商品經濟」「社會主義商品經濟」等改革模式。黨的十三大以後，鄧小平多

---

80 房寧：《民主還是中國的好》，《紅旗文稿》2009年第2期。
81 吳樹青主編：《鄧小平理論概論》，第222頁。
82 參見《全國各省、自治區、直轄市歷史統計資料彙編》，中國統計出版社1990年版，第27-29頁。

次談到市場經濟問題，指出：「資本主義與社會主義的區分不在於是計畫還是市場[83]」、要以「是否有利於發展社會主義社會的生產力，是否有利於增強社會主義國家的綜合國力，是否有利於提高人民的生活水準」作為判斷工作得失的標準；「社會主義要贏得與資本主義相比較的優勢，就必須大膽吸收和借鑒人類社會創造的一切文明成果，吸收和借鑒當今世界各國包括資本主義發達國家的一切反映現代社會化生產規律的先進經營方式、管理方法[84]」。根據這一思想，中共十四大提出建立社會主義市場經濟體制。

中國的社會主義市場經濟體制，最初的期望目標是「使市場在國家宏觀調控下對資源配置起基礎性作用」，其所有制構成原則基於「公有制為主體、多種經濟成分共同發展」。其重要內容是轉換原有國有企業的經營機制，基本框架是建立適應市場經濟要求，產權清晰、權責明確、政企分開、管理科學的現代企業制度；建立全國統一開放的市場體系，實現城鄉市場緊密結合，國內市場與國際市場相互銜接；轉變政府管理經濟的職能，由以往制訂計畫，控制原材料、生產、流通、價格，直接領導經濟建設轉變為「以間接手段為主」的宏觀調控；以按勞分配、效率優先、兼顧公平，鼓勵一部分地區一部分人先富起來，走共同富裕

---

83 鄧小平：《善於利用時機解決發展問題》，《鄧小平文選》第 3 卷，第 364 頁。

84 鄧小平：《在武昌、深圳、珠海、上海等地的談話要點》，《鄧小平文選》第 3 卷，第 372、373 頁。

的道路為原則，建立按勞分配為主體多種分配方式並存的分配制度，建立多層次的社會保障制度，並「圍繞這些主要環節，建立相應的法律體系」。

國有企業依西方發達國家創立的「股份制」模式，改造成獨資公司、有限責任公司或股份有限公司等現代企業，實現出資者所有權與企業法人財產權的分離，企業擺脫對行政機關的依賴，國家解除對企業承擔的無限責任。其基本特徵：一是產權關係明晰，企業的國有資產所有權屬於國家，企業擁有包括國家在內的出資者投資形成的全部法人財產權，成為享有民事權利、承擔民事責任的法人實體；二是企業依法自主經營，自負盈虧，照章納稅，對出資者承擔資產保值增值的責任；三是出資者按投入企業的資本額享有所有者的權益，即資產受益、重大決策和選擇管理者等權利，企業破產時對企業債務負有限責任；四是企業按照市場需求組織生產經營，以提高勞動生產率和經濟效益為目的，政府不直接幹預企業的生產經營活動，企業在市場競爭中優勝劣汰，長期虧損、資不抵債的許其依法破產；五是建立科學的企業領導體制和組織管理制度，調節所有者、經營者和職工之間的關係。

按照這一要求，原有全國性行業總公司逐步改組為控股公司，出現一批以公有制為主體、以產權聯結為主要紐帶的跨地區、跨行業的大型企業集團。一般小型國有企業，部分實行承包經營、租賃經營，有的改組為股份合作制，有的出售給集體或個人。與此同時，政府鼓勵個體、私營、外資經濟發展，與公有制經濟一起，參與市場競爭。國家為各種所有制經濟平等參與市場

競爭創造條件，對各類企業一視同仁，規範市場行為，打破地區、部門的分割和封鎖，反對不正當競爭，創造平等競爭的環境，推進價格改革，建立主要由市場形成價格的機制，放開競爭性商品和服務的價格，取消生產資料價格雙軌制，加速生產要素價格市場化進程。改革商品流通體系，進一步發展商品市場。國有流通企業轉換經營機制，參與市場競爭。發展金融市場、勞動力市場、房地產市場、技術市場和資訊市場。改善和加強對市場的管理和監督，建立正常的市場進入、市場競爭和市場交易秩序，保證公平交易，平等競爭，保護經營者和消費者的合法權益。

政府職能逐漸轉變為主要是制訂和執行宏觀調控政策，搞好基礎設施建設，創造良好的經濟發展環境，培育市場體系、監督市場運行和維護平等競爭，調節社會分配和組織社會保障，控制人口增長，保護自然資源和生態環境，管理國有資產和監督國有資產經營，實現國家的經濟和社會發展目標。政府運用經濟手段、法律手段和必要的行政手段管理國民經濟，不直接干預企業的生產經營活動，建立和不斷完善宏觀經濟調控體系，推進財稅體制和金融體制改革。中國人民銀行的職能從主要依靠信貸規模管理，轉變為運用存款準備金率、中央銀行貸款利率和公開市場業務等手段，調控貨幣供應量，保持幣值穩定，同時建立政策性銀行，實行政策性業務與商業性業務分離。深化投資體制改革，建立法人投資和銀行信貸的風險責任。根本改變國家計畫體制的職能，國家計畫以市場為基礎，主要為合理確定國民經濟和社會發展戰略、宏觀調控目標和產業政策，搞好經濟預測，規劃重大

經濟結構、生產力佈局、國土整治和重點建設等提出指導性計畫，突出宏觀性、戰略性、政策性，建立新的國民經濟核算體系，完善宏觀經濟監測預警系統。

此外，強調國家依法保護法人和居民的一切合法收入和財產，鼓勵居民投資，允許屬於個人的資本等生產要素參與收益分配。建立多層次的社會保障體系，包括社會保險、社會救濟、社會福利、優撫安置和社會互助、個人儲蓄積累保障，完善企業養老和失業保險制度，改革城鎮職工養老和醫療保險制度。

在農村已經實現從人民公社到鄉鎮村行政體制轉型的基礎上繼續深化改革，調整產業結構，加快鄉鎮企業和其他非農產業的發展，培育農村市場，允許土地使用權依法有償轉讓，允許採取轉包、入股等多種形式發展適度規模經營，發展農村社會化服務體系，促進農業專業化、商品化、社會化，積極面向國際市場，大力發展高附加值產品和出口創匯農業。鄉鎮企業發展股份合作制，進行產權制度和經營方式的創新，允許農民進入城市務工經商，發展農村第三產業，促進農村剩餘勞動力的轉移。

社會主義市場經濟體制的建立和發展，使中國社會經濟結構發生重大變化。一方面，公有制為主體，保障了社會主義經濟基礎，按勞分配為主，成為社會公平的基本保障，國家掌握經濟命脈和宏觀調控的有力手段，提高了國家抵禦經濟風險的能力。另一方面，多種經濟形式並存，多種分配形式並存，以及公有制的多種實現方式，國有和集體所有企業的股份構成方式，特別是依照市場經濟規律運作的經營方式，不僅起到合理配置資源的作用，而且使我們的經濟組織和運作方式日益接近世界現代生產方

式即經濟全球化的要求，使整個社會的生產關係得到有效調整，有助於推動生產力的迅速發展，對於我國經濟連續多年高速度增長，起到重要作用。

也正是以社會主義市場經濟的發展為基礎，二〇〇一年中國加入了世界貿易組織。

世界貿易組織成立於一九九五年，其前身是一九四七年成立的關貿總協定，中國是創始國之一，但新中國一度被排斥其外。一九七一年中國重返聯合國時，尚未實行市場經濟，把市場經濟等同於資本主義，認為總協定是一個「富國俱樂部」，因此沒有提出複關申請[85]。直到一九八六年七月，中國才正式請求恢復關貿總協定締約國地位。次年，世界貿易組織成立，取代關貿總協定。經過十五年談判，二〇〇一年十一月世貿組織於杜哈舉行第四次部長級會議，表決接受中國加入世貿組織。

加入世貿組織，是中國進入經濟全球化運行體系的一個重要標誌。可以在世貿組織成員之間享受無條件、多邊、永久和穩定的最惠國待遇；對大多數發達國家出口的工業品及半製成品享受普惠制待遇；享受其他世貿組織成員開放或擴大貨物、服務市場准入的利益；利用世貿組織的爭端解決機制，公平、客觀、合理地解決與其他國家的經貿摩擦，營造良好的經貿發展環境；參加多邊貿易體制的活動獲得國際經貿規則的決策權；享受世貿組織

---

85 龍永圖：《入世談判 15 年，先掃障礙再講條件》，《新京報》2008 年
12 月 11 日。

成員利用各項規則、採取例外、保證措施等促進本國經貿發展的權利[86]。曾任中國「入世」首席談判代表的龍永圖認為，中國加入世界貿易組織，將按照國際通行規則從事對外經貿活動，進一步開放市場，在全球樹立一個負責任、守規則的國際形象，對於改善中國的商務和投資環境具有重要意義，將大大促進對外經濟合作和交流[87]。

從中共十四大提出建立社會主義市場經濟，到中國加入世貿組織進入經濟全球化體系，再到中共十七大提出在科學發展觀指導下，完善基本經濟制度，健全現代市場體系，拓寬對外開放廣度和深度，提高開放水準[88]，中國已經成為世界經濟舞臺上的重

---

86 《加入世界貿易組織後，我國享有的基本權利》，人民網，2001 年 9 月 11 日。

87 《龍永圖細說加入世貿給中國帶來的三大變化》，人民網，2002 年 3 月 27 日。

88 1993 年中共十四屆三中全會通過的關於建立社會主義市場經濟體制若干問題的決定提出的相應對外開放要求核心是：形成「充分利用國際國內兩個市場、兩種資源」的觀念，發展開放型、外向型經濟。加速轉換各類企業的對外經營機制，進一步開放國內市場，鼓勵興辦出口型企業。2003 年中共十六屆三中全會提出的相應要求是：按照市場經濟和世貿組織規則的要求，加快內外貿一體化進程，進一步提高貿易和投資的自由、便利程度；注重引進技術的消化吸收和創新提高，鼓勵國內企業增強參與國際合作和競爭的能力，積極參與和推動區域經濟合作。2007 年 10 月中共十七大報告提出的對外開放要求核心是：把「引進來」和「走出去」更好結合起來，完善內外聯動、互利共贏、安全高效的開放型經濟體系，加快轉變外貿增長方式，立足以質取勝，促進加工貿易轉型升級，發展服務貿易，支持企業開展國際化經營，實施自由貿易區戰略。由這些政策內容的轉變可見對外開放程度的步步提高和中國參與經濟全球化程度的提高。

要成員，國際地位日益提高。跨入新世紀以來，中國的對外區域性和全球性合作範圍不斷擴大。二〇〇一年十一月，中國與東南亞聯盟組織達成共識，十年內建立中國—東盟自由貿易區。這將是發展中國家組成的最大的自由貿易區，擁有十七億人口、國內生產總值達二萬億美元、貿易總額達一點二萬億美元。二〇〇三年十月，中國政府在印尼峇里島舉行的第七次東盟與中國領導人會議上宣佈加入《東南亞友好合作條約》，並與東盟簽署了宣佈建立「面向和平與繁榮的戰略夥伴關係」的聯合宣言，成為第一個加入《東南亞友好合作條約》的域外大國。二〇〇一年，我國海南省博鰲鎮成為博鰲洲論壇的總部所在地。這個論壇是第一個總部設在中國的國際會議組織，由菲律賓前總統拉莫斯、澳大利亞前總理霍克及日本前首相細川護熙發起，是一個非政府、非營利的國際組織，目前已成為亞洲以及其他大洲有關國家政府、工商界和學術界領袖就亞洲以及全球重要事務進行對話，致力於通過區域經濟的進一步整合，推進亞洲國家實現發展目標的高層次平臺，已經獲得亞洲各國的普遍支持，並贏得了全世界的廣泛關注。此外，中國政府還與周邊國家組成亞太經濟合作組織、加入國際經濟合作二十國集團[89]，並承辦包括世界貿易博覽會等在內

---

89 20 國集團（G20）是一國際經濟合作論壇，由美、日、德、法、英、意、加、俄、歐盟、中國、巴西、印度、澳大利亞、南非、阿根廷、印尼、墨西哥、沙特、韓國、土耳其 20 個國家組成。這些國家的 GDP 總量占世界 85%。自 1999 年起 20 國集團每年召開財長與央行行長會議，2008 年 11 月在華盛頓召開首次金融峰會，2009 年 4 月在倫敦舉行第二次峰會。

的國際大型事務。二○○八年，北大教授林毅夫當選聯合國經濟委員會首席專家和世界銀行副行長。二○○八至二○○九年世界發生大規模金融危機，中國政府積極提出四萬億人民幣的經濟刺激計畫，採取一系列措施，參與全球「救市」，提出建立新國際性儲備貨幣設想，充分展現了在世界經濟發展體系中一個有影響負責任大國的形象[90]。二○○九年四月，胡錦濤赴英國出席 G20 峰會，並在會議上闡述中國政府應對世界金融危機的重要意見。

也正是在改革開放過程中，中國敞開了對外文化交流的大門。

一九七八年十二月，五十二名中國赴美留學人員抵達華盛頓，一九八○年美國五十八所大學聯合在中國招考研究生，一九八一年托福考試進入中國，一九八五年國家有關部門取消自費出國留學資格審核……其間，中國出國人員英語水準測試 EPT，以及 TOEFL、GRE、雅思考試的制度化和相伴而生的「新東方」外語學校一類奇跡的延續，演繹了新時期中國學生留學，學者進修、訪學的歷史[91]。一九七八至一九八九年的十二年間，國家教委派出留學生 96100 人，其中公費生 29990 人；一九七八至二○○七年的三十年間，各類出國留學人員總數達到 121.17 萬

90　《G20：爭豔倫敦　謀局世界》，《新京報》2009 年 3 月 29 日。

91　中國近代留學的歷史自 19 世紀容閎推動清政府派赴美國 3 批 120 名學童、嚴復等赴英國進修船艦知識。1896 年中國人開始留學日本，到 20 世紀初至民國時期達到高潮。新中國成立後，中國政府外派留學生主要是去蘇聯。直到 1978 年以後，才重新打開赴美歐國家留學之路，至今持續不衰。

人，擴大了 168 倍[92]。特別是政府積極為留學生回國創業創造條件，吸引遊子回國創業，而對於因多種原因滯留未歸者，採取寬容理解的態度，表現出現代國家在人才培養和使用方面的世界眼光和開放胸懷。

與此同時，自一九八〇年初始，黨和政府以及地方企事業單位外出進修、學習、參觀、考察、合作研究、參加各種類型國際會議的人員和國內各領域組織的國際研討會也愈來愈多，儘管其中雜有借公款旅遊的不良成分，但為國內各行業各層次的專業技術人員和管理人員瞭解當代世界各國經濟、文化、社會管理等提供了條件。此外隨著對外勞務的開放，愈來愈多的普通人到國外務工，愈來愈多的人自費到國外旅遊。辦理出國護照簽證的週期大大縮短，手續大大簡化。國家有關部門放開跨國婚姻和移居外國的限制，亦有愈來愈多的國外遊客入境。隨外貿擴大，合資企業、外資企業增多，愈來愈多的外國人也到中國尋找工作機會。中國人跨國界商務、旅遊、探親等各類交往成為愈來愈平常的事情。在走出去和請進來的過程中，國人不斷加深對當今世界的瞭解，與外國人之間的隔閡日漸消除。

在教育學術出版傳媒等領域的對外交往方面，改革開放後不久，國家就放寬有關限制，國外期刊圖書進口品種和數量逐年增加，中國出現有史以來持續時間最長、引入域外學術思想文化範圍最廣、引起各方面變化最大的文化引進浪潮。有關二十世紀中

92 《新京報》2008 年 11 月 3 日。

期以來各國流行的哲學、史學、文學、經濟學、政治學、社會學等著作大量翻譯出版[93]。二十世紀中期以後世界範圍內陸續發展起來的高科技各領域各學科各門類的知識資訊，以及以往為我們忽視的二十世紀以來盛行一時的哲學社會科學流派如價值學、人學、存在主義、語言學、現代化理論、後現代主義、西方馬克思主義、闡釋學、現代西方經濟學、政治學、社會學，管理科學、精神分析學和各種超現實主義的抽象派藝術、繪畫、意識流小說、新潮影視[94]、服裝表演、舞蹈、大型雜技表演、各種音樂會等等，都被介紹到國內，引起國內思想、學術、文學、藝術領域出現翻天覆地的革命。同時，引進國外技術和合資合作促成國內短時間內答錄機、電視、電話、電腦、手機[95]、電子照相機、攝

---

[93] 1984 年起，四川人民出版社出版「走向未來叢書」，內中以翻譯、編譯、編著的方式收入美國學者阿歷克斯・英格爾斯《人的現代化》，以及《沒有增長的極限》《新的綜合》等若干部國外人文社會科學著作；1988 年起江蘇人民出版社出版「海外中國研究叢書」，以國外對中國現代化問題研究為主題，出了一批世界知名學者的優秀著作，對國內中國近代史和現代化問題的研究產生重大影響；同一時期，華夏出版社以「二十世紀文庫」之名出版了一批人文社會科學譯作。此外，這一時期出版的各學科特別是文化人類學、語言學、精神分析學、現代經濟學、宗教學等各學科各方面的著作頗多，世界各國 20 世紀以來流行的學術、文化、科學、教育等的重要學說、重要學者、學術思想潮流等，大都經漢文的翻譯詮釋，進入現代中國人的視野。可以不誇張地說，改革開放以來中國與世界圖書出版方面的文化交流遠遠超過歷史上任何一個時期。

[94] 1986 年上海舉辦了第一個「國際友好城市電視節」，開啟了港臺國外電視劇進口的端緒。《新京報》2008 年 12 月 10 日。

[95] 1985 年 12 月，北京電信管理局與美國摩托羅拉公司簽訂行動電話系統

像機等迅速普及或流行，錄音磁帶發展為光碟，影印機、印表機、傳真機由辦公室轉入家庭，從港臺歌星鄧麗君的歌帶暢銷、費翔登上春晚舞臺，到世界三大著名男高音聯手在華表演，大型歌劇《圖蘭朵》在天安門上演，大量海外明星來華，從港臺電視劇，印度、日本、法國、墨西哥影片和室內情景劇、大型連續劇的引入，到美國好萊塢大片在國內創造票房紀錄，中國人的娛樂生活發生了翻天覆地的變化。

一九八七年十一月，國外第一家肯德基在北京開張，不久，麥當勞登陸中國。到二〇〇八年三月，中國已有四百五十多個城市開設了二千一百多家肯德基和幾乎同樣數目的麥當勞。從兒童到成人愈來愈多的人接受了「肯德基」「麥當勞」的炸雞塊、漢堡包和可口可樂。同一時期，在國外有大量中國餐館開張營業。中國人的飲食文化也走向世界。法國家樂福超市等進入中國，則帶動了國內百貨零售業的新理念和新方式。

在交通通訊方面，中國開通了與世界上多數國家之間的航線，國際電話聯絡、英特網路系統，中國的手機數量和上網人數均已列世界第一位。中國引進概念和技術建造高速公路、高鐵和發展地鐵，改變了中國人的出行方式，辦公自動化普及改變了許多工作和社會服務方式，家庭汽車的發展改變著普通人的生活理

合同，1988 年正式推出行動電話「大哥大」，1990 年行動電話可以私人購買，中國開始步入手機通訊時代。到 2008 年，僅北京移動的客戶總數就超過 1000 萬。

念……所有這些，引發了國人生活意識的革命，國人的價值觀念、思維方式、思想內容、審美觀念、文化情懷、生活情趣、衣著服裝、行為取向、道德觀念等等，都發生了極大變化。

在引進文化的同時，國人也積極努力，將中國的文化推向世界。

乒乓球是許多中國人喜歡的運動。二十世紀七〇年代初，中國政府以乒乓球比賽為媒介傳遞資訊，實現了中美和解，用「乒乓外交」打開中國與美國及西方世界交往的大門。新時期，國人將乒乓球競技水準推向新的高度，不但多次獲得世界大賽冠軍，而且允許運動員、教練員到國外打球或擔任教練，形成強大的「海外兵團」，將中國人的影響帶到許多國家[96]。一九八四年新中國運動員赴洛杉磯第一次參加奧運會，回到世界奧林匹克體育大家庭。幾年後，馬家軍在斯圖加特刮起奪冠的旋風，王軍霞打破女子萬米世界紀錄，獲得奧運會女子五千米冠軍，劉翔打破男子田徑一百一十米欄世界紀錄，獲得奧運會冠軍。此外，中國運動員全面提高競技運動水準，在跳水、游泳、競走、舉重、羽毛球、國際象棋等許多項目上奪得重要國際賽事的冠軍，甚至打破世界紀錄，直到二〇〇八年，北京成功舉辦第二十九屆奧運會，中國代表團獲得金牌第一，中國體育終於躋身世界前列，受到全

---

96 國家隊著名上海籍女運動員何智利加入日本籍，改名小山智利，不僅連續多年獲得日本冠軍，並且在亞運會上打敗世界冠軍中國著名選手鄧亞萍，這件事體現中國人走向世界的意義遠遠大過了競賽本身的意義。

世界的尊重。

此外，中國的國粹雜技多次獲得國際金獎，武術、京劇到各國表演或演出。姚明、王治郅、巴特爾、鄭海霞等男女運動員走進美國職業籃球賽，張藝謀、陳凱歌等導演的電影獲得國際大獎，李連傑、章子怡等中國演員走進好萊塢世界，鋼琴演奏家、歌唱演員獲得國際大獎。中國人在文化領域的許多方面已經進入世界，與各國平等地交流。

還應提到的是，中國在教育方面對外開放，學科門類體系與世界接軌，不僅外國的學校可以到國內招生，國內招收的留學生也愈來愈多。二○○四年十一月，韓國首爾建立了國外首家孔子學院。迄二○○八年底，中國已在全球七十八個國家和地區建立了二百四十九所孔子學院和五十六所孔子課堂[97]。有關方面還提供經費，組織人力將我國著名的古代文化經典和現代優秀的學術文化成果翻譯成外文，將我國的古今文化推向世界。

中國以開放的胸懷迎接當代世界文明，實行教育、學術、文化、旅遊等多方面的合作、互動，使愈來愈多的中國人享受當代世界文明生活方式，真正與各國各民族人民特別是西方國家人民交流，共同參與當代世界文化的創造。

中國經濟、文化走向世界的步伐推動中國政治也以新的面貌走上當今世界舞臺。

中共十二大召開的一九八二年，新一代中共中央領導人第一

97《「孔子」遠行讓世界更瞭解中國》，《新京報》2009 年 1 月 4 日。

次身著西裝取代中山裝出現在公眾場合，就展示了中國共產黨以新的面貌走向世界的決心。以鄧小平、江澤民、胡錦濤為首的幾代黨和政府領導人不僅在國內政策方面果斷停止以階級鬥爭為綱的路線方針，而且在國際事務方面提出並堅持和平與發展是當今世界主題的思想，從而改變了多年堅持的冷戰思維及聯合社會主義國家和被壓迫民族消滅「帝修反」的外交路線。在國際上堅持務實外交，爭取和平發展的大方向，以反對國際霸權主義為原則，以和平共處五項原則為基礎，要求建立新的合理的國際經濟和國際政治新秩序，與不同制度不同傳統的國家積極交往。特別是對於西方國家，黨和政府領導人經過多方面的努力，以「一國兩制」的思路經過談判解決了香港、澳門的回歸問題，同時在臺灣問題上堅持「一國兩制」的靈活方針，尋求和解，化解了與美國等國家之間的分歧。鄧小平提出中美兩國「在發展經濟、維護經濟利益方面有相互幫助的作用[98]」，西歐和東歐「都是維護（作者注：世界）和平的力量[99]」，致力於使中美、中英以及中國與其他國家之間的關係都能得到正常發展，同時謀求化解中蘇之間的矛盾。鄧小平先後於一九七八、一九七九年應邀赴日、美兩國進行正式友好訪問，將中國謀求和平發展與合作的資訊帶給世界，並會見蘇聯領導人戈巴契夫，實現中蘇和解。二十世紀八

---

98 鄧小平：《結束嚴峻的中美關係要由美國採取主動》，《鄧小平文選》第 3 卷，第 332 頁。

99 鄧小平：《改革開放使中國真正活躍起來》，《鄧小平文選》第 3 卷，第 233 頁。

○年代末和二十世紀九○年代初，國內發生政治風波，蘇聯解體、東歐劇變，西方國家採取敵視中國的政策。中國政府採取了「冷靜觀察」「穩住陣腳」「沉著應付」的方針[100]。在堅持中國特色社會主義道路的同時，積極開展外交活動，取得成功。

江澤民二十世紀九○年代先後兩次訪問日本。雙方發表《聯合宣言》，宣佈「面向二十一世紀，建立致力於和平與發展的友好合作夥伴關係[101]」；一九九五年訪問韓國，表示「中國願本著『平等互利、優勢互補、真誠合作、共同發展』的原則，繼續深化同韓國的經貿關係[102]」；一九九四至一九九七年三次訪問莫斯科，與葉利欽總統共同宣佈建立「平等信任、面向二十一世紀的『中俄戰略協作夥伴關係[103]』」；自一九九三年起和美國總統克林頓四次會晤後，於一九九七年正式以中國元首身份訪問美國，表示中美兩國「在維護世界及地區和平與穩定、促進全球經濟發展、防止大規模殺傷性武器擴散、推動亞太區域合作、打擊國際犯罪等問題上存在廣泛的共同利益」，願意「發展兩國在各個領域的合作[104]」。同一期間，中國政府領導人還提出以「互信、互

100　鄧小平：《改革開放政策穩定，中國大有希望》，《鄧小平文選》第 3 卷，第 321 頁。

101《紅色外交：中國領導人出訪及在外演講紀實》，湖南人民出版社 2006 年版，第 99 頁。

102《紅色外交：中國領導人出訪及在外演講紀實》，第 160 頁。

103 這是以和平共處五項原則為基礎的，不結盟、不對抗、不針對第三國的新型國家關係。見《紅色外交：中國領導人出訪及在外演講紀實》，第 112 頁。

104《紅色外交：中國領導人出訪及在外演講紀實》，第 136、137 頁。

利、平等、協作」為中心內容的「新安全觀」，強調以各國人民利益為重，「不計較社會制度和意識形態的差別，擴大共同利益的匯合點」，「堅持與鄰為善，以鄰為伴，加強區域合作，加強睦鄰友好」，通過平等對話協商、公平合理解決歷史爭端問題，開展多邊外交，在聯合國和其他國際及區域性組織中發揮作用[105]。又以「穩定周邊，立足亞太，走向世界[106]」為方針，舉行上海經濟合作會議，發展與烏茲別克斯坦、土庫曼斯坦、哈薩克、吉爾吉斯斯坦、蒙古等國的經濟合作，以及進一步改善與以色列、巴勒斯坦、土耳其、希臘、南非、保加利亞、德國、盧森堡、荷蘭、義大利等國的外交關係。

　　進入新世紀，胡錦濤為首的黨和國家新一代領導集體，繼續堅持改革開放方針。胡錦濤在中共十七大報告指出：當今世界正處在大變革大調整之中，中國人民願意同各國人民攜手努力，建設永久和平、共同繁榮的和諧世界，「遵循聯合國憲章宗旨和原則，恪守國際法和公認的國際關係準則，在國際關係中弘揚民主、和睦、協作、共贏精神」，「始終不渝走和平發展道路」，「致力於和平解決國際爭端和熱點問題」，「始終不渝奉行互利共贏的開放戰略」，「堅持在和平共處五項原則的基礎上同所有國家發展友好合作」，「繼續積極參與多邊事務，承擔相應國際義務，

---

105 《「三個代表」重要思想概論》，中國人民大學出版社 2003 年版，第242、243 頁。

106 《紅色外交：中國領導人出訪及在外演講紀實》，第 100 頁。

發揮建設性作用，推動國際秩序朝著更加公正合理的方向發展」，這是因為「中國發展離不開世界，世界繁榮穩定也離不開中國[107]」。

　　如果說歐洲工業革命使西方國家進入現代社會並開啟了世界化、全球化的時代，鴉片戰爭以後由於列強以軍事侵略方式強行進入中國，造成中國與世界關係的扭曲，那麼，經過一九七八年以來三十多年的改革開放，中華人民共和國已經以全新的姿態進入當今世界。和平崛起的中國在當今世界上聲音日益響亮，中國人民在各個方面與世界各國人民的交往日益密切，中國人的生活方式、思維方式也愈來愈融入世界現代文明。當然，中國的開放還應繼續擴大，中國人的觀念還應當進一步解放，中國需要在更大的範圍內參與世界事務，中國應當與各國一道，為克服人類共同面臨的環境、和平、發展等問題合作進取，推動人類文明的進步。

---

107 胡錦濤：《高舉中國特色社會主義偉大旗幟為奪取全面建設小康社會新勝利而奮鬥──在中國共產黨第十七次全國代表大會上的報告》，人民出版社 2007 年版，第 46-47、47、48、49 頁。

第二十六章 —
中華民族的情懷：
「團結」、「統一」、「和諧」

團結統一，是中國人民的共同願望和民族情結。中國共產黨本著同呼吸、共命運的思想，努力維護和發展中華民族的大團結，確立了平等、團結、互助的社會主義民族關係；從海峽兩岸同根同源的血脈關係出發，堅持「一個中國」原則，捍衛國家統一和領土完整；從中華民族特有的「合」與「和」的關係出發，吸收傳統文化的精華，構建和諧社會的大廈。這一切的中心，是從民族團結、國家統一、社會和諧三個方面著手，建設一個人類歷史上前所未有的、理想的有中國特色的社會主義社會。

第一節 ▶ 多民族團結的大家庭

《中國革命和中國共產黨》這篇名著深情地指出：「中國是一個由多數民族結合而成的擁有廣大人口的國家」，「是一個偉大的民族國家[1]。」這樣一個擁有幾千年悠久歷史與文化的多民

---

1 毛澤東：《中國革命和中國共產黨》，《毛澤東選集》第 2 卷，第 622、623 頁。

族國家，之所以能自立於世界民族之林，根本原因之一就在於同呼吸共命運的民族團結。從民族意識來說，「中國是一個統一的國家，這一點已牢牢地印在我國的歷史意識之中，正是這種意識才使我們能作為一個國家而被保存下來[2]」。從民族利益來說，「能夠統一，全國人民便享福；不能統一，便要受害[3]」，各民族生死與共，休戚相關。因此，民族團結是中華民族精神的基本特徵和核心內容之一。

正因為如此，中共非常重視民族團結，把民族團結的重要性提到前所未有的戰略高度。一九九三年十一月上旬，江澤民在全國統戰工作會議上的講話中指出：中外歷史和現實都充分證明，沒有民族問題、宗教問題的正確解決，就沒有國家的團結、穩定和統一。對於我們這樣一個多民族國家來說，民族問題更是「關係到我們的國家統一、社會穩定、邊防鞏固、建設成功的大問題」，「民族、宗教無小事[4]」。經過多年努力，平等、團結、互助的社會主義民族關係已經確立，並將繼續加強和鞏固。

一、民族平等：反對民族壓迫和民族歧視

馬克思主義指出：各民族平等的聯合，反對民族歧視和民族

2　《復三藩市總支部電複唐克明函》，《孫中山全集》第 6 卷，中華書局 1985 年版，第 528-529 頁。

3　《在神戶與日本新聞記者的談話》，《孫中山全集》第 11 卷，中華書局 1986 年版，第 373 頁。

4　高廣溫、王成福主編：《黨的第三代領導集體治國決策述要》，紅旗出版社 2001 年版，第 415 頁。

壓迫，是解決民族問題的根本原則。各民族不論大小，一律平等。每個民族都是人類物質財富和歷史、文明的創造者。各民族應在完全平等的基礎上團結起來，堅決反對任何形式的民族歧視和民族壓迫。新中國一成立，中共領導的政府就向全國各民族人民莊嚴宣佈：澈底廢除一切民族壓迫制度，各民族一律平等，禁止對任何民族的歧視和壓迫。

「民族識別」，是消除民族壓迫和民族歧視、建立新型民族關係的前提和條件。一方面，中國從未進行民族界定，成分複雜，族稱混亂。另一方面，推行社會主義制度在具體問題上遇到許多困難，比如召開全國人民代表大會時要有各民族代表，這就需要知道中國到底有多少個民族？人數多少？居住何地？這些問題不弄清楚，怎能瞭解中國的國情？因此，自一九五〇年起，由中央及地方民族事務機關組織科研隊伍，對全國提出的四百多個民族名稱進行識別，一九七九年完成識別。截至一九九〇年全國第四次人口普查止，正式確認中國有五十六個民族。「幾十個解放前不被承認和處於無權狀態的少數民族，堂堂正正地成為祖國大家庭裡平等的一員[5]。」

在民族識別的過程中，中共把馬列主義關於民族觀的思想與中國的具體實際結合起來，解決了中國歷史上從未解決的民族界定問題。史達林在《馬克思主義和民族問題》一文中對「民族」作出經典解釋：民族是人們在歷史上形成的有共同語言、共同地

5　江澤民：《論民族工作》，《江澤民文選》第 1 卷，第 178 頁。

域、共同經濟生活以及表現於共同的民族文化特點上的共同心理素質這四個基本特徵的穩定共同體。如果完全根據這幾個特徵來界定中國各民族，是不適用的。比如以共同地域而言，「我國歷史的發展，使我們的民族大家庭形成許多民族雜居的狀態」，「內地更是如此」。「一個民族完全聚居在一個地方的比較少，甚至極少。我們常說，新疆是少數民族比較集中的一個地方，但是新疆也不是一個民族，而是十三個民族[6]」。

因此，新中國沒有孤立去看民族的每個特徵，而是把各個特徵作為整體來分析，形成自己的民族識別特色。其一，從每個「共同體」的現實特徵出發，對其歷史、族源、政治制度、民族關係等情況進行科學的綜合分析。在此基礎上，首先識別某一族體是漢族還是其他民族；其次識別它是單一民族還是某一民族的一部分；最後確定這個族體的民族成分和民族名稱。其二，由於民族名稱的確定關係到各民族平等權利和發展等重大問題，中共充分尊重各個民族的意願，在民族稱謂上「名從主人」。比如，廣西的毛南族和雲南的德昂族對原來的「毛難族」「崩龍族」名稱不滿意。新中國組織專家，進行科學研究後，作了更改。其三，新中國沒有像有的國家那樣，把各個不同歷史時期的「共同體」分為氏族、部落、部族和民族，而是統稱為民族。根據這些特色，各共同體不論人口多少、社會發展程度如何，只要符合構

6　周恩來：《關於我國民族政策的幾個問題》，《周恩來選集》（下卷），第 254 頁。

成單一民族的基本特徵，就認定為單一民族。因此儘管有的「共同體」只有一千多人，也被認定為單一民族。此外，政務院於一九五一年專門發佈《關於處理帶有歧視或侮辱少數民族性質的稱謂、地名、碑碣、區聯的指示》，明文規定消除、更改舊中國遺留下來的對少數民族帶有歧視、侮辱性質的地名、族名和其他歷史遺跡。可見，民族識別是中共關於民族工作的一個創舉。識別規模之大，識別民族之多，調查地區之廣，都是世界上獨一無二的。

與此同時，新中國著力於反對大漢族主義和地方民族主義，努力營造民族平等的和諧氛圍。

大漢族主義是大民族主義在我國的集中表現，主要表現為歧視各少數民族，不尊重少數民族的風俗習慣及語言文字，侵犯少數民族利益等等。地方民族主義亦稱「狹隘民族主義」，是一種以孤立、保守、排外、忽視民族團結為特徵的民族主義。在解決這個中國歷史上從未能解決的難題時，中共探索出一條獨特的道路：其一，在性質上，毛澤東強調說：「無論是大漢族主義或者地方民族主義，都不利於各族人民的團結，這是應當克服的一種人民內部的矛盾[7]。」這就是說，既非階級矛盾，更非民族矛盾。其二，在作用上，由於中國歷史上少數民族與漢族的隔閡很深，中國作為多民族的國家，「只有在消除民族隔閡的基礎上，經過各族人民的共同努力，才能真正形成中華民族美好的大家

7　毛澤東：《關於正確處理人民內部矛盾的問題》。

庭[8]」。這只有在反對大漢族主義和地方民族主義的情況下才能達到。其三，在反對大漢族主義和地方民族主義的相互關係上，更為強調的是反對大漢族主義，並把這個問題提到進行馬克思主義教育、建設各民族大團結的社會主義社會戰略高度。鄧小平指出：漢族「首先老老實實取消大民族主義」，以此「換得少數民族拋棄狹隘的民族主義」，只要「兩個主義一取消，團結就出現了[9]」。毛澤東進一步指出：「在許多地方的黨內和人民中，在民族關係上存在的問題，並不是什麼大漢族主義的殘餘的問題，而是嚴重的大漢族主義的問題，即資產階級思想統治著這些同志和人民而尚未獲得馬克思主義教育，尚未學好中央民族政策的問題，故須進行認真的教育，以期一步一步地解決這個問題[10]。」

　　針對大漢族主義等民族歧視問題，中共和新中國政府從制度上進行糾正。語言文字是民族的基本特徵之一，也是反對大漢族主義的重要表現。為此，憲法專門規定「各民族都有使用和發展自己語言文字的自由」，強調「民族自治地方的自治機關在執行公務的時候，依照本民族自治地方自治條例的規定，使用當地通用的一種或者幾種語言文字」。根據憲法的規定，全國人民代表大會、中國人民政治協商會議召開的重要會議及全國或地區性重

8　鄧小平：《關於西南少數民族問題》，《鄧小平文選》第 1 卷，第 162 頁。

9　鄧小平：《關於西南少數民族問題》，《鄧小平文選》第 1 卷，第 163 頁。

10　《中央關於批判大漢族主義思想的指示》，《建國以來毛澤東文稿》第四冊，第 128 頁。

大活動，都提供蒙古、藏、維吾爾、哈薩克、朝鮮、彝、壯等民族語言文字的檔或語言翻譯。民族自治地方的自治機關在執行職務的時候，都使用當地通用的一種或幾種文字。少數民族為主的學校及其他教育機構，使用本民族或者當地通用的語言文字進行教學。在新聞、出版、廣播、影視等領域，都廣泛使用少數民族語言文字。

風俗習慣是區別民族的又一基本特徵，尊重少數民族的風俗習慣是中共和新中國政府的又一項重要的民族政策，尊重少數民族的風俗習慣，就是尊重少數民族，是民族平等原則的體現。因此，憲法規定各民族「都有保持或者改革自己的風俗習慣的自由」，有關法律規定在宣傳報導和文藝創作中要防止出現傷害少數民族的現象。這些規定，都是新中國成立前未有過的。

鄧小平一九八七年在作《立足民族平等，加快西藏發展》的重要談話中指出：「中華人民共和國沒有民族歧視，我們對西藏的政策是真正立足於民族平等[11]。」這句話不僅是針對西藏問題而講的，而且反映了整個民族平等的基本情況。

二、民族區域自治：各民族當家作主

反對大民族主義，在政治上就要實行區域自治。實行民族區域自治，就是為了經過民族合作與民族互助求得共同發展、共同

---

11 鄧小平：《立足民族平等，加快西藏發展》，《鄧小平文選》第 3 卷，第 246 頁。

繁榮，在此基礎上建立起中華民族平等、團結、友愛、和諧的大家庭。

中共一向認為，要解決民族問題，就必須實行民族平等，而民族區域自治是這一主張與實踐發展的自然結果。中共一成立，就在一九二二年召開的二大上提出以民族平等為原則，解決民族問題。一九三一年，中華蘇維埃第一次全國代表大會通過《中華蘇維埃共和國憲法大綱》，明確規定「不分男女、種族、宗教，在蘇維埃法律面前一律平等」。一九四一年五月一日，陝甘寧邊區政府頒佈《陝甘寧邊區綱領》，規定「依據民族平等原則，實行蒙回民族與漢族在政治經濟文化上的平等權利，建立蒙回民族的自治區」。一九四七年五月一日，建立了中國第一個省一級的內蒙古自治區。新中國成立前夕，毛澤東宣佈「中國境內各少數民族有平等自治的權利[12]」，《中國人民政治協商會議共同綱領》據此規定：「各少數民族聚居的地區，實行民族區域自治，按照民族聚居的人口多少和區域大小，分別建立各種民族自治機關。」這樣，民族區域自治製作為新中國維護民族團結的一項基本政治制度自然而然地確定下來，此後又納入新中國憲法中。「截止到一九九八年底，中國共建立了一百五十五個民族自治地方，其中自治區五個、自治州三十個、自治縣（旗）一百二十個，還有一千二百五十六個民族鄉。在全國五十五個少數民族中，有四十四個民族建立了自治地方。實行自治的少數民族人口

12 毛澤東：《中國人民解放軍宣言》，《毛澤東選集》第 4 卷，第 1238 頁。

占少數民族人口總數的百分之七十五，民族自治地方行政區域的面積占全國總面積的百分之六十四[13]。」

綜合來看，民族區域自治的特點非常鮮明。

其一，新中國成立初期，中共在仿照蘇聯進行社會主義建設時，注意到要有「中國作風和中國氣派」，不能一味盲從，民族區域自治正是「中國作風和中國氣派」在民族平等和民族團結問題上的創舉。毛澤東指出：「在蘇聯的總人口中，俄羅斯族占百分之五十多，少數民族占將近百分之五十，而在中國的總人口中，漢族占百分之九十四，少數民族占百分之六，所以中國不能像蘇聯那樣搞加盟共和國。」這說明，「解決民族問題，中國採取的不是民族共和國聯邦的制度，而是民族區域自治的制度」。世界上一些國家因實行聯邦制而被民族矛盾搞得焦頭爛額，甚至分崩離析，中共更感到中國實行民族區域自治制的合理性、必要性、可行性與適應性，鄧小平就指出：「毛主席英明，沒有搞什麼加盟共和國。」民族區域自治「這個制度比較好，適合中國的情況」。《人民日報》社論也指出：民族區域自治制「是今天中華人民共和國境內解決民族問題和在政治上實現民族平等的最適當最合理的政策[14]」。

其二，民族區域自治的核心是自治權。沒有自治權，就沒有

13 中華人民共和國國務院新聞辦公室：《中國的少數民族政策及其實踐》白皮書，1999 年 8 月。
14 《人民日報》1951 年 3 月 22 日社論：《為各民族人民的團結和發展而鬥爭》。

民族區域自治。憲法規定，民族自治地方的自治機關除了行使一般地方國家機關的職權以外，還可依照憲法、民族區域自治法和其他法律規定的許可權行使如下自治權：立法方面，「少數民族地區，『可以按照當地民族的政治、經濟和文化的特點，制定自治條例和單項條例[15]』」，報全國人大常委會或省級人大常委會批准後生效。人事方面，自治區主席、自治州州長、自治縣縣長由實行區域自治的民族的公民擔任，自治地方人大常委會中應當有實行區域自治的民族的公民擔任主任或者副主任。其他方面，「民族自治地方的自治機關執行職務的時候，使用當地通用的一種或幾種語言文字，同時使用幾種語言文字的，可以以實行區域自治的民族的語言文字為主。同時，憲法和民族區域自治法規定了民族自治地方的自治機關管理財政的自治權，自主安排和管理地方性經濟建設事業的自治權，自主管理本地方的教育、科學、文化、衛生、體育事業的自治權，並規定國家在民族自治地方開發資源、進行建設的時候，作出有利於民族自治地方經濟建設的安排；國家從財政、物資和技術等方面 明各民族自治地方加速經濟建設和文化建設事業[16]。」這些規定，是民族平等的深刻體現，鄧小平一九九〇年就此指出：「我國的民族政策是正確的，

---

15 毛澤東：《關於中華人民共和國憲法草案》，《毛澤東文集》第 6 卷，第 327 頁。

16 鐵木爾·達瓦買提：《鞏固和發展民族團結進步事業的必由之路——學習十五大報告關於「堅持和完善民族區域自治制度」的體會》，《人民日報》1998 年 1 月 22 日第 10 版。

是真正的民族平等。」

　　其三，與自治權相聯繫的是，民族區域自治不能是危害民族團結、分裂祖國的自治，必須正確處理統一與自治的關係。一些少數民族地區曾出現許多「自治」要求。內蒙古地區在抗戰結束後曾出現了「內蒙古人民共和國臨時政府」「東蒙古人民自治政府」和「呼倫貝爾自治省」等政權，提出了「內外蒙合併」或「獨立自治」等不同主張。達賴出走國門後也宣稱，他不謀求「西藏獨立」，而只是要求「高度自治」。中共對這些錯誤言論或主張作了有力批駁。烏蘭夫指出：「內蒙古不僅在區域上是中國領土不可分裂的一部分，內蒙古革命運動也是中國革命的一部分。沒有全國人民革命的勝利，就沒有內蒙古人民革命的勝利[17]。」他強調：「中國各民族如果各行其是互不相顧，就會被帝國主義國家瓜分乃至吞滅[18]。」鄧小平指出，「西藏獨立不行，半獨立不行，變相獨立也不行[19]」。民族區域自治的確切含義是，一方面，實行民族區域自治的民族在中央人民政府統一領導下「管理本民族自己的事務[20]」；另一方面，民族自治區域是祖國不可分割的一部分，「國家統一是實行民族區域自治的前提

17 烏蘭夫：《在慶祝「五一」勞動節暨內蒙古人民政府成立五周年大會上的講話》，《內蒙古日報》1952 年 5 月 1 日。
18 烏蘭夫：《民族區域自治的光輝歷程》，《人民日報》1981 年 7 月 14 日。
19 見《西藏日報》1989 年 2 月 19 日。
20 《人民日報》1951 年 3 月 22 日社論：《為各民族人民的團結和發展而鬥爭》。

和基礎[21]」。

其四，民族區域自治「是民族自治與區域自治的正確結合」，不是純民族的單一孤立的自治，在民族自治區域內，各民族一律平等。即是說，實行民族區域自治，「不僅使聚居的民族能夠享受到自治權利，而且使雜居的民族也能夠享受到自治權利。從人口多的民族到人口少的民族，從大聚居的民族到小聚居的民族，幾乎都成了相當的自治單位，充分享受了民族自治權利[22]」。

其五，推行民族區域自治的中心環節，「是普遍和大量地培養各少數民族自己的幹部。這同時又是做好一切民族工作，保證各民族健全發展的根本環節。如同人的身體必須有健全的骨骼才能健全地站立起來一樣，各少數民族也必須有自己民族的革命骨幹，才能夠加速政治、經濟和文化的發展[23]」。這樣就把民族幹部對於民族團結的重要性提到非常高的戰略高度。中共以反對分裂、維護祖國統一和民族團結作為關鍵標準，努力擴大民族幹部數量，提高其素質，改善民族幹部結構。同時，不僅重視培養一般民族幹部，而且特別重視培養和選拔中高級民族幹部。就全國而言，五十六個民族在全國人大、全國政協都有自己的代表和委

---

21 鐵木爾・達瓦買提：《鞏固和發展民族團結進步事業的必由之路──學習十五大報告關於「堅持和完善民族區域自治制度」的體會》，《人民日報》1998 年 1 月 22 日第 10 版。

22 《周恩來統一戰線文選》，人民出版社 1984 年版，第 373 頁。

23 《人民日報》1951 年 3 月 22 日社論：《為各民族人民的團結和發展而鬥爭》。

員，全國五個自治區、三十個自治州、一百二十個自治縣政府的主要領導全部由民族區域自治的民族幹部擔任。就自治區如西藏而言，據統計，藏族和其他少數民族幹部一九九八年達四萬九千八百五十一人，占全區幹部總數的百分之七十四點一，在自治區人大常委會委員中占百分之八十，在自治區主席、副主席中占百分之七十七點八。藏族和其他少數民族的專業技術幹部，占全區專業技術幹部總數的百分之六十九點三六[24]。這樣一支幹部隊伍，為自治權利的行使和民族事業的發展發揮了重大作用。

上述特色「體現了國家尊重和保障少數民族自主管理本民族內部事務的權利，體現了民族平等、民族團結、各民族共同繁榮發展的原則，體現了民族因素與區域因素、政治因素與經濟因素、歷史因素與現實因素的統一[25]」。這樣的制度，不僅「是中國共產黨對馬克思主義民族理論的重大貢獻[26]」，在世界上也「是史無前例的創舉[27]」，是建設有中國特色社會主義的重大體現。因此，「民族區域自治，作為黨解決我國民族問題的一條基本經驗不容置疑，作為我國的一項基本政治制度不容動搖，作為

---

24 姚俊開、馬漢斌：《黨的民族區域自治政策在西藏的實踐》，《西藏民族學院學報》2001 年第 3 期。

25 胡錦濤：《在中央民族工作會議暨國務院第四次全國民族團結進步表彰大會上的講話》，《人民日報》2005 年 5 月 28 日第 2 版。

26 李瑞環：《新形勢下民族、宗教工作的若干問題》，《求是》1995 年第 7 期。

27 《周恩來統一戰線文選》，第 373 頁。

我國社會主義的一大政治優勢不容削弱[28]。」

三、「加快現代化建設，促進各民族共同繁榮」

周恩來 1956 年指出：「如果少數民族在經濟上不發展，那就不是真正的平等[29]。」鄧小平進一步指出：「實行民族區域自治，不把經濟搞好，那個自治就是空的[30]。」這兩句話，一針見血地指出了經濟發展與民族區域自治兩者之間密不可分的關係。發展落後的地區，往往是民族矛盾突出地區。如果差距得不到解決，勢必影響民族團結、社會穩定和國家統一。因此，中共以「加快現代化建設，促進各民族共同繁榮[31]」為己任，努力「把加快經濟發展和加強民族團結結合起來，把握好兩者的辯證關係，使民族團結得到不斷的鞏固和發展[32]」。

首先要指出的是，各民族互相幫助，共同繁榮，「在平等友愛的民族大家庭中建設社會主義的強大的祖國」是中國共產黨「在民族政策上的根本立場[33]」。

---

28 胡錦濤：《在中央民族工作會議暨國務院第四次全國民族團結進步表彰大會上的講話》，《人民日報》2005 年 5 月 28 日第 1 版。

29 《周恩來同志對民族問題與民族政策論述選編》，第 38 頁。

30 鄧小平：《關於西南少數民族問題》，《鄧小平文選》第 1 卷，第 167 頁。

31 鄧小平 1988 年為廣西壯族自治區成立 30 周年的題詞。

32 本報記者劉亮明、陳智霞：《民族團結是穩定發展的保證——訪全國人大代表、內蒙古自治區黨委書記劉明祖》，《人民日報》2000 年 3 月 11 日第 3 版。

33 周恩來：《關於我國民族政策的幾個問題》，《周恩來選集》（下卷），第 251、263 頁。

其一，少數民族的發展離不開漢族，漢族「要誠心誠意地積極幫助少數民族發展經濟建設和文化建設[34]」，要把少數民族的發展和繁榮看作自己的事。中共強調，如果不能做到這一點，「那共產黨就沒有什麼用處[35]」。

在幫助少數民族發展問題上曾出現一些錯誤觀念。在內蒙古，一九四七年內蒙古自治區成立後有人認為漢族可以離開了，內蒙古的事情自己來幹。一些漢族人士也認為，既然是少數民族自治，我們幹幾年就可以了。烏蘭夫批評指出：前一種觀念是「他們不瞭解蒙古民族的解放與發展，必須有先進民族援助的真理，而抱殘守缺地把本民族禁閉在狹隘範圍內和安置在孤立的地位上。這些不瞭解漢族是中國最大最先進的民族，在中國革命運動和國家建設中起著主導作用。各少數民族的解放與民族自治區的建設和發展，必須有漢族的幫助才能勝利[36]」。「在自治區民族組成問題中，可以包括大部分的漢族居民，這樣既有利於民族團結，又有利於自治區的建設」。後一種是「做客思想，漢族幹部首先是共產黨員，要去邊疆民族地區工作，　明那裡的少數民族翻身，使他們發展起來[37]」。

在西藏，有人宣稱漢人太多，不利於藏族的發展。鄧小平批

34 毛澤東：《論十大關係》，《毛澤東文集》第 7 卷，第 34 頁。
35 毛澤東：《接見西藏致敬團代表談話的要點》，《毛澤東文集》第 6 卷，第 240 頁。
36 烏蘭夫：《在慶祝「五一」勞動節暨內蒙古人民政府成立五周年大會上的講話》，《內蒙古日報》1952 年 5 月 1 日。
37 烏蘭夫：《綏遠省幹部會議上的講話提綱》，1951 年 11 月。

駁指出，「看待這樣的問題要著重於實質，而不在於形式」，「如果以在西藏有多少漢人來判斷中國的民族政策和西藏問題，不會得出正確的結論。關鍵是看怎樣對西藏人民有利，怎樣才能使西藏很快發展起來，在中國四個現代化建設中走進前列。」雖然「目前西藏情況有了明顯的變化，西藏人民生活有了不小的改善，但總的講還是處於落後狀況，還有很多事情要做」。他強調：「西藏是人口很稀少的地區，地方大得很，單靠二百萬藏族同胞去建設是不夠的，漢人去幫助他們沒有什麼壞處。」他把這個問題上升到全國，指出「不僅西藏，其他少數民族地區也一樣」，強調少數民族地區大都人口稀少，資源豐富，條件艱苦，基礎設施落後，「如果在那裡的漢人多一點，有利於當地民族經濟的發展，這不是壞事[38]」。

其二，漢族的發展離不開少數民族，少數民族幫助了漢族。一九五五年三月三十一日，毛澤東在中共全國代表會議上特別指出此點說：「不要以為只是漢族幫助了少數民族，而少數民族也很大地幫助了漢族。」因為中國百分之五十到百分之六十的地方是少數民族居住的，他們「加入了中華民族這個大家庭，就是在政治上幫助了漢族」，「少數民族在政治上、經濟上、國防上，都對整個國家、整個中華民族有很大的幫助」。因此，他強調「那種以為只有漢族幫助了少數民族，少數民族沒有幫助漢族，

---

38 鄧小平：《立足民族平等，加快西藏發展》，《鄧小平文選》第3卷，第247、246-247、247、246、247頁。

以及那種幫助了一點少數民族，就自以為了不起的觀點，是錯誤的[39]」。

其次，明民族地區進行民主改革和社會主義改造，引導各民族走上社會主義道路，是中華民族共同繁榮最根本最重要的政治條件。

新中國成立時，一些少數民族存在著奴隸主所有制或封建主所有制，有的甚至還是原始公社所有制[40]。這是有關民族貧窮落後和不平等的總根源，必須改革。毛澤東強調說：在祖國的共同事業發展中，與祖國的建設密切配合起來，逐步發展各民族的政治、經濟、文化（其中包含穩步的和必要的社會改革在內），消滅歷史上遺留下來的各民族間事實上的不平等，使落後的民族躋身於先進民族的行列，過渡到社會主義社會[41]。為完成這一歷史性任務，中共根據各民族地區不同特點，採取了因時因地制宜的措施。也可以西藏地區為例，予以說明。

按照一九五一年中央政府和西藏地方政府簽訂的十七條協議，西藏社會制度的改革必須實行。中共考慮很周到，強調：其一，西藏民主改革要取得西藏有關人士的真正同意，而不是勉強同意。一九五三年十月十八日，毛澤東對西藏觀禮團、參觀團代

---

39 毛澤東：《在中國共產黨全國代表會議上的講話》，《毛澤東文集》第 6 卷，第 405 頁。

40 《關於中華人民共和國憲法草案》，《建國以來毛澤東文稿》第四冊，第 503-504 頁。

41 楊荊楚：《毛澤東民族理論研究》，民族出版社 1995 年版，第 209-210 頁。

表指出，西藏的發展「主要靠西藏的領袖和人民自己商量去做，中央只是幫助」。無論何事，「都要先商量好了再做，沒有商量好就不勉強做。商量好了，大多數人贊成了，就慢慢地去做」，「而且要根據你們的志願逐步地做[42]」。其二，「條件不成熟，不能進行改革。一個條件成熟了，其他條件不成熟，也不要進行重大的改革[43]。」一九五七年二月，他在最高國務會議上指出：民主改革「何時實行，要待西藏大多數人民群眾和領袖人物認為可行的時候，才能作出決定，不能性急。現在已決定在第二個五年計劃期間不進行改革。在第三個五年計劃期內是否進行改革，要到那時看情況才能決定[44]」。到一九五七年，「西藏和平解放已經六年，再加上至少六年不改，就是說至少十二年內對西藏的現行政治制度不予變更[45]」。

　　儘管如此，一些民族分裂主義者仍然頑固不化，於一九五九年三月發動全面武裝叛亂。中央人民政府不得不平叛。同時，結合平叛鬥爭，有步驟、有區別地消滅封建農奴制度，完成民主改革。分別於五月、九月制定的《關於當前在評判工作中幾個政策問題的決定》和《關於西藏地區土地制度改革的實施辦法》規

42 毛澤東：《接見西藏國慶觀禮團、參觀團代表的談話》，《毛澤東文集》第 6 卷，第 312、311、312 頁。

43 毛澤東：《不要四面出擊》。

44 毛澤東：《關於正確處理人民內部矛盾的問題》，《毛澤東文集》第 7 卷，第 227 頁。

45 西藏自治區黨史資料徵集委員會編：《中共西藏黨史大事記》，西藏人民出版社 1995 年版，前言。

定：以「三反」（反叛亂、反烏拉差役、反奴役）、「雙減」（減租減息）和牧工牧主兩利為原則，對參加叛亂的農奴主及其代理人的耕地、房屋、耕畜、糧食和農具一律沒收分給農民；對未參加叛亂的農奴主及其代理人的生產資料，由政府贖買分給農民，並對這些農奴主及其代理人在政治上、生活上給予適當安排和照顧；西藏地方政府的耕地全部分給農民，其債務、烏拉差役一律廢除。至於對西藏寺廟，根據「政治統一，信仰自由，政教分離」的原則，開展反叛亂、反封建特權、反剝削的「三反」運動，廢除各種特權，保護宗教信仰自由。

一九六一年民主改革基本完成後，中共中央發佈《關於西藏工作方針的指示》，指出：「在西藏這樣一個民族、宗教關係很突出，經濟、文化很落後，而又和印度等國為鄰的邊疆少數民族地區，在經過了近兩年平叛和民主改革的激烈鬥爭以後，如果沒有一個穩定發展的時期，使農民群眾在自己得到的土地上安心生產，休養生息，並且通過實踐接受民主和社會主義教育，而馬上實行社會主義改造，他們是難以理解的」，「不僅不利於保護和發展生產力，而且不利於民族團結和對上層的團結，也不利於將來進行社會主義改造。」因此，「今後西藏工作必須採取穩定發展的方針，從今年起，五年以內不搞社會主義改造，不搞合作社（連試點也不搞），更不搞人民公社，集中力量把民主改革搞澈底[46]」。這個方針的貫徹，迎來了西藏自治區一九六五年九月一

---

46 西藏自治區黨史資料徵集委員會編：《中共西藏黨史大事記》，第137、136頁。

日的成立。而西藏自治區的成立，標誌西藏「進入了社會主義改造的新時期[47]」。到一九七五、一九七六年，西藏先後完成了對農牧業、手工業的社會主義改造。

西藏事例充分說明中共對民族地區民主改革和社會主義改造的原則和兩步走措施。周恩來指出：「我國各民族都要過渡到社會主義，少數民族地區都要進行民主改革和社會主義改造，消滅剝削制度，這是我國憲法規定了的，我們應該遵照憲法辦事[48]。」據此，中共第一步進行民主改革，廢除階級剝削壓迫制度，解放生產力，為少數民族的發展和過渡到社會主義創造條件。第二步進行社會主義改造，通過互助合作、和平贖買等方式對分散的個體農（牧）業、手工業及私營工商業進行改造，逐步引導走上社會主義道路。至於這個原則怎麼實施，兩步怎麼走，根據少數民族地區情況而定。通過民主改革，各兄弟民族「陸續走上社會主義道路，結成了社會主義的團結友愛、互助合作的新型民族關係[49]」。

再次，中共採取具體措施，出臺一系列重大戰略舉措，發展少數民族地區的經濟與文化。

「一五」期間及之後，國家以重大項目和交通建設為核心，

---

47 西藏自治區黨史資料徵集委員會編：《中共西藏黨史大事記》，第 165 頁。

48 《周恩來統一戰線文選》，人民出版社 1984 年版，第 327 頁。

49 鄧小平：《新時期的統一戰線和人民政協的任務》，《鄧小平文選》第 2 卷，第 186 頁。

在少數民族地區安排了包頭鋼鐵基地、青銅峽水電站、興安嶺林區開發等大型建設專案，建造了川藏、青藏、新藏等公路和包蘭、蘭新、貴昆、成昆等鐵路。這不但極大地改變了有關地區的交通落後狀況，而且迎來了這些地區經濟與文化的快速發展。比如，西藏糧食總產量一九六四年比一九五八年增長 45.7 強，牧業 36.3 ，大學 1 所，中學 7 所，公辦小學 86 所，醫院 15 所，衛生院及醫療保健站 140 多所[50]。

　　十一屆三中全會召開後，中共中央針對中國地域遼闊、人口眾多、地區間生產力發展水準參差不齊的特點，提出「兩個大局」的發展戰略：其一，東部沿海地區加快對外開放，儘快發展起來，中西部地區要顧全這個大局；其二，東部地區發展到一定時期，要 明中西部地區加快發展，東部地區要服從這個大局。這個戰略，是通過三步走，縮小與發達國家的差距：第一步，從一九八〇年到一九九〇年，國民生產總值翻一番，解決溫飽；第二步，從一九九一年到二十世紀末，國民生產總值再翻一番，實現小康；第三步，到二十一世紀中葉再翻兩番，達到中等發達國家水準。在這個戰略下，中國取得了舉世矚目的成績。不過，由於歷史和現實的原因，區域間和民族間的發展差距拉大，「二〇〇四年，民族自治地方人均生產總值只有全國平均數的 67.4，

---

50 西藏自治區黨史資料徵集委員會編：《中共西藏黨史大事記》，第 165-166 頁。

農民人均純收入只有全國平均數的 71.4[51]。」這「容易在民族之間形成隔閡，不利於各民族之間的相互認同，甚至引起發展程度較低的民族的失落感和相對剝奪感，不利於和諧民族關係的構建[52]」。

根據這種情況，中共中央以加快發展作為解決中國現階段民族問題的核心，強調沒有民族地區的穩定就沒有全國的穩定，沒有民族地區的小康就沒有全國的小康，沒有民族地區的現代化就不能說全國實現了現代化，沒有五十六個民族的共同振興就談不上中華民族的偉大復興。根據這一指導思想，中共中央作出大手筆，實施從西部大開發到興邊富民的發展戰略。

西部大開發，是中共中央在二十一世紀到來之際，為加快我國現代化建設，加快民族地區發展、加強民族團結而作出的一項重大戰略決策。《中華人民共和國國民經濟和社會發展第十個五年計劃綱要》明確規定：「加大支援力度，加快少數民族地區經濟與社會全面發展，重點支援少數民族地區的扶貧開發、牧區建設、民族特需用品生產、民族教育和民族文化事業發展。注意支持人口較少少數民族的發展。」在西部大開發中，各自治區的經濟飛速發展。從一九八九年至二〇〇三年，新疆生產總值由

---

51 胡錦濤：《在中央民族工作會議暨國務院第四次全國民族團結進步表彰大會上的講話》，《人民日報》2005 年 5 月 28 日第 2 版。

52 王宗禮：《對西北地方構建和諧民族關係的戰略思考》，西北師範大學西北少數民族教育發展研究中心辦公室編：《諮詢報告》2005 年第 4 期。

217.42 億元增加到 1875 億元，內蒙古由 292.69 億元增加到 2092.85 億元，廣西由 383.4 億元增加到 2733.21 億元，寧夏由 59.21 億元增加到 385 億元[53]。西藏生產總值年均增長 84%，城鎮居民人均收入 7000 多元，農牧民人均純收入 1690 元[54]。

在西部大開發的同時，中共中央又實施「興邊富民行動」的發展戰略。

這項戰略，是專門為發展邊疆沿邊地區經濟、富民強邊而作出的。它以「振興邊境、富裕邊民」為宗旨，以一百三十五個陸地邊境縣（旗、市、市轄區）和新疆生產建設兵團五十八個邊境團場為實施範圍，以富民、興邊、強國、睦鄰為目的。這是因為，「我國陸地邊境線長二點二萬公里，共有一百三十五個邊境縣，其中一百零七個是民族自治地方，有三十多個民族與國外同一民族相鄰而居[55]」。如果邊疆沿邊地區經濟得不到發展，民族統一和國家安危就很成問題。因此，一九九八年，國家民委倡議發起興邊富民行動。一九九九年，中共中央、國務院召開民族工作會議，強調大力開展興邊富民行動。據不完全統計，從二○○○年二月正式啟動到二○○二年底，中國政府就投入各類資金超過 150 億元，興建各類專案二萬多個[56]，涉及基礎設施、農

53 《大力促進各民族共同繁榮進步》，新華社北京 2002 年 10 月 11 日電。

54 姚俊開、馬漢斌：《黨的民族區域自治政策在西藏的實踐》，《西藏民族學院學報》2001 年第 3 期。

55 《興邊富民行動轉入全面推進階段》，《人民日報》2006 年 8 月 22 日第 2 版。

56 《興邊富民行動將確定 37 個重點縣》，《中國民族報》2004 年 1 月 2

業生產、生態建設、文化教育等領域。

在取得初步成效的基礎上，國務院於二〇〇七年六月九日專門發佈《興邊富民行動「十一五」規劃》，進一步對興邊富民行動的指導思想和發展目標、主要任務、政策措施、組織實施四個方面作了規定。「規劃」規定以邊境各族群眾最關心、最直接、最現實的利益問題為中心，集中完成五項重點任務：「一是加強基礎設施和生態建設，改善生產生活條件。主要包括邊境地區公路建設，邊境一線茅草房、危舊房改造，飲水安全工程和農村水利建設，農村電網建設和『村村通電話』工程，生態保護和建設。二是突出解決邊民的貧困問題，拓寬增收管道。主要包括實施整村推進扶貧開發，扶持扶貧龍頭企業，加強勞動力培訓，加快在邊境農村中建立最低生活保障制度，抓好邊境扶貧試點工作。三是大力發展邊境貿易，促進區域經濟合作。主要包括發展邊民互市貿易，加強重點邊境口岸的基礎設施建設，促進當地產業升級和區域經濟技術合作。四是加強發展社會事業，提高人口素質。主要包括加快發展科技、教育、衛生、文化等社會事業，提高邊境地區各族群眾的公共服務水準，提高邊境地區各族群眾的科學文化素質和健康素質。五是加強民族團結，維護邊境穩定。主要包括開展創建民族團結進步活動，正確對待和處理民族問題，構建邊境地區社會治安綜合治理防控體系[57]。」根據這一

---

57 國家民委副主任楊健強對國家民委網站記者的談話，中華人民共和國
日。

規定，中央政府和有關地區政府進一步加大投入。比如新疆，將在「十一五」期間安排二千九百九十六個項目共計三百八十八億元[58]。

由此可見，「興邊富民行動」是一項有計劃、有組織的系統工程。它的最大貢獻，「就是將邊境地區作為經濟發展的一個單獨區域，通過區域經濟建設，加速了邊境地區經濟社會事業的全面建設[59]」，促進了邊疆與內地的協調發展。

總而言之，中國共產黨採取了一系列發展戰略，努力從政治上、經濟上促進民族平等。「漢族離不開少數民族，少數民族離不開漢族，各少數民族之間也相互離不開」，各民族共同繁榮，建設和諧的社會主義大家庭。

四、各民族血肉相連：反對分裂，維護國家統一

雖然新中國的成立標誌著帝國主義侵略中國的時代「已經永遠過去了」，「中國各民族就開始團結成為友愛合作的大家庭[60]」，但是，由於帝國主義的侵略而造成的屈辱的中國近現代史，也由於冷戰格局的形成，蘇聯和前南斯拉夫在民族問題上處

國家民族事務委員會網站。

58　《新疆大力推動「興邊富民行動」計畫》，《中國民族報》2006 年 9 月 8 日。

59　李睿劼：《興邊富民行動喜結累累碩果》，《中國民族報》2006 年 8 月 22 日。

60　毛澤東：《給西北各族人民抗美援朝代表會議的復電》，《建國以來毛澤東文稿》第二冊，中央文獻出版社 1988 年版，第 563 頁。

理不當而崩潰的教訓，執政的中國共產黨時刻注意維護民族團結和國家統一，「決不能簡單地認為，只要經濟發展了，穩定的問題就自然而然解決了[61]」。因此，中共依據中國局勢和世界格局的變化，採取了一系列有效的措施。

新中國成立初期，中共強調反對帝國主義的威脅，時刻準備反擊帝國主義的入侵，並以此作為中華民族團結的準繩。毛澤東指出：「我們要和各民族講團結，不論大的民族小的民族都要團結。」「只要是中國人，不分民族，凡是反對帝國主義、主張愛國和團結的，我們都要和他們團結[62]。」

這一決心，在維護漢藏民族之間團結和解決藏族內部團結的問題上得到充分體現。由於英帝國主義對我西藏的入侵和挑撥，「漢民族與西藏民族之間是不團結的，西藏民族內部也不團結[63]」，西藏地方與中央的關係遭到破壞，九世班禪也不得不於一九二三年十二月出走內地。新中國一成立，中共就努力解決這一問題，指出「西藏人民是愛祖國而反對外國侵略的」，「願意成為統一的富強的各民族平等合作的新中國大家庭的一分子。中央人民政府和中國人民解放軍必能滿足西藏人民的這個願

---

61 新疆維吾爾自治區主席司馬義・鐵力瓦爾地 2003 年 2 月 8 日在自治區第十屆人民政府第一次全體會議上的講話。
62 毛澤東：《和西藏國慶觀禮團、參觀團代表的談話》，《建國以來毛澤東文稿》第四冊，第 368 頁。
63 毛澤東：《在慶祝簽訂和平解放西藏辦法協議宴會上的講話》，《毛澤東文集》第 6 卷，第 168 頁。

望[64]」，強調「西藏是中國領土，西藏問題是中國內政問題。人民解放軍必須進入西藏[65]」。一九五一年五月二十三日簽訂的《關於和平解放西藏辦法的協定》，明確規定西藏人民團結起來，驅逐帝國主義勢力出西藏，西藏人民回到中華人民共和國大家庭中來。這一規定的含義就是漢藏人民的團結和藏民族內部的團結，毛澤東指出：「現在，達賴喇嘛所領導的力量與班禪額爾德尼所領導的力量與中央人民政府之間，都團結起來了。這是中國人民打倒了帝國主義及國內反動統治之後才達到的。這種團結是兄弟般的團結，不是一方面壓迫另一方面。這種團結是各方面共同努力的結果[66]。」

上述是中共在冷戰和世界兩大陣營格局形成背景下對民族團結精神的弘揚。冷戰結束和蘇聯解體後，中共致力於反對民族分裂主義、宗教極端主義和暴力恐怖主義「三股勢力」的破壞和搗亂，維護中華民族的團結和國家的統一。

「三股勢力」活動的主要省區是新疆。《新疆日報》二〇〇一年十二月十日首次披露了「三股勢力」二十世紀九〇年代以來對新疆的滲透和破壞活動，主要有爆炸、暗殺、縱火、投毒、打砸搶騷亂和暴亂等六類，情況嚴重。在「三股勢力」中，「東突」

---

64 毛澤東：《毛澤東、朱德給班禪額爾德尼的電報》，《建國以來毛澤東文稿》第一冊，第 154 頁。
65 毛澤東：《人民解放軍必須進入西藏》，《毛澤東文集》第 6 卷，第 102 頁。
66 毛澤東：《在慶祝簽訂和平解放西藏辦法協議宴會上的講話》，《毛澤東文集》第 6 卷，第 168 頁。

恐怖勢力非常典型。它同中亞地區的一些組織相勾結，以將新疆從中國分裂出去為目標。「據不完全統計，自一九九〇年至二〇〇一年，境內外『東突』恐怖勢力在中國新疆境內製造了至少二百餘起恐怖暴力事件，造成各民族群眾、基層幹部、宗教人士等一百六十二人喪生，四百四十多人受傷[67]。」可見，「三股勢力」的本質是反對中國共產黨領導的社會主義制度，分裂中國，破壞中華民族的團結。反對「三股勢力」的鬥爭，是一場嚴肅的敵我性質的對抗性政治鬥爭。這同前述作為人民內部矛盾的反對大漢族主義和地方民族主義的性質根本不同。

進一步分析，「民族分裂活動從來都是外地外國侵略勢力策動的，民族分裂主義分子從來都是外國侵略勢力割取我國邊境領土的內應力量」（江澤民語）。因此，「三股勢力」同世界上敵對勢力有著密切關係。由於「西方敵對勢力對我實施『西化』、『分化』的戰略圖謀不會改變，積極培植和扶持境外民族分裂組織的圖謀不會改變，境內外『三股勢力』分裂祖國的圖謀也不會改變[68]」。

再進一步分析，打著「人權」「民主」等旗號，利用民族和宗教問題實施「西化」「分化」中華民族的政治圖謀，破壞中國的民族團結和社會穩定，是敵對勢力的慣用手段。這種情況實際

---

67 《新疆首次披露數起「東突」組織恐怖事件詳情》，中新社烏魯木齊 2002 年 3 月 1 日電。

68 新疆維吾爾自治區主席司馬義・鐵力瓦爾地 2003 年 2 月 8 日在自治區第十屆人民政府第一次全體會議上的講話。

上是霸權主義和強權政治的反映，世界上一些熱點地區所發生的戰爭與衝突，大都與此有關。

由此可見，反對「三股勢力」的鬥爭非常複雜。江澤民指出：「分裂和反分裂的鬥爭是政治鬥爭，從實質上講，不是民族問題，也不是宗教問題，敵對勢力往往打著民族和宗教的旗號進行破壞活動，因此增加了問題的複雜性。」儘管問題非常複雜，但是中共清楚地圍繞著反對「三股勢力」、高度警惕和堅決抵制境內外敵對勢力的滲透破壞活動這個核心，區別地、有的放矢地進行處理。

其一，明確提出一條維護國家統一和民族團結的政治原則，即鄧小平所強調的「不允許搞分裂，誰搞分裂就處理誰[69]」。民族團結就發展，民族分裂就倒退，這是我國幾千年歷史發展所得出的結論。江澤民指出，維護國家統一和民族團結，是各族人民的最高利益和神聖義務，在任何時候任何情況下都不能有絲毫動搖[70]。胡錦濤指出：「祖國統一、民族團結，是各族人民之福；祖國分裂、民族離亂，是各族人民之禍[71]。」憲法規定：中華人民共和國公民有維護國家統一和全國各民族團結的義務；禁止破壞民族團結和製造民族分裂的行為。

---

69 鄧小平：《視察新疆時的談話（1981 年 8 月 16 日）》，見《鄧小平思想年譜》（1975-1997），中央文獻出版社 1998 年版，第 199 頁。

70 新華社記者：《中華民族團結進步的歷史新篇章》，《光明日報》2004 年 10 月 12 日。

71 《民族團結進步事業取得巨大成就》，人民網，2007 年 7 月 19 日。

其二，將人民內部矛盾與上述性質的敵我矛盾區別開來，最大限度地團結和依靠各族幹部群眾，最大限度地孤立和打擊極少數的民族分裂分子、暴力恐怖分子和宗教極端分子。「隨著改革開放的深入和經濟關係的調整，一些涉及群眾切身利益的熱點、難點問題仍很突出」，由此會引發一系列群體事件。這些事件屬於人民內部矛盾，但是會被「三股勢力」所利用。中共認識到要把兩種根本不同性質的問題區別開來，明確指出「要認真做好新形勢下人民內部矛盾的化解工作，做好群體性事件的預防和處置工作」，教育人民認清「三股勢力」的本質，從而「在民族團結上，形成全社會人人爭做民族團結模範的局面；在反對分裂上，形成使民族分裂分子成為『老鼠過街，人人喊打』的社會氛圍[72]」。

其三，針對敵對勢力往往打著「民族」「宗教」的旗號進行分裂和破壞活動，中共注意區別民族問題和宗教問題，正確處理民族的宗教性和宗教的民族性兩者之間關係。中共指出，中國是一個多民族、多宗教的國家，宗教在一些民族特別是邊疆少數民族中有著廣泛的影響，「民族問題在一些地方往往與宗教問題交織在一起，如果對宗教問題處理不慎或不當，也會影響民族關係甚至釀成衝突[73]」。因此，在處理民族問題時，一方面要「不斷

---

72 新疆維吾爾自治區主席司馬義‧鐵力瓦爾地 2003 年 2 月 8 日在自治區第十屆人民政府第一次全體會議上的講話。

73 江澤民：《論民族工作》，《江澤民文選》第 1 卷，第 182 頁。

強化意識形態領域的反分裂鬥爭。要全面正確地貫徹黨的宗教信仰自由政策，依法加強對宗教事務的管理，積極引導宗教與社會主義相適應，旗幟鮮明地保護愛國宗教人士和信教群眾的正常宗教活動，堅決取締非法宗教活動，嚴厲打擊宗教極端勢力[74]」。另一方面要求共產黨員不論出身哪個民族，都必須堅定共產主義信念，不能信仰宗教、不得參與和組織宗教活動，按照「政治上團結合作，信仰上相互尊重」的原則，認真做好民族中的宗教工作，維護民族團結和國家統一。

其四，既然「西化」「分化」是霸權主義和強權政治的反映，而霸權主義和強權政治比過去更具有進攻性、侵略性、擴張性和冒險性，中共強調必須旗幟鮮明地堅持在國際上反對霸權主義和強權政治，堅決反對敵對勢力打著「民族」「宗教」等各種旗號對中華民族進行滲透、分裂、顛覆、破壞活動。

西藏也存在極少數的民族和宗教分裂主義分子。據一些學者二〇〇五年提供的調查，「『藏獨』近年來也呈現出『暴力傾向』。達賴集團中一個擁有一定影響的激進組織『西藏青年大會』認為，『非暴力手段是在浪費時間，並不能使西藏獨立』。『藏婦會』等強硬派別也極力主張開展暴力恐怖活動。他們秘密發展分裂勢力，隱匿槍支彈藥，控制寺廟及群眾，頻繁地策動藏區騷亂。據報導，隨著達賴年事漸高，該集團內部溫和派與主張暴力

---

74 新疆維吾爾自治區主席司馬義·鐵力瓦爾地 2003 年 2 月 8 日在自治區第十屆人民政府第一次全體會議上的講話。

的強硬派之間的權力爭鬥趨於激烈。達賴身後一旦強硬派佔據上風，西藏地區的恐怖活動很可能陡然上升。目前在藏族地區，隨著達賴集團的分裂，一些年輕的分裂主義分子的暴力傾向日益突出，這些勢力的活動容易引起不同民族相互關係的裂痕[75]。」

針對這種情況，中共和西藏地方政府採取了一系列切實可行的措施。以「地處中、印、尼三國交界處，邊境線長達四百一十四公里，敵情、社情複雜，反蠶食、反滲透、反分裂鬥爭任務異常艱巨」的普蘭縣而言，該縣一方面「廣泛深入地開展了揭批達賴活動，教育廣大幹部群眾進一步認清達賴集團的反動本質」，「積極引導宗教與社會主義社會相適應，打擊任何利用宗教作掩護的分裂活動」；另一方面由縣政府、各鄉鎮與各寺廟民管會之間簽訂「三級」目標管理責任書，「制定了各鄉鎮第一責任人與各寺廟之間的管理聯繫制度，調整充實了寺廟民管會成員，使寺廟的領導權牢牢掌握在愛國愛教僧人手中[76]」。諸如此類措施，有效地維護民族團結和邊疆的穩定，同時也維護了藏傳佛教的純潔性。

鄧小平曾經指出：「有人想把西藏從中國分裂出去，把西藏

---

75 王宗禮：《對西北地方構建和諧民族關係的戰略思考》，西北師範大學西北少數民族教育發展研究中心辦公室編：《諮詢報告》2005 年第 4 期。

76 本報記者益西加措、李而亮、吳亞松、田延輝：《共築銅牆鐵壁——阿裡地區各族軍警民維護穩定鞏固邊防紀實》，《西藏日報》2001 年 12 月 14 日第 4 版。

拿出去，我看他們沒有這個本事[77]。」雖然這是針對西藏問題而講的，但深刻反映了中國人民有著強大的民族凝聚力，各民族共同維護中華民族大家庭的團結和統一。

第二節 ▶ 捍衛國家統一

多少年來，令中華兒女魂牽夢繞的莫過於臺灣海峽兩岸同胞的團聚和兩岸的統一。臺灣問題的產生，與中國被侵略、被宰割、被凌辱的近代史有著密切的關係。兩岸分離的狀態一天不結束，「中華民族所蒙受的創傷就一天不能癒合，中國人民為維護國家統一和領土完整的鬥爭也一天不會結束[78]」。

一、「我們都是中國人」，中華文化是連接兩岸的紐帶

「我們都是中國人[79]」，毛澤東的這句話言簡意賅地概括了「兩岸同胞血脈相連，情同手足[80]」的民族情結。鄧小平深情地

---

77 西藏自治區黨史資料徵集委員會編：《中共西藏黨史大事記》，西藏人民出版社 1995 年版，第 300 頁。

78 國務院臺灣事務辦公室、國務院新聞辦公室：《臺灣問題與中國的統一》，中共中央臺灣工作辦公室、國務院臺灣事務辦公室編：《中國臺灣問題》，九州圖書出版社 1998 年，第 244 頁。

79 毛澤東：《中華人民共和國國防部告臺灣同胞書》，《毛澤東文集》第 7卷，第 420 頁。

80 錢其琛：《堅持「和平統一、一國兩制」基本方針，努力推進兩岸關係發展》，新華社 2002 年 1 月 28 日電。

說：我們都是炎黃子孫，「我們老祖宗是炎帝、黃帝[81]」。江澤民進一步說：「我們都是中華民族的子孫。『中華民族』這個詞，比我們過去常講的『炎黃子孫』的概括性更強，它包括了我們國家的各個民族。中華民族五千年的歷史，是海峽兩岸的同胞和全世界的中國人都應該引以為豪的[82]。」他還動情地說：「兩千一百萬臺灣同胞，不論是臺灣省籍還是其他省籍，都是中國人，都是骨肉同胞、手足兄弟[83]。」

這一民族情結得到臺灣同胞的呼應。親民黨主席宋楚瑜率該黨大陸訪問團二〇〇五年五月五日抵達西安時所發表的一段談話，很有典型性：「我們在臺灣，無論是稱何處人、稱客家人、稱外省人，我們所有的鄉親的祖先共同來自於今天所在的這個土地——黃土高原。」他也動情地說：「我們在（臺灣）這邊，每一個人都要問我們的祖先是誰？我們的血統證明我們是炎黃子孫，我們是中國人。我為啥，皮膚是黃黃的，我也是中國人。各位鄉親，各位鄉黨，大家都是一家人。我們都是一家人[84]。」

兩岸同胞之所以血脈相連，情同手足，根本原因之一就在於「民族文化已經融化在我們的血液中，隨時隨地影響著我們的感

---

81 鄧小平 1986 年 9 月 20 日接受美國記者華萊士採訪時的談話。

82 江澤民 1990 年 2 月 19 日接見臺灣「中國統一聯盟」大陸訪問團時的談話。

83 江澤民：《為促進祖國統一大業的完成而繼續奮鬥》，《人民日報》1995 年 1 月 31 日第 1 版。

84 《宋楚瑜大陸尋根：我們都是炎黃子孫》，新華網，2005 年 5 月 5 日。

情[85]」。臺灣新黨主席郁慕明就指出：「自己從小就接受中國傳統文化教育，兩岸同根同緣是不可分割的[86]」。儘管由於歷史、地理和現實的原因，臺灣文化在發展中形成了自己的一些特點，但是與祖國大陸其他區域性文化一樣，「臺灣文化的母體和核心是中華文化[87]」。

中華傳統文化的一大特點，正是在於「她有著崇尚統一、反對分裂、抵禦外國侵略的光榮的愛國主義傳統」。幾千年來，中華文化「始終是中華民族強大凝聚力的源泉，是維繫全體中國人的精神紐帶」，中華民族依靠它「抵禦了無數次外敵入侵，有力地維護了國家的統一、民族的團結[88]」。因此，江澤民強調指出：「中華各族兒女共同創造的五千年燦爛文化，始終是維繫全體中國人的精神紐帶，也是實現和平統一的一個重要基礎[89]。」臺灣新黨主席郁慕明也指出：「炎帝神農是華夏民族的始祖，是民族強大凝聚力的源泉，是維繫全體中國人的精神紐帶，也是實

---

85 江澤民 1990 年 2 月 19 日接見臺灣「中國統一聯盟」大陸訪問團時的談話。
86 徐蕾：《同根同脈是中華》，《人民日報》（海外版）2006 年 8 月 3 日第 3 版。
87 錢其琛：《堅持「和平統一、一國兩制」基本方針，努力推進兩岸關係發展》，新華社 2002 年 1 月 28 日電。
88 徐蕾：《同根同脈是中華》，《人民日報》（海外版）2006 年 8 月 3 日第 3 版。
89 江澤民：《為促進祖國統一大業的完成而繼續奮鬥》，《人民日報》1995 年 1 月 31 日。

現和平統一的一個重要基礎[90]。」

由此可見，海峽兩岸同根同源同流，「沒有理由分裂和對立，沒有理由不實現統一[91]」。中國歷史上雖曾出現過暫時分裂，但國家統一始終是中國歷史發展的主流。國家要統一，民族要復興，這是中國人民的民族感情和文化情結，也是決心和誓言。

二、「一個中國」原則，絕不能動搖

「堅持一個中國的原則，是實現和平統一的基礎和前提。中國的領土和主權絕不容許分割[92]。」這是中共針對「一中一臺」「一國兩府」「國際託管」而強調的對臺基本立場和態度。

美國曾企圖「在臺灣海峽劃一條永久停火線，以便實現其『劃峽而治』、製造『兩個中國』的圖謀[93]」。一九五四年十二月，美國與臺灣當局簽署所謂「共同防禦條約」，公然將臺灣置於美國「保護」下。在一九五八年的台海局勢中，美國提出如果中國大陸願意在臺灣海峽地區停火，美國可以勸蔣介石軍隊撤出

---

90 徐蕾：《同根同脈是中華》，《人民日報》（海外版）2006 年 8 月 3 日第 3 版。

91 江澤民 1990 年 2 月 19 日接見臺灣「中國統一聯盟」大陸訪問團時的談話。

92 江澤民：《為促進祖國統一大業的完成而繼續奮鬥》，《人民日報》 1995 年 1 月 31 日。

93 中共中央臺灣工作辦公室、國務院臺灣事務辦公室編：《中國臺灣問題》，第 48 頁。

金門、馬祖。

美國割裂海峽兩岸的企圖遭到兩岸中國人的一致反對。「共同防禦條約」一出籠，周恩來當即發表宣言，強調「一切關於所謂臺灣『獨立國』、臺灣『中立化』和『託管』臺灣的主張實際上都是割裂中國領土，侵犯中國主權和干涉中國內政，都是中國人民絕對不能同意的[94]」。接著，毛澤東從國際形勢變化的戰略高度，選擇炮擊金門，一方面試探「共同防禦」的程度。蔣介石雖然同美國簽署「共同防禦條約」，但是也堅持「一個中國」原則。他宣佈：「須知臺灣和大陸本屬一體，骨肉相關，休戚與共[95]。」他指示「今後對外提及大陸時，不再用『紅色中國』或『共黨中國』等語，而稱『中共政權』。提到他們自己時，不再用『自由中國』，而稱『中華民國[96]』」。這樣，他改變了「紅色中國」「自由中國」兩種不同性質中國的提法，統一稱中國為「中華民國」。

周恩來高度評價了蔣介石的民族情結，指出：「蔣介石也反對製造兩個中國，也反對製造一個中國另外加一個臺灣獨立實體，也就是『一中一臺』。在這個問題上，我們同臺灣當局有共同性[97]。」又說：「民族立場很重要，我們對蔣介石還留有餘

94 周恩來關於美蔣「共同防禦條約」的聲明，《人民日報》1954 年 12 月 9 日。
95 《人民日報》1958 年 10 月 30 日。
96 蕭心力主編：《毛澤東與共和國重大歷史事件》，人民出版社 2001 年版，第 267 頁。
97 《周恩來外交文選》，第 478-479 頁。

地，就因為他在民族問題上對美帝國主義還鬧點彆扭[98]。」因此，中共改變了「蔣介石賣國集團」的說法。毛澤東提出「愛國一家」，「愛國不分先後」，在一九六〇年五月二十二日中共中央政治局常委會議上，毛澤東認為臺灣寧可放在蔣氏父子手裡，不可落到美國人手中。

1992 年，海協與臺灣的海基會達成各自以口頭方式表述「海峽兩岸均堅持一個中國原則」的共識，即「九二共識」。它「體現了妥善處理分歧、有效打破僵局的政治智慧」，其重要意義是「在雙方表明堅持一個中國原則態度的前提下，照顧各方利益，以靈活的方式求同存異，建立互信、務實談判、面向未來[99]」。針對民進黨領導人企圖違背「九二共識」，全國人大二〇〇五年三月十四日通過《反國家分裂法》，明確規定「一個中國」和國家領土與主權不可分割的原則不可動搖，強調「世界上只有一個中國，大陸和臺灣同屬一個中國，中國的主權和領土完整不容分割」，「臺灣是中國的一部分」。這樣，用法律的形式將「一個中國」原則進一步確定下來。

三、「和平統一」，迫不得已時只能採取武力的方式

　　一九五五年五月以前，中共基本上考慮的是使用武力解放臺

---

98 《周恩來統一戰線文選》，第 397 頁。

99 錢其琛：《堅持「和平統一、一國兩制」基本方針，努力推進兩岸關係發展》，新華社 2002 年 1 月 28 日電。

灣。是月，周恩來在全國人大常務委員會會議上提出「中國人民解放臺灣有兩種可能的方式，即戰爭的方式和和平的方式」，並表示「中國人民願意在可能的條件下，爭取用和平的方式解放臺灣[100]」。這是第一次公開提出爭取用和平方式解決臺灣問題。一九五六年一月三十日，他在全國政協二屆二次會議上代表中共中央正式宣佈了和平解決的方針，說：「我國政府一年來曾經再三指出：除了用戰爭方式解放臺灣以外，還存在著用和平方式解放臺灣的可能性。這樣，我國大陸人民和臺灣人民就有一種共同的愛國的責任，這就是除了積極準備在必要的時候用戰爭方式解放臺灣以外，努力爭取用和平方式解放臺灣[101]。」同年六月二十八日，周恩來在全國人大一屆三次會議上指出「和平解放臺灣的可能性正在增長」，一是「因為目前國際形勢肯定地趨向和緩，美國使用武力侵佔臺灣和干涉中國內政的行為，遭到了越來越多的愛好和平的國家和人民的反對」；二是「我們偉大的祖國是更加壯大和鞏固了，它比過去任何時候都更加使所有愛國的中國人感到自豪」；三是「自從我們發出爭取和平解放臺灣的號召以後，在臺灣和海外的國民黨軍政人員中，已經有不少人表示了他們的愛國願望[102]」。因此，中共領導人從「全民族團結、一致對外」

100 周恩來在全國人大一屆三次會議上的報告，《人民日報》1956 年 6 月 29 日。
101 政協二屆二次會議有關「『力爭和平解放臺灣』的新方針」資料，中國臺灣網。
102 周恩來總理兼外交部長關於目前國際形勢、我國外交政策和解放臺灣問題的發言，《人民日報》1956 年 6 月 29 日。

的角度提議第三次國共合作，「希望一切有愛國心的臺灣軍政人員，同意用和平談判的方式，使臺灣重新回到祖國的懷抱[103]」。

中共第二、第三代領導集體繼承和發展了第一代領導集體提出的主張。繼毛澤東提出「使臺灣重新回到祖國的懷抱」的提法後，一九七八年十二月中共十一屆三中全會公報進一步「以『臺灣回到祖國懷抱，實現統一大業』來代替『解放臺灣』的提法[104]」。鄧小平多次指出：「我們提出國共第三次合作解決臺灣問題，就是因為我們雙方有共同語言，我們都認為只有一個中國[105]。」他強調：「我們是要完成前人沒有完成的統一事業。如果國共兩黨能共同完成這件事，蔣氏父子他們的歷史都會寫得好一些[106]。」民進黨主持臺灣當局後，中共仍然多次強調一貫主張在一個中國原則基礎上，通過平等談判用和平方式解決臺灣問題。

當然，主張和平解決，並不排斥武力方式。中共闡述了和平方式與武力方式兩者之間關係，指出「如果不得已而使用武力，那是在和平談判喪失了可能性，或者是在和平談判失敗以

---

103 《對中共八大政治報告稿的批語和修改》，《建國以來毛澤東文稿》第六冊，第 142 頁。

104 中共中央臺灣工作辦公室、國務院臺灣事務辦公室編：《中國臺灣問題》，第 66 頁。

105 鄧小平 1985 年 4 月 18 日會見英國前首相希思時的談話。

106 鄧小平：《中國大陸和臺灣和平統一的設想》，《鄧小平文選》第 3 卷，第 31 頁。

後[107]」。鄧小平強調：「我們不能承擔這麼一個義務：除了和平方式以外不能用其他方式來實現統一祖國的願望。我們不能把自己的手捆起來。如果我們把自己的手捆起來，反而會妨礙和平解決臺灣問題這個良好的願望[108]。」

不能承諾不用武力，是針對外國勢力可能的干涉和「台獨」的分裂活動。美國在與大陸建交時於一九七九年上半年拋出《與臺灣關係法》，宣稱美國與中國大陸建交，「是基於臺灣的前途將通過和平方式解決這樣的期望」，因此「以非和平方式包括抵制或禁運來決定前途的任何努力，是對西太平洋地區的和平和安全的威脅，並為美國嚴重關切之事」。許多美國人認為中國很弱很窮，裝備又落後，不敢同美國對抗；如果對抗，將使美中關係倒退很多年。對此，鄧小平指出雖然中國「確實是窮，裝備也確實是落後」，但是中華民族「就是不信邪」，強調「中國政府不是晚清政府」，「我們不怕死人」。他舉例說：在一九七九年的對越自衛還擊戰中，有人「判斷中國惹不起蘇聯」，「說老虎屁股摸不得」，但是中華民族就要「摸一下」。「敢於正視現實，用弱小的力量去面對強大的力量」，這就是中華民族的骨氣。他還特別指出：雖然「我們真誠地希望中美關係不但不要停滯，而且要發展」，但是「在臺灣問題上如果需要中美關係倒退的話，中國

107 江澤民 2001 年 3 月 23 日接見《華盛頓郵報》執行總編輯史蒂夫‧科爾時的談話。
108 鄧小平會見美國二十七位元記者時的談話，《人民日報》1979 年 1 月 6 日。

只能面對現實」。

「台獨」分子和外國勢力大概沒有認識到中華民族的決心。一九九五年，可以說是李登輝製造分裂活動非常猖獗的一年，也是美國違背中美三個聯合公報確定的中美兩國關係準則的一年。是年四月八日，李登輝拋出「兩國論」，宣稱「臺灣與大陸分別由兩個互不隸屬的政治實體治理，形成了海峽分裂分治的局面」。五月上旬，美國政府允許李登輝以私人名義訪美。

對此，中國政府一方面由外交部發表聲明指出：「對於已經站立起來的中國人民來說，沒有什麼比國家主權和祖國統一更為重要，中國政府和中國人民準備面對任何挑戰[109]。」一方面於七月、八月、十一月和一九九六年三月在臺灣海峽和臺灣附近海域舉行軍事演習，表達中國人民維護國家主權和領土完整的決心。其間，江澤民於一九九五年十月十一日宣佈：「萬一出現分裂祖國的局面，不管是來自境外的國際敵對勢力，還是臺灣本身的分裂主義勢力，我們可能不可避免地要用非和平的方式[110]。」其後，他在一九九六年十一月訪美時對美國政府指出，「李登輝拋出『兩國論』就是要破壞臺灣海峽的和平局面」，強調「李登輝分裂祖國行動的升級已經激起了全中國人民的強烈憤慨。為維護

---

[109] 中共中央臺灣工作辦公室、國務院臺灣事務辦公室編：《中國臺灣問題》，第112-113頁。

[110] 《1995年10月11日，江主席會見美國重要新聞媒體代表》，新華網。

國家主權和領土完整，我們絕不承諾放棄使用武力[111]」。在中共十五大報告中，他又指出：「不能承諾放棄使用武力，這決不是針對臺灣同胞，而是針對外國勢力干涉中國統一和搞『臺灣獨立』圖謀的[112]。」在中共十六大報告中，他再次強調：「維護祖國統一事關中華民族的根本利益，中國人民將義無反顧地捍衛國家主權和領土完整，絕不允許任何人以任何方式把臺灣從中國分割出去。」

二十一世紀之初，「臺獨」活動又一次猖獗起來。二〇〇〇年，帶有鮮明「臺獨」黨綱的民進黨上臺執政。二〇〇四年三月以來，陳水扁接二連三地提出「公投」「制憲」「一邊一國」等論調，甚至公然拋出「制憲」「行憲」的「臺獨時間表」。對此，美國雖然不斷重申堅持一個中國原則，遵守美中三個聯合公報，不支持「臺獨」，但是同時不斷提升美台官方與軍事關係，售臺先進武器裝備，支持臺灣加入世界衛生組織等只有主權國家才能參加的國際組織。這就在一定程度上慫恿了「臺獨」活動。顯然，「臺灣當局領導人不接受一個中國原則，不承認『九二共識』，這是導致兩岸關係陷入僵局的癥結，也是造成臺海局勢難以穩定並可能引發危機的根源[113]」。

111《江澤民主席與克林頓總統舉行正式會晤》，新華網。
112 江澤民：《高舉鄧小平理論偉大旗幟，把建設有中國特色社會主義事業全面推向二十一世紀》，《江澤民文選》第 2 卷，第 38 頁。
113 錢其琛：《堅持「和平統一、一國兩制」基本方針，努力推進兩岸關係發展》，新華社 2002 年 1 月 28 日電。

對此，中國人民給予有力的回擊。前面所說的《反國家分裂法》就是針對這種情況而制定、通過的。它明確宣佈：「為了反對和遏制『臺獨』分裂勢力分裂國家，促進祖國和平統一，維護臺灣海峽地區和平穩定，維護國家主權和領土完整，維護中華民族的根本利益」，「國家絕不允許『臺獨』分裂勢力以任何名義、任何方式把臺灣從中國分裂出去」。它規定：如果「『臺獨』分裂勢力以任何名義、任何方式造成臺灣從中國分裂出去的事實，或者發生將會導致臺灣從中國分裂出去的重大事變，或者和平統一的可能性完全喪失，國家得採取非和平方式及其他必要措施，捍衛國家主權和領土完整」。這樣，中國政府以法律的形式昭顯了中華民族維護國家統一、反對分裂的決心。

從上可見，中共「努力實現和平統一，中國人不打中國人[114]」。但是，如果有人違背民族利益而製造分裂，那就沒資格做中國人，對這些民族敗類只能以武力解決。在解決民族敗類的過程中，如有外來勢力插手，中華民族敢於正視。江澤民指出：「不管採用什麼方法，我們相信，解放臺灣的正義事業是一定能夠取得勝利的[115]。」

---

114 江澤民：《為促進祖國統一大業的完成而繼續奮鬥》，《人民日報》1995 年 1 月 31 日第 1 版。

115 江澤民 2001 年 3 月 23 日接見《華盛頓郵報》執行總編輯史蒂夫·科爾時的談話。

四、「一國兩制」，最大限度地照顧各方利益

　　中共最初提出和平解決的方針時，考慮採取的是如同周恩來一九五六年一月三十日在全國政協二屆二次會議上所說的方法：「大家知道，在大陸解放的時候，北京、綏遠、湖南、新疆、西藏等地方都是用和平方式解放的，而和平起義的軍隊已經成為解放軍的一部分，和平起義的將領一直擔負著國家的重要職務[116]。」隨後，中共認識到這種方法不太符合實際，乃提出「一綱四目」，即：「一綱是臺灣必須回歸祖國；四目包括：臺灣回歸祖國後，除外交必須統一於中央外，所有軍政大權人事安排由蔣決定；所有軍政及建設經費不足之數，由中央撥付；臺灣的社會改革可以從緩，協商解決；雙方互約不派人進行破壞對方團結之事[117]。」「一綱四目」是「一國兩制」的雛形。

　　中共召開十一屆三中全會後，正式提出了「一國兩制」的戰略構想。鄧小平指出：「這個構想是從中國解決臺灣問題和香港問題出發的。十億人口大陸的社會主義制度是不會改變的，永遠不會改變。但是，根據香港和臺灣的歷史和實際情況，不保證香港和臺灣繼續實行資本主義制度，就不能保持它們的繁榮和穩定，也不能和平解決祖國統一問題[118]。」這就是大陸和臺港澳實

116 政協二屆二次會議有關「『力爭和平解放臺灣』的新方針」資料，中國臺灣網。

117 蕭心力主編：《毛澤東與共和國重大歷史事件》，第 267 頁。

118 鄧小平：《我們非常關注香港的過渡時期》，《鄧小平文選》第 3 卷，第 67 頁。

行兩種不同的制度。

根據江澤民在香港特別行政區成立儀式上的演講，「一國兩制」在香港的運用情況如下：其一，在社會制度上，「在國家主體堅持實行社會主義制度的條件下，香港繼續實行資本主義制度，保持原有的社會、經濟制度不變，生活方式不變，法律基本不變」。其二，在香港與中央政府的關係上，「香港作為中華人民共和國的特別行政區，享有基本法賦予的高度自治權，包括行政管理權、立法權、獨立的司法權和終審權。中央人民政府依法管理香港特別行政區的外交事務和防務。」「香港特別行政區基本法，不僅香港要遵守，中央各部門和各省、自治區、直轄市也都要遵守，中央各部門和任何地方，都不會也不允許幹預香港特別行政區依據基本法規定自行管理的事務。」香港「依法自行制定經濟、貿易、金融貨幣、教育、科技、文化和體育政策，保持財政獨立，實行獨立的稅收制度，作為單獨的關稅地區」。其三，在對外經濟與文化的關係上，香港「將繼續保持自由港的地位，繼續發揮國際金融、貿易、航運中心的作用，繼續同各國各地區及有關國際組織保持發展經濟文化關係。」「所有國家和地區在香港的正當經濟利益將受到法律保護[119]。」一九九九年，澳門回歸祖國時也按照這種情況實行「一國兩制」。

同此相比，中共「充分重視臺灣與港澳的不同情況，在『一

---

119 江澤民：《在中英兩國政府舉行的香港交接儀式上的講話》，《江澤民文選》第 1 卷，第 652 頁。

國兩制」的框架內，實行比港澳更寬鬆的政策[120]」。根據鄧小平的闡述，更寬鬆的含義是：第一，在自治的性質上，是「高度自治」而非「完全自治」。「我們不贊成臺灣『完全自治』的提法。自治不能沒有限度，既有限度就不能『完全』。『完全自治』就是『兩個中國』，而不是一個中國。制度可以不同，但在國際上代表中國的，只能是中華人民共和國。」第二，在臺灣享有的權力及與中央政府的關係上，「我們承認臺灣地方政府在對內政策上可以搞自己的一套。臺灣作為特別行政區，雖是地區政府，但同其他省、市以至自治區的地方政府不同，可以有其他省、市、自治區所沒有而為自己所獨有的某些權力」，即：「臺灣特別行政區可以有自己的獨立性，可以實行同大陸不同的制度。司法獨立，終審權不須到北京。臺灣還可以有自己的軍隊，只是不能構成對大陸的威脅。大陸不派人駐台，不僅軍隊不去，行政人員也不去。臺灣的黨、政、軍等系統，都由臺灣自己來管。中央政府還要給臺灣留出名額[121]。」第三，在對外關係上，「臺灣同美國、日本可以繼續保持現有的關係[122]」。國務院提出的《臺灣問題與中國的統一》的白皮書，把這些特點概括為「一個中國」「兩制並存」「高度自治」和「和平談判」四點。

[120] 錢其琛：《堅持「和平統一、一國兩制」基本方針，努力推進兩岸關係發展》，新華社 2002 年 1 月 28 日電。

[121] 鄧小平：《中國大陸和臺灣和平統一的設想》，《鄧小平文選》第 3 卷，第 30 頁。

[122] 「希望美國不做妨礙中國大陸同臺灣統一的事」，《人民日報》1984 年 4 月 29 日第 1 版。

一九九五年一月三十日，江澤民發表演講，建議海峽兩岸實現和平統一，落實「一國兩制」。他說：「我們曾經多次建議雙方就『正式結束兩岸敵對狀態、逐步實現和平統一』進行談判。在此，我再次鄭重建議舉行這項談判，並且提議，作為第一步，雙方可先就『在一個中國的原則下，正式結束兩岸敵對狀態』進行談判，並達成協議。在此基礎上，共同承擔義務，維護中國的主權和領土完整，並對今後兩岸關係的發展進行規劃。至於政治談判的名義、地點、方式等問題，只要早日進行平等協商，總可找出雙方都可以接受的解決辦法[123]。」

從上面來看，中共第一代領導開始設想用「一國兩制」的方式來解決臺灣問題。在此基礎上，第二代領導集體正式確立了「和平統一、一國兩制」的方式以解決臺灣問題，強調「如果不要戰爭」，就只能採取這種方式[124]。根據「一國兩制」的方針，第三代領導集體「創造性地提出，第一步先就『在一個中國的原則下，正式結束兩岸敵對狀態』進行談判，並達成協議；在此基礎上，共同承擔義務，維護中國的主權和領土完整，並對今後兩岸關係的發展進行規劃[125]」。總的基本點是：「臺灣問題應該也

---

[123] 江澤民：《為促進祖國統一大業的完成而繼續奮鬥》，《人民日報》1995 年 1 月 31 日。

[124] 鄧小平：《穩定世界局勢的新辦法》，《鄧小平文選》第 3 卷，第 49 頁。

[125] 錢其琛：《在江澤民主席〈為促進祖國統一大業的完成而繼續奮鬥〉發表三周年座談會上的講話》，中共中央臺灣工作辦公室、國務院臺灣事務辦公室編：《中國臺灣問題》，第 265 頁。

完全可以通過兩岸的協商，在一個中國的架構內求得合理的解決[126]。」這樣，「就能避免『台獨』分裂勢力挑起戰爭帶來的災難[127]」，求得海峽兩岸的團結和統一。

五、臺灣問題完全是中國的內政問題，不容他人置喙

上面多處指出，美國一直插手臺灣問題，干涉中國內政，阻撓中華民族的統一大業。「解放臺灣的問題完全是中國的內政問題」[128]，絕不容他人干涉，自然成為中共解決臺灣問題的又一基本立場。

在一九五八年的台海局勢中，毛澤東親自起草《中華人民共和國國防部告臺灣同胞書》，發表談話，對蔣介石明確指出「美帝國主義是我們的共同敵人」，強調臺灣問題「是中國內部貴我兩方有關的問題，不是中美兩國有關的問題[129]」，明確宣佈「臺、澎、金、馬整個地收復回來，完成祖國統一，這是我們六億五千萬人民的神聖任務。這是中國內政，外人無權過問，聯合

126 國務院臺灣事務辦公室、國務院新聞辦公室：《臺灣問題與中國的統一》，中共中央臺灣工作辦公室、國務院臺灣事務辦公室編：《中國臺灣問題》，第 254 頁。

127 錢其琛：《堅持「和平統一、一國兩制」基本方針，努力推進兩岸關係發展》，新華社 2002 年 1 月 28 日電。

128 《對中共八大政治報告稿的批語和修改》，《建國以來毛澤東文稿》第六冊，第 142 頁。

129 毛澤東：《中華人民共和國國防部告臺灣同胞書》，《毛澤東文集》第 7 卷，第 420、421 頁。

國也無權過問[130]」。周恩來號召海峽兩岸的全體中國人民「在愛國主義旗幟下團結起來，共同努力來自己解決這個屬於我國內部的事務」，強調「我們決不允許任何第三者來干涉我國這個內部事務，任何第三者也沒有權利來干涉我國這個內部事務[131]」。

中共第二代、第三代領導集體堅持這一基本立場。鄧小平指出：「臺灣回歸祖國，完成祖國的統一大業，這完全是中國的內政[132]。」他特別強調「萬萬不可讓外國插手，那樣只能意味著中國還未獨立，後患無窮[133]」。江澤民在中共十五大的報告中指出不需要借助任何國際場合，強調「祖國統一的問題應當由兩岸中國人自己解決」。《反國家分裂法》以法律形式指出，「維護國家主權和領土完整是包括臺灣同胞在內的全中國人民的共同義務」，「完成統一祖國的大業是包括臺灣同胞在內的全中國人民的神聖職責」，「解決臺灣問題，實現祖國統一，是中國的內部事務，不受任何外國勢力的干涉」。

六、發揚愛國主義，完成祖國統一

前面已經提到，愛國主義是中華傳統文化的重要組成部分，是中國人民反對帝國主義入侵、維護國家統一的強大精神動力。

---

130 《中美兩國沒有開戰，無火可停》，《毛澤東外交文選》，第 359 頁。
131 政協二屆二次會議有關「『力爭和平解放臺灣』的新方針」資料，中國臺灣網。
132 鄧副總理會見美國記者，《人民日報》1979 年 1 月 6 日。
133 鄧小平：《中國大陸和臺灣和平統一的設想》，《鄧小平文選》第 3 卷，第 31 頁。

這裡所要強調的是，愛國主義在臺灣問題上具有特定的含義。毛澤東指出，愛國主義的具體內容和具體含義，要「看在什麼樣的歷史條件之下來決定[134]」。對於當今中國來說，愛國主義與社會主義是一致的。社會主義制度的確立為中國大陸社會生產力的發展和社會全面進步提供了可靠的保證和光明的前景，集中體現著國家、民族、人民的根本利益。每個中國人的福祉都是和建設有中國特色的社會主義遠大目標密切聯繫在一起的。因此，熱愛祖國，就要熱愛社會主義。針對有些人的不理解，鄧小平指出：「有人說不愛社會主義不等於不愛國。難道祖國是抽象的嗎？不愛共產黨領導的社會主義的新中國，愛什麼呢[135]？」

但是，對於港澳臺和海外同胞來說，愛國主義的含義則不相同，鄧小平指出：「什麼叫愛國者？愛國者的標準是，尊重自己民族，誠心誠意擁護祖國恢復行使對香港的主權，不損害香港的繁榮和穩定。只要具備這些條件，不管他們相信資本主義，還是相信封建主義，甚至相信奴隸主義，都是愛國者[136]。」他進一步指出：「對臺灣同胞、港澳同胞和海外僑胞，只要是愛國，贊成祖國統一，即使不贊成社會主義制度的人也要積極爭取團結。我們堅持『一國兩制』、和平統一祖國的方針，要在海外統戰工作

134 毛澤東：《中國共產黨在民族戰爭中的地位》，《毛澤東選集》第 2 卷，第 520 頁。

135 鄧小平：《關於思想戰線上的問題的談話》，《鄧小平文選》第 2 卷，第 392 頁。

136 鄧小平：《一個國家，兩種制度》，《鄧小平文選》第 3 卷，第 61 頁。

中求愛國和祖國統一之同，存社會制度、意識形態和生活方式之異。在愛國的旗幟下，團結得愈廣泛，愈有利於我們事業的勝利發展[137]。」可見，中共一方面認為港澳臺和海外同胞，只要擁護和支持祖國的統一，都是愛國的，都要團結，「不能要求他們都擁護社會主義」；另一方面也強調「至少也不能反對社會主義的新中國，否則怎麼叫愛祖國呢？」中共號召，「最大範圍地團結臺灣各族、各界和各階層一切擁護祖國統一的愛國力量，最大限度地爭取臺灣民心，為早日解決臺灣問題創造條件[138]」

　　海峽兩岸的愛國主義熱情在被譽為「氣勢磅礴唱出中華之聲，氣吞山河托出民族之魂」的《黃河大合唱》上得到體現。著名音樂指揮家嚴良堃指出：「過去《黃河大合唱》鼓舞中華民族抗日救亡，今天則可以增強民族自信心。」無論走到哪裡，「只要一聽到《黃河》的歌聲，人民都會熱血沸騰地走到一起來[139]」。一九八九年，臺灣當局解禁自一九四九年以來的禁唱。一九九五年九月二十六日，在紀念抗戰勝利五十周年之際，兩岸同聲高唱《黃河大合唱》，要求統一的呼聲在天空回蕩！

　　總而言之，中共對台政策具有「一貫性和連續性[140]」。「五

---

137 《努力發展最廣泛的愛國統一戰線》，《十三大以來重要文獻選編》（中），人民出版社 1991 年版，第 1128-1129 頁。

138 《統一戰線在新世紀黨的工作全域中的地位和作用》，《論黨的建設》，第 456-457 頁。

139 潘怡：《唱「黃河」聲，慰赤子心——記著名指揮家嚴良堃》，《北京文史資料》第 53 輯，第 183、184 頁。

140 李鵬：《完成統一祖國大業是全體中國人民的共同願望》，《人民日報》

十多年來，雖然兩岸尚未統一，但大陸和臺灣同屬一個中國的事實沒有改變，兩岸同胞血濃於水的民族感情沒有改變[141]。」求和平、求安定、求發展、求統一，是海峽兩岸人民的心願。因此，「結束祖國大陸同臺灣分離的局面，實現祖國的完全統一，是中國共產黨人義不容辭的使命[142]」。為此，中共「在促進恢復兩岸對話與談判的問題上，有最大的誠意，也有最大的包容性[143]」，堅決反對「台獨」勢力及其活動，絕不允許任何人以任何方式把臺灣從中國分割出去。

第三節 ▶ 建設和諧社會

二〇〇六年十月召開的中共十六屆六中全會，通過了《關於構建社會主義和諧社會若干重大問題的決定》，從文化發展的高度，提出了「和諧文化」的新概念，強調「建設和諧文化，是構建社會主義和諧社會的重要任務」。為了建設這一和諧文化，「決定」強調必須「弘揚我國傳統文化中有利於社會和諧的內容，形成符合傳統美德和時代精神的道德規範和行為規範」。這就提出

1996 年 1 月 31 日。
[141] 《胡錦濤會見連戰對兩岸關係發展提出四點建議》，新華網。
[142] 江澤民：《在慶祝中國共產黨成立八十周年大會上的講話》，《人民日報》2001 年 7 月 2 日。
[143] 錢其琛：《堅持「和平統一、一國兩制」基本方針努力推進兩岸關係發展》，新華社 2002 年 1 月 28 日電。

了吸收傳統文化的精華以構建和諧社會的戰略思想。

傳統文化的精華是什麼呢？如果要用一個字來提煉，「合」字最恰當不過。《說文解字》上說，「合，亼口也，從亼口」；又說，「亼，三合也，從人一」。這是說，上下嘴唇合，成一「口」；三口合，成一「家」；數家合，成「大家」；大家合，社會「和」。「和」是在「合」的過程中實現的，「合」是實現「和」的前提和條件。只要做能「天合」「地合」「人合」「心合」，就能「致中和，天地位焉，萬物育焉」，「和也者，天下之達道也[144]」。從下面來看，中國共產黨吸收和發展了「合」的思想，以構建和諧社會的大廈。

一、「天合」：察知天時，順應歷史發展的規律

「天合」強調的是治國方略，指執政者必須認識規律，順應歷史的發展潮流。因此，「天合」不僅是傳統文化的核心之一，也是今天構建社會主義和諧社會的根本原則之一。

「天合」之思想，可以分四步作逐漸深入的分析：其一，「天合」之「天」，指天命、天道，即不以人的意志為轉移的客觀規律。《易·說卦》中指出：「昔者聖人之作易也，將以順性命之理。是以立天之道曰陰陽。」《荀子·天論》進一步指出：「天行有常，不為堯存，不為桀亡。」其二，雖然「天」不以人的意志為轉移，但是人類可以認識它。孟子提出：「盡其心者，知其

---

144 《中庸》，朱熹：《四書章句集注》，中華書局 1983 年版，第 18 頁。

性也；知其性，則知天矣[145]。」這就是說，人類可以努力認識「性」，從而認識「天」。其三，「天」之根本在於「民」，即「以民為本」。管子指出：「以人為本，本治則國固，本亂則國危[146]。」《左傳・莊公三十三年》說：「政之所興，在順民心。」其四，要做到「以民為本」，施政必須「中庸」，因為「中也者，天下之大本也[147]」。做到了「以民為本」，就能順應「天道」，進而可以「制天命而用之[148]」，即做到了「天合」。

儘管先賢作了如此強調，許多革命集團初始時也艱苦樸素，鬥志昂揚，但是「一旦上臺之後，無例外地總是變成了群眾頭上新的壓迫階級，其作風也逐漸變得驕奢淫逸，貪汙腐化，作威作福[149]」，忘記「以民為本」的教誨，做不到「天合」。一部中國古代史，「『政怠宦成』的也有，『人亡政息』的也有，『求榮取辱』的也有[150]」，各王朝難以逃出歷史週期率的怪圈。

中國共產黨如何才能避免「其興也勃焉」「其亡也忽焉[151]」的歷史現象，做到「天合」，是她一直努力要解決的問題。正如黃炎培一九四五年七月對毛澤東所說，「中共諸君從過去到現在，我略略瞭解的了，就是希望找出一條新路，來跳出這週期率

---

145 《孟子・盡心上》。
146 《管子・霸業》。
147 《中庸》，朱熹：《四書章句集注》，第 18 頁。
148 《荀子・天論》。
149 《許立群文集》（上卷），當代中國出版社 2003 年版，第 149 頁。
150 薄一波：《若干重大決策與事件的回顧》（上卷），第 157 頁。
151 《左傳・莊公十一年》。

的支配[152]」。

　　中國共產黨是一種「全然嶄新的力量，它所代表的革命的無產階級，是中國最新的階級，是一個正在向前發展的階級。作為它一切行動指南的馬列主義，則是世界上最科學的革命理論。因而，這個黨是不能和任何歷史上的革命農民領導集團或任何其他非無產階級黨派相比擬的。它不像過去一切革命集團那樣，不是以新的階級剝削來代替舊的階級剝削，它的革命目標根本就是消滅歷史上一切階級剝削和剝削階級的統治[153]」，使勞動人民當家作主。這樣，「以民為本」在中國共產黨的領導下具有全新的含義：其一，全心全意為人民服務，一切從人民利益出發，「而不是從個人或小集團的利益出發」。毛澤東反復強調：「應該使每個同志明瞭，共產黨人的一切言論行動，必須以合乎最廣大人民群眾的最大利益，為最廣大人民群眾所擁護為最高標準[154]。」誰代表人民利益並為人民利益奮鬥，誰就能得到人民的擁護。其二，實行人民當家作主的民主，「我們的國家是人民當家作主的國家，國家的一切權力屬於人民。黨和國家的這種性質，決定了我國最廣大人民的利益在根本上是一致的[155]」。毛澤東充滿信心地對黃炎培指出：「我們已經找到新路，我們能跳出這週期率。

---

152 薄一波：《若干重大決策與事件的回顧》（上卷），第157頁。
153 《許立群文集》（上卷），第151、153頁。
154 毛澤東：《論聯合政府》，《毛澤東選集》第3卷，第1095、1096頁。
155 《人民日報》2006年10月20日社論：《社會和諧是中國特色社會主義的本質屬性——論學習貫徹〈中共中央關於構建社會主義和諧社會若干重大問題的決定〉》。

這條新路，就是民主。」「只有讓人民來監督政府，政府才不敢鬆懈。只有人人起來負責，才不會人亡政息。」黃炎培認為這很有道理，認為「只有大政方針決之於公眾，個人功業欲才不會發生。只有把每一地方的事，公之於每一地方的人，才能使地地得人，人人得事」。因此，他認為以這種「民主來打破這週期率，怕是有效的[156]」。

這兩點是中國共產黨同其他政黨區別開來的根本標誌。人民是歷史的創造者，構建和諧社會必須以民為本。中共十六屆六中全會根據這兩點，對「以民為本」的貫徹作了明確規定：其一，全心全意為人民服務，一切從人民利益出發。全會提出的「六個必須堅持」的原則，第一條就是「必須堅持以人為本，講的是工作的根本出發點和落腳點問題，構建社會主義和諧社會必須把以人為本貫穿始終，做到發展為了人民、發展依靠人民、發展成果由人民共用，促進人的全面發展[157]」。其二，「進一步發展社會主義民主，不斷健全社會主義法制[158]」。全會規定，「社會主義民主法制更加完善，依法治國基本方略得到全面落實，人民的權益得到切實尊重和保障」。本著這一目標，全會從制度建設著手，「提出要完善六個方面的制度[159]」，即民主權利保障、法

156 薄一波：《若干重大決策與事件的回顧》（上卷），第 157 頁。
157 吳邦國：《構建社會主義和諧社會的綱領性檔》，《人民日報》2006 年 10 月 20 日第 2 版。
158 張俊紅主編：《中央推進建設社會主義新農村與構建農村和諧社會政策檔學習手冊》（上卷），農業科技出版社 2007 年版，第 308 頁。
159 吳邦國：《構建社會主義和諧社會的綱領性檔》，《人民日報》2006 年

律、司法體制、公共財政、收入分配和社會保障。這幾個方面就是為了「切實保障人民在政治、經濟、文化、社會等方面的權利和利益，引導公民依法行使權利、履行義務」。其三，「黨風正則幹群和，幹群和則社會穩」，加強執政黨的建設，是確保「以民為本」的關鍵。全會吸收歷史上「其興也浡焉」「其亡也忽焉」的教訓，提出要「深入開展黨風廉政建設和反腐敗鬥爭」，「形成群眾支持和參與反腐倡廉的有效機制，健全防範腐敗的體制機制[160]」。

以上這些措施，是中共中央察知當今中國和世界「天時」做出來的。切實推行這些措施，就能做到「天合」，就能順應歷史的發展規律。

二、「地合」：認識地利，適應自然呼吸的氣息

「地合」，是從人與自然的關係角度來講的，講的是人與自然界和諧與統一，真正的和諧「一定包括大地上萬物和諧而快樂地共同成長[161]」。如果不瞭解自然，不能適應天地呼吸的氣息，和諧社會的構建就無從談起。

傳統文化的「地合」思想，也可做步步分析。其一，「地合」

---

10 月 20 日第 2 版。

160《關於構建社會主義和諧社會若干重大問題的決定》，《黨史文苑（學術版）》，2006 年第 1 期。

161 于丹：《〈論語〉心得》，中華書局 2006 年版，第 9 頁。

中的「地」，指地道，即「關於地面的自然現象及其規律[162]」。《易經‧說卦》中說：「立地之道曰柔與剛。」《易經‧繫辭上》又說：「剛柔相推，而生變化。」而「變化者」，四季「之象也」，「剛柔者，晝夜之象也」。《莊子》中說：「大道合乎自然。」其二，人類必須認識自然，尊重自然。老子所說的「人法地，地法天，天法道，道法自然[163]」，就是這個意思。其三，人類對待自然要「有一種敬畏，有一種順應，有一種默契[164]」，不能一味地索取，要注意生態平衡。孔子提出，「釣而不綱，弋不射宿[165]」。如果能做到此點，不但「天地位焉，萬物育焉[166]」，而且「天地與我並生，而萬物與我為一[167]」，實現了人類與自然的和諧。蒲松齡在《聊齋志異》寫了大量人神交往、人妖婚戀的故事，而花妖狐媚都是自然界的生靈，她們與人相愛相戀，構成了一幅芸芸眾生和諧共處的美麗圖景。這是傳統「地合」思想的深刻體現。

馬克思主義也非常強調人與自然的和諧統一，認為人同自然之間矛盾的和解是世介面臨的一大變革，強調「社會是人同自然界的完成了的本質的統一」。一方面，在與自然的關係中，人類占主體地位，改造了自然，也創造了自然；另一方面，雖然人類

---

162 張岱年主編：《孔子大辭典》，上海辭書出版社 1993 年版，第 180 頁。
163 《老子》第二十五章。
164 于丹：《〈論語〉心得》，第 9 頁。
165 《論語‧述而》。
166 《中庸》，朱熹：《四書章句集注》，第 18 頁。
167 《莊子‧齊物論》。

占主體地位，但不能否認自然對於人的「優先地位」，因為「人是自然界的一部分」，並且「人靠自然界生活」，如果「不以偉大的自然規律為依據的人類計畫，只會帶來災難[168]」。

眾所周知，今天中國的環境問題非常嚴重，人均淡水量、耕地、森林、石油僅為世界的四分之一、五分之二、五分之一、十一分之一，中國 GDP 僅為世界的百分之四點一，但所消耗的原油、原煤、鐵礦石卻分別為世界的百分之七點四、百分之三十一、百分之三十。因此，「經濟社會發展與資源環境不協調的矛盾相當突出，主要污染物排放總量大大超過環境容量，群眾特別是環境惡化地區群眾要求改善生態環境的呼聲越來越高」。吸收傳統的「地合」思想，以馬克思主義為指導，加強環境治理保護，促進人與自然相和諧，刻不容緩。

中共十六屆六中全會認為，環境問題根本上「是由經濟增長方式粗放造成的，有的地方在處理環境問題時有法不依、執法不嚴相當普遍。此外，還有環境保護投入不足、技術裝備落後等原因」。根據人與自然和諧相處的要求，全會決定「以解決危害群眾健康和影響可持續發展的環境問題為重點，加快建設資源節約型、環境友好型社會」。為了實現這一目的，全會確定了如下具體措施：其一，「從源頭上控制環境污染，推廣清潔生產，節約能源資源，依法淘汰落後工藝技術和生產能力，實施重大生態建設和環境整治工程，有效遏制生態環境惡化趨勢」。其二，「統

---

[168] 《馬克思恩格斯全集》第 31 卷，人民出版社 1972 年版，第 251 頁。

籌城鄉環境建設，加強城市環境綜合治理，改善農村生活環境和村容村貌」。其三，「加快環境科技進步，完善有利於環境保護的產業政策、財稅政策、價格政策，強化污染物排放總量控制，建立生態環境評價體系和補償機制，強化企業和全社會節約資源、保護環境的責任」。其四，「完善環境保護法律法規和管理體系，嚴格環境執法，加強環境監測，定期公布環境狀況資訊，嚴肅處罰違法行為[169]」。

總之，「人類的發展從根本上講是人與自然關係的變化[170]」。如果生態環境受到破壞，人類的生活環境就必然受到威脅，社會和諧就很難實現。所以中國共產黨明確指出要「堅定不移地走生產發展、生活富裕、生態良好的文明發展道路[171]」，實現人與自然的和諧。

三、「人合」：擺正自己，奏響人我和諧的樂章

「人合」是從人與人之間關係來講的。由於人與人之間常常產生差異和矛盾，需要不斷地促進「人合」。

「人合」中的「人」，指的是人道，《易・說卦》中所說「立人之道曰仁與義」，講的就是「關於人事、人倫、處世的法

169 吳邦國：《構建社會主義和諧社會的綱領性檔》，《人民日報》2006 年 10 月 20 日第 2 版。

170 方立：《構建和諧社會與中華民族偉大復興》，《人民日報》2006 年 8 月 9 日第 9 版。

171 張俊紅主編：《中央推進建設社會主義新農村與構建農村和諧社會政策檔學習手冊》（上卷），第 313 頁。

則[172]」。而這個法則可作如下分析：其一，要端正自身。地位高的不欺凌地位低的，地位低的不攀附地位高的，擺正自己，安然自處。正如《中庸》上所講：「君子素其位而行」，「在上位不凌下，在下位不援上，正己而不求於人則無怨。」其二，要忠孝仁愛，誠信待人。在家中要孝敬父母，愛戴兄弟姐妹，出門要謹慎守信，泛愛眾人而親近仁者。這就是孔子所說的「弟子入則孝，出則弟，謹而信，泛愛眾，而親仁[173]」。另外，「事父母能竭其力，事君能致其身，與朋友交，言而有信[174]」。其三，講求禮儀，自我節制。孔子之弟子有子曰：「禮之用，和為貴。先王之道，斯為美，小大由之。有所不行，知和而和，不以禮節之，亦不可行也[175]。」換句話說，與人交往要注重禮，學會自我節制，正所謂「君子和而不流，強哉矯[176]！」意見雖不同，也可合作。承認差異、矛盾的存在，尊重他人、寬容待人。如果做到這幾點，就能做到「人合」。

馬克思主義也很重視「人合」，指出人是社會的人，「每個人的自由發展是一切人自由發展的條件[177]」。每個人的發展不僅不妨礙他人的發展，而且是他人發展的條件，人與人之間是一種

---

172 張岱年主編：《孔子大辭典》，第 180 頁。
173 《論語‧學而第一》。
174 《論語‧學而第一》。
175 《論語‧學而第一》。
176 《中庸》，朱熹：《四書章句集注》，第 25 頁。
177 馬克思、恩格斯：《無產者與共產黨人》，《共產黨宣言》，人民出版社 1978 年版，第 47 頁。

和諧的關係。

在現實生活中，經常出現「人不合」的現象。一些人唯我獨尊，以我為中心，不能與他人合作。更嚴重的是，「一些人急功近利，弄虛作假，言而無信，爾虞我詐；一些地方存在道德冷漠症，造成人與人之間的隔閡與不信任[178]」。這說明吸收傳統文化的「人合」思想，在馬克思主義的指導下，構建「人合」社會，已經提到了中國可持續發展的戰略高度。

既然「一些社會成員誠信缺失、道德失範是造成社會不和諧的一大原因[179]」，那麼當今的「立人之道」就是「誠信友愛」。根據誠信友愛的要求，中共中央提出「人合」社會建設的目標是：「全民族的思想道德素質、科學文化素質和健康素質明顯提高，良好道德風尚、和諧人際關係進一步形成。」由於「以『八榮八恥』為主要內容的社會主義榮辱觀，體現了社會主義基本道德規範和社會風尚的要求，是中華民族傳統美德和時代精神的結合」，中共中央「對樹立社會主義榮辱觀提出了具體要求，強調要宣導愛國、敬業、誠信、友善等道德規範，在全社會形成知榮辱、講正氣、促和諧的風尚，形成男女平等、尊老愛幼、扶貧濟困、禮讓寬容的人際關係[180]」。

---

178 韓雪選編：《從多元到和諧——和諧社會的構建》，中央編譯出版社 2006 年版，第 110 頁。

179 《關於構建社會主義和諧社會若干重大問題的決定》，《黨史文苑（學術版）》，2006 年第 1 期。

180 吳邦國：《構建社會主義和諧社會的綱領性檔》，《人民日報》2006 年 10 月 20 日第 2 版。

這不僅是社會主義榮辱觀的具體要求，也是誠信友愛的具體體現。人們只有以此作為立人之道，才能形成「誠信友愛、互幫互助和全體人民平等友愛、融洽相處的社會氛圍和人際關係[181]」，才能奏響人我和諧的樂章，才能「形成一個全體人民各盡其能、各得其所而又和諧相處的社會[182]」。

四、「心合」：修養身心，平衡人生跳動的節律

「心合」，指人之身心的和諧，即各種心理要素和諧。由於「人是社會的細胞，沒有每個人的自我和諧，就不會有社會的和諧肌體[183]」，心理和諧直接關係到社會的和諧。因此，馬克思主義把人同本身的和解視為世介面臨的另一大變革，其地位的重要性不言而喻。

先賢極為重視修養身心，並對如何才能做到修養身心作了深刻論述。其一，一方面肯定對富貴的追求；一方面強調不可一味追求名利。「富與貴，人之所欲也[184]」無可厚非。如果「富而可求，雖執鞭之士，吾亦為之[185]」。但是，如果富貴名利不可強

---

181 張俊紅主編：《中央推進建設社會主義新農村與構建農村和諧社會政策檔學習手冊》（上卷），第312頁。

182 方立：《構建和諧社會與中華民族偉大復興》，《人民日報》2006年8月9日第9版。

183 顧伯沖：《和諧心態與和諧社會》，《人民日報》2006年11月3日第4版。

184 《論語・里仁》，北京出版社2008年版，第20頁。

185 《論語・述而》，北京出版社2008年版，第43頁。

求，則應「欲而不貪[186]」。如果一味「競逐榮勢，企踵權豪，孜孜汲汲，惟名利是務；崇飾其末，忽棄其本，華其外而悴其內。皮之不存，毛將安附焉[187]？」身心就要失合。其二，面對困難，面對逆境，要「談笑論生死」。司馬遷指出：「文王拘而演《周易》，仲尼厄而作《春秋》；屈原放逐，乃賦《離騷》；左丘失明，厥有《國語》；孫子臏腳，《兵法》修列；不韋遷蜀，世傳《呂覽》；韓非囚秦，《說難》《孤憤》《詩》三百篇，大抵賢聖發憤之所為作也[188]。」這些都是我們學習的榜樣。總之，如果能「消除個我的固蔽」，如果能正確對待困難和挫折，「以開闊的心胸與無所偏的心境去看待一切人物[189]」與富貴榮華，就能做到「心合」。

今天，心理健康是建設和諧社會必須解決的一個重要問題。據衛生部提供的資料來看，精神障礙在中國疾病的排行榜中已躍居首位，發病率由二十世紀五〇年代的百分之二點七上升到九〇年代的百分之十三點四七，病人總數達一千六百萬人。在這些人中，「有的對社會現象不見陽光，只看陰影，對任何事物橫挑鼻子豎挑眼，牢騷滿腹，自己把自己搞得心不平氣不順。還有的工作與休息、事業與生活、單位與家庭之間的關係處理得很不協調，甚至顧此失彼。如果每個人的內心裡充滿了這樣那樣的衝突

186《論語・堯曰》，北京出版社 2008 年版，第 139 頁。
187 張仲景：《〈傷寒論〉序》，上海科學技術出版社 1983 年版，第 8 頁。
188 司馬遷：《報任安書》。
189 陳鼓應：《老子注釋及評介》，中華書局 1984 年版，第 283 頁。

與不滿，心理或生理就會失衡[190]」，那麼怎麼能構建和諧社會呢？因此，「心合」不僅是每個人的需要，也是構建和諧社會的需要。

中共中央對心理和諧給予了應有的重視，指出：「注重促進人的心理和諧，加強人文關懷和心理疏導，引導人們正確對待自己、他人和社會，正確對待困難、挫折和榮譽。加強心理健康教育和保健，健全心理諮詢網路，塑造自尊自信、理性平和、積極向上的社會心態[191]。」這強調了通過各種途徑，引導人們「自我和諧」的重要性。

為了養成這種健康的社會心態，中共中央特別強調「要弘揚我國傳統文化中有利於社會和諧的內容，形成符合傳統美德和時代精神的道德規範和行為規範，發揚艱苦奮鬥精神，提倡勤儉節約，反對拜金主義、享樂主義、極端個人主義[192]」。這就是說，吸收傳統的「心合」思想，建設心理和諧。

只有對物質利益的合理追求和創造，才能推動社會的不斷進步和繁榮。為了追求事業，可以吃苦耐勞、忍辱負重，可以虛己待人、團結大多數人共同奮鬥。胸懷做總統、科學家、將軍等等這樣的「大志」，很好，可敬。但是，胸有「小志」，踏踏實實

---

190 顧伯沖：《和諧心態與和諧社會》，《人民日報》2006 年 11 月 3 日第 4 版。

191 黨的十六屆三中全會通過的《中共中央關於完善社會主義市場經濟體制若干問題的決定》。

192 吳邦國：《構建社會主義和諧社會的綱領性檔》，《人民日報》2006 年 10 月 10 日第 2 版。

做工人、農民、護士、教師，也未可菲薄。有人曾指出：「『心，乃是你活動的天地，你可以把地獄變成天國，亦可將天國變成地獄。』認識到這一點，在有著各種壓力的現代生活中，我們可以通過營造心境，詩化生活，超越生活，實現一種思想、文化和精神的自我拯救，從而開出芳菲滿地的精神桃花源來[193]。」這很有道理。

　　總之，「和合故能諧[194]」。中共中央將社會主義和諧社會歸納為「民主法治、公平正義、誠信友愛、充滿活力、安定有序、人與自然和諧相處的社會[195]」。這個定義既與馬列主義、毛澤東思想、鄧小平理論、「三個代表」重要思想一脈相承，又從中國傳統文化中汲取了豐富的營養。做到了「天合」「地合」「人合」和「心合」，方能「止於至善[196]」。

---

193 鄧笛譯：《境由心生》，《環球時報》2005 年 11 月 30 日。
194 謝浩苑、朱迎平譯注：《管子全譯》，貴州人民出版社 1996 年版，第 257 頁。
195《中共中央關於構建社會主義和諧社會若干重大問題的決定》。
196《大學》，朱熹：《四書章句集注》，第 3 頁。

主要　參考文獻

一

《馬克思恩格斯選集》，人民出版社 1995 年。

《斯大林全集》第 2 卷，人民出版社 1953 年。

《毛澤東選集》，人民出版社 1991 年。

《毛澤東文集》，人民出版社 1993 年。

《建國以來毛澤東文稿》，中央文獻出版社 1987 年。

《鄧小平文選》，人民出版社 1993 年。

《江澤民文選》，人民出版社 2006 年。

《周恩來選集》下卷，人民出版社 1984 年。

《十四大以來重要文獻選編》下冊，人民出版社 1999 年。

胡錦濤：《在抗震救災優秀基層黨組織和優秀共產黨員代表座談會上的講話》，人民出版社 2008 年。

胡錦濤：《在紀念中國人民抗日戰爭暨世界反法西斯戰爭勝利 60 周年大會上的講話》，《人民日報》2005 年 9 月 4 日。

二

《周易》

《尚書》

《詩經》

《禮記》

《戰國策》

《國語》

《左傳》

《論語》

《孟子》

《莊子》

《老子》

《墨子》

《史記》

《漢書》

《後漢書》

三

《孫中山全集》第 1 卷，中華書局 1981 年。

《康有為政論集》上冊，湯志鈞編，中華書局 1981 年。

《飲冰室合集・文集》，中華書局 1989 年影印本。

《嚴復集》第 1 冊，王軾編，中華書局 1986 年。

《譚嗣同全集》下冊，蔡尚思等編，中華書局 1981 年。

《李大釗文集》上下卷，人民出版社 1984 年。

《陳獨秀文章選編》上，生活·讀書·新知三聯書店 1984年。

《魯迅全集》第 1 卷，人民文學出版社 1982 年。

《梁漱溟全集》第 1 卷，山東人民出版社 1989 年。

《辛亥革命前十年間時論選集》第 1 卷，生活·讀書·新知三聯書店 1978 年。

《近代中國民族精神研究讀本》，鄭師渠、史革新主編，北京師範大學出版社 2006 年。

《五四前後東西文化問題論戰文選》，陳松編，中國社會科學院出版社 1985 年。

四

范文瀾：《中國通史》第 1 冊，人民出版社 1978 年。

白壽彝：《中國通史》第 2 卷，上海人民出版社 1989 年。

呂思勉：《中國民族史》，東方出版中心 1987 年。

錢穆：《中國文化導論》，上海三聯書店 1988 年。

錢穆：《國史大綱》，商務印書館 1996 年。

費孝通主編：《中華民族多元一體格局》（修訂本），中央民族大學出版社 2003 年。

費孝通：《費孝通文集》，群言出版社 1999 年。

柳詒征：《中國文化史》，中國大百科全書 1988 年。

張岱年、方克立：《中國文化概論》，北京師範大學出版社 1994 年。

張岱年等：《中國文化傳統簡論》，浙江人民出版社 1989

年。

任繼愈、張岱年編：《中國哲學史通覽》，東方出版中心1996年。

陰法魯、許樹安主編：〈中國古代文化史〉（1），北京大學出版社1990年。

劉家和：《古代中國與世界》，武漢出版社1995年。

張豈之：《中國傳統文化》，高等教育出版社1994年。

余英時：《士與中國文化》，上海人民出版社2003年。

余英時：《中國思想傳統的現代詮釋》，江蘇人民出版社1998年。

李澤厚：《中國古代思想史論》，安徽文藝出版社1994年。

胡繩主編：《中國共產黨的七十年》，中共黨史出版社1991年。

薄一波：《若干重大決策與事件的回顧》上卷，中共中央黨校出版社1991年。

裴堅章主編：《中華人民共和國外交史（1949－1956）》，世界知識出版社1994年。

高廣溫、王成福主編：《黨的第三代領導集體治國決策述要》，紅旗出版社2001年。

楊荊楚：《毛澤東民族理論研究》，民族出版社1995年。

中共中央臺灣工作辦公室、國務院臺灣事務辦公室編：《中國臺灣問題》，九州圖書出版社1998年。

羅瓊主編：《當代中國婦女》，當代中國出版社1994年。

《中國科學家回憶錄》，學苑出版社1990年。

寧騷：《民族與國家——民族關係與民族政策的國際比較》，北京大學出版社 1995 年。

徐迅：《民族主義》，中國社會科學出版社 2005 年。

吳懷祺：《中國史學思想史》，安徽人民出版社 1996 年。

俞祖華、趙慧峰：《中華民族精神新論》，泰山出版社 2005 年。

黑格爾：《歷史哲學》，王造時譯，上海世紀出版集團 2006 年。

本尼迪克特・安德森：《想像的共同體：民族主義的起源與散佈》，上海人民出版社 2003 年。

露絲・本尼迪克特：《文化模式》，王煒等譯，生活・讀書・新知三聯書店 1988 年。

五

金沖及：《中華民族是怎樣形成的》，《江海學刊》2008 年第 1 期。

王希恩：《民族精神的形成和發展》，《世界民族》2003 年第 4 期。

嚴文明：《中國史前文化的統一性與多樣性》，《北京大學學報》1984 年第 4 期。

張正明：《先秦民族結構、民族關係和民族思想》，《民族研究》1983 年第 5 期。

張岱年：《炎黃傳說與民族精神》，見《炎黃文化與民族精神》，中國人民大學出版社 1993 年。

陳連開：《中華民族解》，見《中華民族研究初探》，知識出版社 1994 年

顧頡剛：《中華民族是一個》，《西北通訊》創刊號，1947年。

方立天：《民族精神的界定與中華民族精神的內涵》，《哲學研究》1991 年第 5 期。

李文海：《延安精神：愛國主義教育的重要教材》，《高效理論戰線》2004 年第 12 期。

石元康：《民族與民族自決》，見《從中國文化到現代性：典範轉移？》，生活·讀書·新知三聯書店 2000 年。

馮天瑜：《「革命」「共和」：近代政治中堅概念的形成》，中國史學會編：《辛亥革命與 20 世紀的中國》下冊，北京，中央文獻出版社 2002 年。

艾素珍：《新中國科學技術重大成就》，《中國科技史料》1999 年第 4 期。

著作名稱、全書目錄
A historical perspective of the Chinese national spirit Contents

歷史視野下的中華民族精神　下冊

Part I **The** *Foundation of The Chinese National Spirit*

Chapter 1 The Formation of The Chinese Nation

The Course of The Three Generation History and Huaxia Tribes' Fusion

Huaxia and The Minorities

The Formation of Huaxia

Chapter 2 The Foundation of The Chinese National Spirit

The Contention of A Hundred Schools of Thought and Chinese Spirit

The Foundation of The Chinese National Spirit

Chapter 3 The Chinese National Spirit under The Great Unity

The Appearance and Consolidation of "Great Unity" Political Situation

Territory Development of QinHan and The Initial Formation of Chinese Community

Construction of Authority Government and The Establishment of The Dominant Position of Confucianism

Part II **The Wei Jin Southern and Northern Dynasties Sui and Tang: Ethnic fusion and The Integration of National Spirit**

Chapter 4 From Chaos to Prosperity: The Integration of National Spirit

From Wei-Jin Demeanor to Tang Style

From Equal Importance of Three Religions to The Rise of Rational Spirit

New Development of People-Oriented Spirit

Chapter 5　Changes of The National Concept: from "Yi Xia Distinction" to "Hua Yi One Family"

Turong Theory and Yi Xia Distinction

Sui Tang Clan and Tribe Source and National Concept of "Hua Xia One Family"

The Dispute of Orthodox and Strengthen of The National Identity Consciousness

Chapter 6　The Awareness of National Crisis and The Plot of Paying Attention to History

The Spirit of Paying Attention to History and The Awareness of National Crisis

The In-Society Plot of "Taking History as A Mirror"

Chapter 7　Open Mind and Blending of Multi-National Culture

North-South Exchange and Chinese and Foreign Exchange

Collision and Blending of Multi-National Culture

The Flourishing Scenery Tang Like Aall Rivers Run Into Sea

Part Ⅲ *Song Yuan Ming and Qing Dynasties: The Development of A Unified Mmulti-Ethnic Country and The Sublimation of National Spirit*

Chapter 8　New Development of Multi-Ethnic Unity and Identity Concept of Ethnic Origin

New Development of Multi-Ethnic Unity

Identity Concept of Ethnic Origin

The Change of The Orthodox

Chapter 9 The Change Ancient Times and The Sublimation of National Spirit

Emergence of Neo-Confucianism and Thinking Renew

Pursuit of Innovation Compatibility

Intense Hardship Consciousness and In-Society Concept

Harmonious Thinking of Tai Ji

Chapter 10 The Pursuit of Rejuvenating The State and The Highlight of People-Oriented Thought

The Pursuit of Rejuvenating The State and The Debate of Kingship and Hegemony ，Righteousness and Interests

The Highlight of People-oriented Thought

Chapter 11 The New Characteristics of National Spirit under The Practical Thought

The Rational Spirit of "Seek Truth from Facts"

Scientific Spirit in "Observation Subject"

Reform Spirit of Promoting The Beneficial and Abolishing The Harmful

Chapter 12 The New Interpretation of National Spirit during The Ming and Qing Dynasties

The New Content of "Knowing What's What and Save The People and Nation"

"Integrity"、"Filial Piety" and Bearing on Morality and Justice

The Enlightenment Consciousness of Criticizing Autocracy

歷史視野下的中華民族精神　下冊

The National War of Resistance Against Japan："With Our Flesh and Blood to Build Up Our New Great Wall"

Chapter 17 The Development of The Revolutionary Spirit

The Transformation of Revolutionary Semantics

The Transmission of Revolutionary Ideas

The Development of The Revolutionary Spirit

Chapter 18 The Advocation of Scientific Spirit

The Shock to Inherent Concept Because of The Introduction of Western Science and Technology

Calling for Science Spirit

The Raise of "Marxist Chinesization"

Chapter 19 Pursuit of The Spirit of Democracy

Pursuit of Democracy

Design of Government Institution

Accumulation of The Spirit of Democracy

Part V *New China: The rise of China and The Nnew Development of The Chinese National Spirit*

Chapter 20 The Establishment of New China and The Revival of The Chinese Nation

"The Chinese People Have Stood Up"

Reform and Opening-up

The Development of The Chinese National Spirit

Chapter 21 Gathering of The Spirit of The Socialist Times

Time of Heroes

後記

　　中華民族精神是中國文化的核心與特質。對此，人們見智見仁，盡可以有不同的理解與把握。但是，不論是中國文化還是中華民族精神，無疑都是在歷史上生成的，所以，歸根結底，我們對它們的認識，都必須回歸作為文化與精神主體的中華民族發展史，即中國的歷史本身。也因是之故，有撰著《歷史視野下的中華民族精神》之構想。

　　本書為中華全國社會科學研究基金資助的重大項目的成果之一。

　　全書分工：

　　總論：第一章陳其泰、李帆；第二章鄭師渠；第三章李帆；第四章張越。

　　第一編：第一、二章晁福林、羅新惠；第三章羅新惠。

　　第二編：第四、七章張榮強、胡秋銀；第五、六章汪高鑫。

　　第三編：第八、九、十章吳懷祺；第十一、十二、十三、十四章王記錄。

　　第四編：第十五、十六章史革新；第十七章張昭軍；第十八章李志英；第十九章方敏。

　　第五編：第二十章張晨怡；第二十一章張昭軍；第二十二章

李志英；第二十三、二十五章朱志敏；第二十四、二十六章張皓。

鄭師渠負責全書大綱的制定並統籌全書稿。

本書在撰寫過程中，曾得到龔書鐸教授、劉家和教授、劉桂生教授等專家學者的寶貴指導。

本項目的主持人之一，也是本書主編之一的史革新教授，在即將全部完稿之際，不幸病故。今天本書出版，我們愈益懷念史革新教授。

廣東人民出版社鼎力支持本書的出版，責任編輯曾玉寒女士為此付出了辛勤的勞動，我們在此一併表示謝忱。

鄭師渠

2014 年 2 月

昌明文庫·悅讀中國 A0607031

歷史視野下的中華民族精神（下冊）

主　　編　鄭師渠、史革新

責任編輯　陳胤慧

版權策畫　李煥芹

發 行 人　陳滿銘

總 經 理　梁錦興

總 編 輯　陳滿銘

副總編輯　張晏瑞

編 輯 所　萬卷樓圖書股份有限公司

排　　版　菩薩蠻數位文化有限公司

印　　刷　維中科技有限公司

封面設計　菩薩蠻數位文化有限公司

出　　版　昌明文化有限公司

桃園市龜山區中原街 32 號

電話 (02)23216565

發　　行　萬卷樓圖書股份有限公司

臺北市羅斯福路二段 41 號 6 樓之 3

電話 (02)23216565

傳真 (02)23218698

電郵 SERVICE@WANJUAN.COM.TW

大陸經銷　廈門外圖臺灣書店有限公司

　　電郵 JKB188@188.COM

ISBN 978-986-496-405-5

2019 年 3 月初版

定價：新臺幣 500 元

如何購買本書：

1. 轉帳購書，請透過以下帳戶

　　合作金庫銀行 古亭分行

　　戶名：萬卷樓圖書股份有限公司

　　帳號：0877717092596

2. 網路購書，請透過萬卷樓網站

　　網址 WWW.WANJUAN.COM.TW

大量購書，請直接聯繫我們，將有專人為您

服務。客服：(02)23216565 分機 610

如有缺頁、破損或裝訂錯誤，請寄回更換

國家圖書館出版品預行編目資料

歷史視野下的中華民族精神 / 鄭師渠, 史革
新主編.-- 初版.-- 桃園市：昌明文化出版；
臺北市：萬卷樓發行, 2019.03
　冊；　公分
ISBN 978-986-496-405-5(下冊：平裝)

1.民族精神 2.中華民族

535.72　　　　　　　　　　108002852

本著作物由廣東人民出版社有限公司授權大龍樹（廈門）文化傳媒有限公司和萬卷樓圖
書股份有限公司（臺灣）共同出版、發行中文繁體字版版權。

本書為金門大學產學合作成果。　　　　　校對：陳羚婷／金門大學華語文學系四年級